馮友蘭 著

中國哲學簡史

目錄

作者自序

第一章　中國哲學的精神 / 001
哲學在中國文化中的地位 / 003
中國哲學的精神和問題 / 008
中國哲學家表達自己思想的方式 / 013
語言障礙 / 016

第二章　中國哲學的背景 / 019
中華民族的地理環境 / 021
中華民族的經濟背景 / 022
《上農》——農業的價值 / 024
「反者道之動」（《道德經》第四十章）/ 024
對自然的理想化 / 025
家族制度 / 026
入世和出世 / 027
中國藝術與詩歌 / 028
中國哲學的方法論 / 029
海洋國家和大陸國家 / 031
中國哲學中的「常」與「變」/ 033

第三章　諸子的由來 / 037
司馬談和六家 / 039
劉歆和他關於各家緣起的理論 / 040
對劉歆理論的修正 / 043

第四章　孔子：第一位教師 / 047
孔子與六經 / 049
作為教育家的孔子 / 051
正名 / 052
仁義 / 053
忠恕 / 054
知命 / 055
孔子的心靈修養 / 057
孔子在中國歷史上的地位 / 059

第五章　墨子：孔子的第一位反對者 / 061
墨家的社會背景 / 063
墨子對儒家的批判 / 066
兼愛 / 067
天志和明鬼 / 069

一個看似表裡不一的問題 / 070
國家的起源 / 071

第六章　道家的第一階段：楊朱 / 075
早期道家與隱者 / 077
楊朱的基本思想 / 078
楊朱思想舉例 / 079
老莊著作中的楊朱思想 / 080
道家思想的發展 / 081

第七章　儒家的理想主義流派：孟子 / 085
性善說 / 087
論儒家與墨家的基本不同點 / 089
政治哲學 / 091
神秘主義 / 095

第八章　名家 / 099
名家和「辯者」/ 101
惠施關於事物相對性的理論 / 104
公孫龍關於共相的學說 / 108
惠施和公孫龍學說的意義 / 112

第九章　道家的第二階段：老子 / 115
老子其人和《老子》其書 / 117
道，無名 / 118
自然的不變規律 / 121
為人處世 / 123
政治理論 / 126

第十章　道家的第三階段：莊子 / 129
莊子其人和《莊子》其書 / 131
得到相對快樂的途徑 / 132
政治與社會哲學 / 133
感情和理性 / 134
達到至樂的途徑 / 137
有限的觀點 / 138
更高層次的觀點 / 140
更高層次的知識 / 141
神秘主義的方法論 / 144

第十一章　後期的墨家 / 147
關於知識和名的討論 / 150
關於「辯」的討論 / 151
澄清兼愛說 / 154
為「兼愛」辯 / 156
對其他學派的批判 / 157

第十二章　陰陽家和中國早期的宇宙發生論 / 161
六種術數 / 163
「洪範」所描述的五行 / 165
「月令」/ 167
鄒衍 / 169
歷史哲學 / 170
《易傳》中描述的陰陽原則 / 172

第十三章　儒家的現實主義流派：荀子 / 177
人的地位 / 179
關於人性的學說 / 180
道德的根源 / 181
關於禮樂的學說 / 184
關於邏輯的理論 / 187
論其他學派的謬誤 / 189

第十四章　韓非子與法家 / 191
法家的社會背景 / 193
韓非子，法家的集大成者 / 195
法家的歷史哲學 / 196
治國之道 / 198
法家與道家 / 201
法家與儒家 / 203

第十五章　儒家的形而上學 / 205
事物之「理」/ 207
萬物生成之「道」/ 210
萬物變易之道 / 212
「中」與「和」/ 214
「庸」與「常」/ 216
從啟蒙到止於至善——明與誠 / 218

第十六章　治國平天下的哲學主張 / 221
秦朝統一中國前的中國政治情況 / 223
中國的統一 / 225
《大學》/ 226
《荀子》的折中傾向 / 228
《莊子》哲學中的折中傾向 / 230
司馬談和劉歆的折中主義思想 / 231

第十七章　漢帝國的理論家：董仲舒 / 235
陰陽家和儒家的合流 / 237
對宇宙本體的理論 / 239
人性的學說 / 241
社會倫理學說 / 242
政治哲學 / 243
歷史哲學 / 245
對《春秋》的解釋 / 247
社會進步的三個階段 / 248

第十八章　儒家興盛和道家再起 / 251
思想的統一 / 253
孔子在漢代思想界的地位 / 255
漢代經學中古文學派和今文學派之爭 / 256
楊雄和王充 / 259
道家與佛家 / 260
政治和社會背景 / 262

第十九章　新道家：崇尚理性的玄學 / 267
名家再次引起人們的興趣 / 269
對孔子的重新詮釋 / 270
向秀和郭象 / 272
道是「無」/ 273
萬物的「獨化」/ 274
典制與道德 / 276
有為與無為 / 277
知識與模仿 / 278
齊萬物 / 280
終極的自由與快樂 / 282

第二十章　新道家：豁達率性的風格 / 285
風流與浪漫精神 / 287
「楊朱的樂園」/ 288
率性的生活 / 291
感情 / 294
情愛 / 296

第二十一章　中國佛學的基礎 / 299
佛教的傳入及其在中國的發展 / 301
佛學的一般概念 / 303
二諦義 / 305
僧肇的哲學 / 307
道生的哲學 / 309

第二十二章　禪宗：潛默的哲學 / 317
禪宗起源的舊說 / 319
第一義不可說 / 321
修禪的方法 / 323
頓悟 / 325
無成之功 / 327

第二十三章　更新的儒家：宇宙論者 / 331
韓愈和李翱 / 334
周敦頤的宇宙論 / 336
精神修養的方法 / 337
邵雍的宇宙論 / 339
事物演化的規律 / 342
張載的宇宙論 / 345

第二十四章　更新的儒家：兩個學派的開端 / 349
程顥對「仁」的認識 / 351
程朱的「理」的觀念的來源 / 354
程頤的「理」的觀念 / 355
陶冶感情的方法 / 357
尋孔顏樂處 / 359

第二十五章　更新的儒學：主張柏拉圖式理念的理學 / 365
朱熹在中國歷史上的地位 / 367
「理」或原理 / 368
太極 / 370
「氣」/ 371

性和心 / 374
政治哲學 / 376
修心養性的方法 / 378

第二十六章　更新的儒學中的另一派：宇宙心學 / 381
陸九淵論心 / 383
王守仁的宇宙觀 / 384
「明德」/ 386
良知——來自直覺的認識 / 387
「正事」/ 389
用敬 / 391
對佛學的批評 / 392

第二十七章　西方哲學的傳入 / 395
反對更新的儒學的思潮 / 397
孔教運動 / 400
西方思想的傳入 / 404
西方哲學的傳入 / 408

第二十八章　廁身現代世界的中國哲學 / 413
哲學家和哲學史家 / 415
抗日戰爭時期的哲學耕耘 / 416
哲學的性質 / 420
人生的境界 / 422
形而上學中的方法論 / 425

英文版編者引言 / 429

譯後記 / 439

作者自序

小史❶者，非徒巨著之節略，姓名、學派之清單也。譬猶畫圖，小景之中，形神自足。非全史在胸，曷克臻此。惟其如是，讀其書者，乃覺擇焉雖精而語焉猶詳也。

本書英文原本出版時，中文名為《中國哲學小史》，但一九三三年商務印書館曾出版著者另一本《中國哲學小史》，作為萬有文庫百科小叢書之一。因此，著者將本書定名為《中國哲學簡史》。

歷稽載籍，良史必有三長：才，學，識。學者，史料精熟也；識者，選材精當也；才者，文筆精妙也。著小史者，意在通俗，不易展其學，而其識其才，較之學術巨著尤為需要。

余著此書，於史料選材，亦既勉竭綿薄矣，復得借重布德博士（Derk Bodde）之文才，何幸如之。西方讀者，倘覺此書易曉，娓娓可讀，博士與有力焉；選材編排，博士亦每有建議。

本書小史耳，研究中國哲學，以為導引可也。欲知其詳，尚有拙著大《中國哲學史》❷，亦承布德博士英譯；又有近作《新原道》❸，已承牛津大學休士先生（E. R. Hughes）英譯；可供參閱。本書所引中國原籍，每亦借用二君之譯文，書此致謝。

一九四六至四七年，余於賓夕法尼亞大學任訪問教授，因著此書。此行承洛克斐勒基金會資助，乘此書出版之際，致以謝意。該校東方學系師生諸君之合作鼓勵，亦所感謝；該系中文副教授布德博士，尤所感謝。國會圖書館亞洲部主任恆慕義先生（A. W. Hummel）為此書安排出版，亦致謝意。

馮友蘭
一九四七年六月
於賓夕法尼亞大學

❶本書英文原本出版時，中文名為《中國哲學小史》，但一九三三年商務印書館曾出版著者另一本《中國哲學小史》，作為萬有文庫百科小叢書之一。因此，著者將本書定名為《中國哲學簡史》。

❷《中國哲學史》上卷，布德譯，書名*A History of Chinese Philosophy, the Period of Philosophers (from the beginning to circa 100 B. C.)*，由Henry Vetch, Peiping; Allen and Unwin, London於一九三七年出版。布德繼續翻譯出下卷後，上、下兩卷均由Princeton University Press於一九五二年出版。

❸《新原道》，一名《中國哲學之精神》，休士譯，書名*The Spirit of Chinese Philosophy*，由London: Routledge Kegan Paul於一九四七年出版。

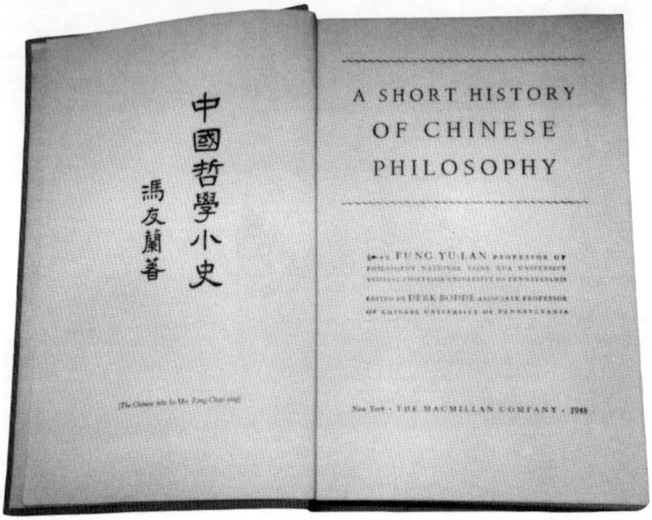

一九四八年由美國麥克米倫出版社出版的英文本《中國哲學小史》

第一章

中國哲學的精神

攝於一九八五年，馮友蘭已是九十歲了，還在撰寫《中國哲學史新編》。

哲學在中國文化中的地位，歷來被看為可以和宗教在其他文化中的地位相比擬。在中國，哲學是每一個受過教育的人都關切的領域。從前在中國，一個人如果受教育，首先就是受哲學方面的啟蒙教育。兒童入學，首先要讀的就是《論語》《孟子》《大學》《中庸》。這「四書」也是宋以後道學（在西方被稱為「新儒學」）認為最重要的文獻。孩子剛學認字，通常所用的課本《三字經》，每三個字為一組，每六個字成一句，偶句押韻，朗讀時容易上口，也便於記憶。事實上，這本書乃是中國兒童的識字課本。《三字經》的第一句「人之初，性本善」，便是孟子哲學的基本思想。

哲學在中國文化中的地位

在西方人眼裡，中國人的生活滲透了儒家思想，儒家儼然成為一種宗教。而事實上，儒家思想並不比柏拉圖或亞里士多德思想更像宗教。「四書」在中國人心目中誠然具有《聖經》在西方人心目中的那種地位，但「四書」中沒有上帝創世，也沒有天堂地獄。

當然，哲學和宗教的含義並不十分明確，不同的人對哲學和宗教的理解可能全然不同。人們談到哲學或宗教時，心目中所想的可能很不同。就我來說，哲學是對人生的系統的反思。人只要還沒有死，他就還是在人生之中。但並不是所有的人都對人生進行反思，至於作系統反思的人就更少。一個哲學家總要進行哲學思考，這就是說，他必須對人生進行反思，並把自己的思想系統地表述出來。

這種思考，我們稱之為反思，因為它把人生作為思考的對象。有關人生的學說、有關宇宙的學說以及有關知識的學說，都是由這樣的思考中產生的。宇宙是人類生存的背景，是人生戲劇演出的舞台，宇宙論就是這樣興起的。思考本身就是知識，知識論就是由此而興起的。按照某些西方哲學家的看法，人要思想，首先要弄清楚：人能夠思考什麼，這就是說，在對人生進行思考之前，我們先要對思想進行思考。

這些學說都是反思的產物，甚至「人生」和「生命」的概念、「宇宙」的概念、「知識」的概念也都是反思的產物。人無論是自己思索或與別人談論，都是在人生之中。我們對宇宙進行思索或與人談論它，都是在其中進行反思。但哲學家所說的「宇宙」和物理學家心目中的「宇宙」，內涵有所不同。哲學家說到「宇宙」時，所指的是一切存在的整體，相當於中國古代哲學家惠施所說的「大一」，可以給它一個定義，乃是：「至大無外」。因此，任何人，任何事物，都在宇宙之中。當一個人對宇宙進行思索時，他就是在反思。

當我們對知識進行思索或談論時，這種思索和談論的本身也是知識，用亞里士多德的話來說，它是「關於思索的思索」，這就是「反思」。有的哲學家堅持認為，我們在思索之前，必須先對思索進行思索，彷彿人還有另一套器官，來對思索進行思索，這就陷入了一個惡性循環。其實，我們用來思考的器官只有一個，如果我們懷疑自己對人生和宇宙思考的能力，我們也同樣有理由懷疑自己對思索進行思索的能力。

宗教也和人生相關聯。任何一種大的宗教，它的核心部分必然有哲學。事實上，每一種大的宗教就是某種哲學加上一定的上層建築，包括迷信、教義、禮儀和體制。這是我對宗教的認識。

如果從這個意義——也就是人們通常的認識——來看待宗教，就可以看出，儒家不是一種宗教。許多人習慣地認為，儒、道、佛是中國的三種宗教。其實，儒家並不是一種宗教。道家和道教是不同的兩回事，道家是一種哲學，道教才是宗教。它們的內涵不僅不同，甚至是互相矛盾的。道家哲學教導人順乎自然，道教卻教導人逆乎自然。舉例來說，按老莊思想，萬物有生必有死，人對於死，順應自然，完全不必介意。而道教的宗旨卻是教導長生術，這不是反乎自然嗎？道教含有一種征服自然的科學精神。如果有人對中國科學史有興趣，《道藏》裡許多道士的著作倒是可以提供不少資料。

至於佛教，佛學和佛教也是有區別的。對中國知識分子來說，佛學比佛教有趣得多。在中國傳統的喪事儀式中，僧人和道士同時參加，並不令人感到奇怪。中國人對待宗教的態度也是充滿哲學意味的。

今天，許多西方人看到：中國人不像其他民族那樣重視宗教。例如，德克·布德教授在《構成中國文化的主要思想》一文中寫道：「他們（中國人）並不認為宗教思想和宗教活動是生活中的重要部分。……中國文化的精神基礎不是宗教（至少不是有組織形式的宗教），而是倫理（特別是儒家倫理）。……這一切使中國和其他主要文明國家把教會和神職人員看為文明的重要組成部分，有基本的不同。」

從某種意義來說，這話一點不錯。但是人們會問：這是為什麼？如果追求彼岸世界不是人類內心的最深要求之一，為什麼對世界許多人來說，宗教信仰和宗教活動成為生活中十分重要的組成部分呢？如果宗教信仰和宗教活動是人類的基本要求之一，何以中國人成為例外呢？有人認為，中國文化的精神基礎不是宗教，而是倫理，這是否意味着中國人不曾意識到，在道德倫理之上，還有更高的價值呢？

比倫理道德更高的價值可以稱之為超倫理道德的價值。愛人是一個道德價值，愛神是一個超越道德的價值，有的人或許喜歡稱之為宗教價值。但是如果有人徵求我的意見，我會說，這個價值不僅限於宗教，除非宗教在這裡的含義和我在上面所說的不同。舉例來說，基督徒看愛神是一個宗教價值；而在斯賓諾莎的哲學思想裡，神的含義就是宇宙。嚴格說來，基督徒所說的愛神，也並不是超越道德倫理的，基督教所信仰的神是具有位格的，因此，基督徒愛神可以比擬為兒子愛父親，而兒子愛父親乃是一個倫理價值。因此，基督教所講的愛神是否超越道德，便成了問題。它只是類似超道德，而斯賓諾莎哲學中的「愛神」才是真正超越道德的價值。

現在來回答上面的問題。人不滿足於現實世界而追求超越現實世界，這是人類內心深處的一種渴望，在這一點上，中國人和其他民族的人並無二致。但是中國人不那麼關切宗教，是因為他們太關切哲學了；他們的宗教意識不濃，是因為他們的哲學意識太濃了；他們在哲學裡找到了超越現實世界的那個存在，也在哲學裡表達和欣賞那個超越倫理道德的價值；在哲學生活中，他們體驗了這些超越倫理道德的價值。

根據中國哲學的傳統，哲學的功能不是為了增進正面的知識（我所說的正面知識是指對客觀事物的信息），而是為了提高人的心靈，超越現實世界，體驗高於道德的價值。《道德經》四十八章說：「為學日益，為道日損。」這裡不談「損」和「益」的區別，我對老子這句話也並不完全同意。援引這句話是為了藉此表明：中國哲學傳統對於「學」和「道」是有所區別的。「學」就是我在前面所說的增長正面知識，道則是心靈的提高。哲學是在後一個範疇之中的。

哲學，特別是形而上學，其功能不是要增長正面知識，這一點在當代西方哲學中，已有維也納學派加以闡述。但是，維也納學派是從另一個角度、為了另一個目的。我不同意這一學派認為哲學的功能只是為了澄清概念，把形而上學的性質看成只是概念的抒情詩；但是，從他們的論辯中可以清楚看到，如果哲學果真去謀求提供正面知識，它將陷於荒謬。

宗教倒是提供有關實際的正面信息，但是，它所提供的信息與科學提供的不同。因此，在西方出現宗教與科學的衝突。科學每前進一步，宗教便後退一步；它的權威在科學前進的歷程中不斷被削弱。維護傳統的人們對這個事實感到遺憾，惋惜大眾離開宗教，結果是自身的衰退。如果除宗教外，沒有什麼辦法可以達到更高的價值，則今日人們的宗教意識日益淡薄，的確應當為之惋惜，因為大眾拋棄了宗教，也就拋棄了更高的價值。他們只得被囿於現實世界之中，而與精神世界隔絕。幸好除宗教外，還有哲學能夠達到更高的價值。而且，這條通道比宗教更直接，因為通過哲學達到更高價值，人不需要繞圈子，經由祈禱和儀式。人經過哲學達到的更高價值比經由宗教達到的更高價值，內容更純，因為其中不摻雜想像和迷信。將來的世界裡，哲學將取代宗教的地位。這是合乎中國哲學傳統的。人不需要宗教化，但是人必須哲學化。當人哲學化了，他也就得到了宗教提供的最高福份。

中國哲學的精神和問題

上面對哲學的性質和功能，作了一般性的論述，下面將具體地談中國哲學。在中國哲學的歷史進程中，有一個主流，可以稱之為中國哲學的精神。為了解它，我們需要首先看一下，中國大多數哲學家力求解決的是些什麼問題。

人是各式各樣的。每一種人，都可以取得最高的成就。例如，有的人從政，在這個領域裡，最高成就便是成為一個偉大的政治家。同樣，在藝術領域裡，最高成就便是成為一個偉大的藝術家。人可能被分為不同等級，但他們都是人。就做人來說，最高成就是什麼呢？按中國哲學說，就是成聖，成聖的最高成就是：個人和宇宙合而為一。問題在於，如果人追求天人合一，是否需要拋棄社會，甚至否定人生？

有的哲學家認為，必須如此。釋迦牟尼認為，人生就是苦難的根源。柏拉圖認為，身體是靈魂的監獄。有的道家認為，生命是個贅疣，是個瘤，死亡是除掉那個瘤。所有這些看法都主張人應該從被物質敗壞了的世界中解脫出來。一個聖人要想取得最高的成就，必須拋棄社會，甚至拋棄生命。唯有這樣，才能得到最後的解脫。這種哲學通常被稱為「出世」的哲學。

還有一種哲學，強調社會中的人際關係和人事。這種哲學只談道德價值，因此對於超越道德的價值覺得無從談起，也不願去探討。這種哲學通常被稱為「入世」的哲學。站在入世哲學的立場上，出世的哲學過於理想化，不切實際，因而是消極的。從出世哲學的立場看，入世哲學過於實際，也因而過於膚淺。它誠然積極，但是像一個走錯了路的人，走得越快，在歧途上就走得越遠。

許多人認為，中國哲學是一種入世的哲學，很難說這樣的看法完全對，或完全錯。從表面看，這種看法不能認為就是錯的，因為持這種見解的人認為，中國無論哪一派哲學，都直接或間接關切政治和倫理道德。因此，它主要關心的是社會，而不是宇宙；關心的是人際關係的日常功能，而不關心地獄或天堂；關心人的今生，而不關心他的來生。《論語》第十一章十一節記載，有一次，孔子的學生子路問孔子：「敢問死？」孔子回答說：「未知生，焉知死？」孟子曾說：「聖人，人倫之至也。」（《孟子·離婁上》）這無異於說，聖人是道德完美的人。就表面看，中國哲學所說的聖人是現世中的人，這和佛家所描述的釋迦牟尼或基督教所講的聖徒，迥然異趣；特別是儒家所說的聖人，更是如此。這便是引起中國古代道家嘲笑孔子和儒家的原因。

不過，這只是從表面上看問題。用這種過分簡單的辦法是無從了解中國哲學的。中國傳統哲學的主要精神，如果正確理解的話，不能把它稱作完全是入世的，也不能把它稱作完全是出世的。它既是入世的，又是出世的。有一位哲學家在談到宋朝道學時說它：「不離日用常行內，直到先天未畫前。」這是中國哲學努力的方向。由於有這樣的一種精神，中國哲學既是理想主義的，又是現實主義的；既講求實際，又不浮淺。

入世和出世是對立的，正如現實主義和理想主義是對立的一樣。中國哲學的使命正是要在這種兩極對立中尋求它們的綜合。這是否要取消這種對立？但它們依然在那裡，只是兩極被綜合起來了。怎麼做到這一點呢？這正是中國哲學力圖解決的問題。

按中國哲學的看法，能夠不僅在理論上，而且在行動中實現這種綜合的，就是聖人。他既入世，又出世；中國聖人的這個成就相當於佛教中的佛和西方宗教裡的聖徒。但是，中國的聖人不是不食人間煙火、漫遊山林、獨善其身；他的品格可以用「內聖外王」四個字來刻劃；內聖，是說他的內心致力於心靈的修養；外王，是說他在社會活動中好似君王。這不是說他必須是一國的政府首腦，從實際看，聖人往往不可能成為政治首腦。「內聖外王」是說，政治領袖應當具有高尚的心靈，至於有這樣的心靈的人是否就成為政治領袖，那無關緊要。

按照中國傳統，聖人應具有內聖外王的品格，中國哲學的使命就是使人得以發展這樣的品格。因此，中國哲學討論的問題就是內聖外王之道；這裡的「道」是指道路，或基本原理。

聽起來，這有點像柏拉圖所主張的「哲學家——國王」理論。柏拉圖認為，在一個理想國裡，哲學家應當成為國王，或國王應當成為哲學家。一個人怎樣能成為哲學家呢？柏拉圖認為，這個人必須先經過長期的哲學訓練，使他的在瞬息萬變的世界事物中長成的頭腦得以轉到永恆理念的世界中去。由此看來，柏拉圖和中國哲學家持有同樣的主張，認為哲學的使命是使人樹立起內聖外王的品格。但是按照柏拉圖的說法，哲學家成為國王是違反了自己的意志，擔任國王是強加給他的職務，對他是一種自我犧牲。中國古代的道家也持這樣的觀點。《呂氏春秋．貴生篇》裡載有一個故事講，古代一個聖人被國人擁戴為君，聖人逃上山去，藏在一個山洞裡；國人跟蹤而去，用煙把聖人從山洞裡燻出來，強迫他當國君。這是柏拉圖思想和中國古代道家相近的一點，從中也可看出道家哲學中的出世思想。到公元三世紀，新道家郭象根據中國主流哲學的傳統，修改了道家思想中的這一點。

按照儒家思想，聖人並不以處理日常事務為苦，相反地，正是在這些世俗事務之中陶冶性情，使人培養自己以求得聖人的品格。他把處世為人看作不僅是國民的職責，而且如孟子所說，把它看為是「天民」的職責。人而成為「天民」，必須是自覺的，否則，他的所作所為，就不可能具有超越道德的價值。如果他因緣際會，成為國君，他會誠意正心去做，因為這不僅是事人，也是事天。

既然哲學所探討的是內聖外王之道，它自然難以脫離政治。在中國哲學裡，無論哪派哲學，其哲學思想必然也就是它的政治思想。這不是說，中國各派哲學裡沒有形而上學、倫理學或邏輯，而是說，它們都以不同形式與政治思想聯繫在一起，正如柏拉圖的《理想國》既代表了柏拉圖的全部哲學，又同時就是他的政治思想。

舉例來說，名家所辯論的「白馬非馬」，似乎與政治毫不相干，但名家代表人物公孫龍「欲推是辯以正名實而化天下焉」（《公孫龍子．跡府》）。在今日世界，政治家們個個都標榜他的國家一心追求和平，事實上，我們不難看到，有的一面侈談和平，一面就在準備戰爭。這就是名實不符。按公孫龍的意見，這種名實不符應當糾正。的確，要改變世界，這就是需要加以改變的第一步。

既然哲學以內聖外王之道為主題，研究哲學就不是僅僅為了尋求哲學的知識，還要培養這樣的品德。哲學不僅是知識，更重要的，它是生命的體驗。它不是一種智力遊戲，而是十分嚴肅的事情。金岳霖教授在一篇未發表的論文中說：「中國哲學家，在不同程度上，都是蘇格拉底，因為他把倫理、哲學、反思和知識都融合在一起了。就哲學家來說，知識和品德是不可分的，哲學要求信奉它的人以生命去實踐這個哲學，哲學家只是載道的人而已，按照所信奉的哲學信念去生活，乃是他的哲學的一部分。哲學家終身持久不懈地操練自己，生活在哲學體驗之中，超越了自私和自我中心，以求與天合一。十分清楚，這種心靈的操練一刻也不能停止，因為一旦停止，自我就會抬頭，內心的宇宙意識就將喪失。因此，從認識角度說，哲學家永遠處於追求之中；從實踐角度說，他永遠在行動或將要行動。這些都是不可分割的。在哲學家身上就體現着『哲學家』這個字本來含有的智慧和愛的綜合。他像蘇格拉底一樣，不是按上下班時間來考慮哲學問題的；他也不是塵封的、陳腐的哲學家，把自己關在書齋裡，坐在椅中，而置身於人生的邊緣。對他來說，哲學不是僅供人們去認識的一套思想模式，而是哲學家自己據以行動的內在規範，甚至可以說，一個哲學家的生平，只要看他的哲學思想便可以了然了。」

中國哲學家表達自己思想的方式

一個開始學習中國哲學的西方學生，首先遇到的困難是語言的障礙。其次，是中國哲學家表達自己思想的方式。這裡，先從後一個問題說起。

一個西方人開始閱讀中國哲學著作時，第一個印象也許是，這些作者的言論和著述往往十分簡短，甚至互不連貫。打開《論語》，每一小段只包含幾個字，各段之間往往也沒有聯繫。打開《老子》，全書只有約五千字，只相當於一般雜誌上一篇文章的篇幅，但是老子的全部哲學都在其中了。習慣於長篇大論地進行理性論辯的學生，遇到這種情況，會感到摸不着頭腦，不知這些中國哲學家在說什麼，由此不免會認為，這是中國哲學家的思想不夠連貫。假若果真是這樣，中國哲學就不存在了。不相連貫的思想，怎能稱得上是哲學呢？

可以說，中國哲學家的言論著述，表面看來似乎不相連貫，乃是由於它們本不是專門的哲學著作。按照中國傳統，學習哲學不是一個專門的行業。人人都應當讀經書，正如在西方傳統看來，人人都應當去教堂。讀哲學是為了使人得以成為人，而不是為要成為某種特殊的人。因此，中國沒有專業的哲學家；非專業的哲學家不認為自己要寫專門的哲學著作。在中國歷史上，沒有專門哲學著作的哲學家比有專門著作的哲學家，為數多得多。如果要想讀這些人的著作，就需要從他們對友人和學生的言論集和書信中去輯錄，這些書信的寫作時間不一，記錄作者言論的人也不是同一個人，因此，其中不免有不相連貫，甚至互相矛盾的地方，這是不足為怪的。

以上所述可以說明，何以有些中國哲學家的著述中，內容不相連貫，但還沒有說明，何以有些中國哲學家的著述十分簡短。在有些哲學家如孟子、荀子的著作裡，的確也有長篇大論的文章。但是，如果和西方哲學家的著作相較，它們仍然顯得篇幅短小，未曾把道理講透。這是因為中國哲學家慣於用格言、警句、比喻、事例等形式表述思想。《老子》全書都是以格言形式寫成；《莊子》書中充滿寓言和故事。即便在中國哲學家中以說理見長的孟子和荀子，把他們的著作和西方哲學家的著作相較，其中的格言、比喻和事例也比西方哲學著作中要多。格言總是簡短的，而比喻和事例則總是自成段落，與前後文字不相銜接的。

用格言、比喻和事例來說理，難免有不夠透徹的地方，只能靠其中的暗示補足。明述和暗示正好相反，一句話越明晰，其中就越少暗示的成分；正如一種表達，越是採取散文的形式，就越不像是詩。中國哲學家的語言如此不明晰，而其中所含的暗示則幾乎是無限的。

富於暗示而不是一瀉無餘，這是中國詩歌、繪畫等各種藝術所追求的目標。在詩歌中，詩人往往意在言外。在中國文學傳統中，一首好詩往往是「言有盡而意無窮」。因此，一個慧心的讀者，讀詩時能從詩句之外去會意，讀書時能從字裡行間去會意。這是中國藝術所追求的情趣，它也同樣成為中國哲學家表述思想時的風格。

中國藝術的這種風格是有其哲學背景的。《莊子》第二十六章《外物》篇最後說：「筌者所以在魚，得魚而忘筌；蹄者所以在兔，得兔而忘蹄；言者所以在意，得意而忘言。吾安得夫忘言之人而與之言哉！」得忘言之人而與之言，這時兩人不是用語言來交談，《莊子》書中說到的兩位聖人，相遇而不言，因為「目擊而道存矣」（《莊子．田子方》）。按照道家的思想，道不可道，只能暗示。語言的作用不在於它的固定含義，而在於它的暗示，引發人去領悟道。一旦語言已經完成它的暗示的作用，就應把它忘掉，為什麼還要讓自己被並非必要的語言所拖累呢？詩的文字和音韻是如此，繪畫的線條和顏色也是如此。

在公元三四世紀期間，玄學（在西方稱之為「新道家」）是在中國思想界影響最大的哲學流派。當時有一部書，名為《世說新語》，其中記載當時名士們的雋語韻事，所記載的名士言論，往往十分簡短，有的甚至只有幾個字。這部書的《文學篇》裡記載，一位高官（本人也是一個哲學家）問一位哲學家，老莊和孔子的異同何在。哲學家回答道：「將無同？」這位高官對哲學家的回答很滿意，立即委派他做自己的秘書。這位哲學家的回答只有三個字，因此他被稱為「三字掾」（「掾」是古代官署屬員的通稱）。他回答高官的問題，既無法說，老莊與孔子毫無共同之處，又無法說，他們之間毫無區別，於是，他用回問的方式作為答覆，實是一個聰明的回答。

《論語》和《老子》兩書中的簡短辭句，並不是本來根據某種討論前提做出的結論，現在由於前半遺失而使它們顯得無頭無腦。它們是充滿提示的箴言。正由於它們富於提示，才使它們具有巨大的吸引力。我們如果把《老子》書中提到的概念列舉出來，重述一遍，可能用上五萬字，或五十萬字，它可能幫助讀者了解《老子》一書的含義，但它本身將成為另一本書，而永不可能代替《老子》的原著。

在前面我曾經提到過的郭象是《莊子》一書的著名注釋家。他的注釋本身就是道家的一本重要古典文獻。他把莊子使用的寓言和隱喻，用理性論辯的方式加以闡述，又把《莊子》書中的詩句用散文予以重述。他的論述比《莊子》一書清晰得多。但是，《莊子》原書富於提示，郭象的注釋則明晰具體。人們會問：兩者之中，哪個更好呢？後來一位禪宗僧人曾說：「曾見郭象注莊子，識者云，卻是莊子注郭象。」（《大慧普覺禪師語錄》卷二十二）

語言障礙

任何人如果不能用原文閱讀某種哲學著作，要想完全理解原著，的確會有困難。這是由於語言的障礙。中國哲學著作由於它們的提示性質，語言的困難就更大。中國哲學家的言論和著述中的種種提示，很難翻譯。當它被翻譯成外文時，它由提示變成一種明確的陳述。失去了提示的性質，就失去了原著的味道。

任何翻譯的文字，說到底，只是一種解釋。當我們把《老子》書中的一句話譯成英文時，我們是在按照自己的理解來闡述它的含義。譯文通常只能表達一種含義，而原文卻可能還有其他層次的含義。原文是提示性質的，譯文則不可能做到這一點。於是，原文中的豐富含義，在翻譯過程中大部分丟失了。

《老子》和《論語》都有許多種譯本。每個譯者都不免認為其他譯本不夠滿意。但是，無論一個譯本如何力求完善，它總不及原著。只有把《老子》和《論語》的所有譯本，加上將來的各種新譯本，才可能顯示《老子》和《論語》原書的風貌。

五世紀時的佛教高僧鳩摩羅什是把佛教經典譯成中文的一位翻譯大家。他曾說，翻譯工作恰如嚼飯餵人。如果一個人自己不能吃飯，要吃別人的唾餘，所吃到嘴裡的當然沒有原來那飯的香味和鮮味。

第二章

中國哲學的背景

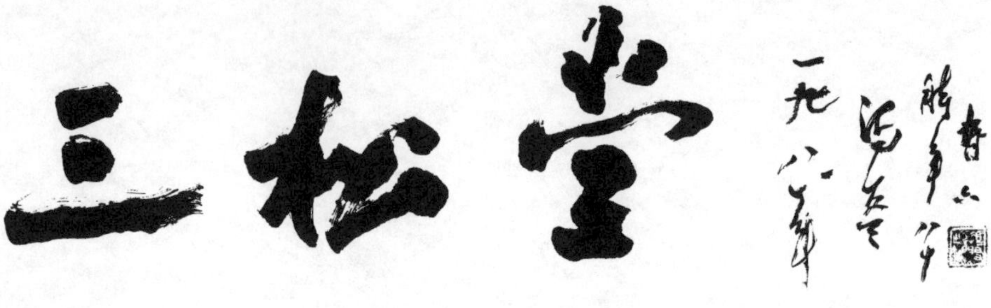

三松堂庭院及馮先生手書匾額

在前一章裡我曾說，哲學是對人生的系統反思。人在思想時，總不免受到生活環境的制約，處於某種環境之中，他對生活就有某種感受，在他的哲學思想裡就不免有些地方予以強調，而另一些地方又受到忽略，這些就構成了他的哲學思想特色。

這種情況就個人來說是如此，就一個民族來說，也是如此。在這一章裡，我將對中國的地理環境和經濟環境略作分析，可以幫助我們對中國文化何以有某些特點，有一個一般的了解，具體到中國哲學何以有某些特點，也是一樣。

中華民族的地理環境

在《論語》裡，孔子說：「知者樂水，仁者樂山。知者動，仁者靜。知者樂，仁者壽。」（《雍也》二十三節）讀孔子的這段話，使我想到古代中國人和古代希臘人思想不同的由來。

中國是一個大陸國家。在古代中國人心目中，世界就是他們生活的這片土地。在中文裡，有兩個詞語常常被用來表達「世界」，一個是「普天之下」，一個是「四海之內」。住在海洋國家的人民，如希臘人，會不明白，居住在「四海之內」（比如說，住在克里特島上），怎麼就是住在「普天之下」。而在中文裡，它就是如此，而且是有理由的。

從孔子的時代直到十九世紀末，中國的思想家們從來沒有到海上冒險的經歷。在現代人看來，孔子和孟子所住的地方都離海不遠。但是在《論語》裡，孔子只有一次提到海說：「道不行，乘桴浮於海。從我者，其由與？」（《公冶長》七節）仲由即子路，在孔子的學生中，以勇敢著名。據說，仲由聽到孔子的這句話，非常高興。孔子卻並沒有因仲由的過分熱心而高興，他說：「由也，好勇過我，無所取材。」（同上。意思說，仲由雖然勇敢，可惜不能裁度事理。）

孟子提到海的話也同樣簡短。他說：「觀於海者難為水，遊於聖人之門者難為言。」（《孟子．盡心上》）孔子只想，泛舟浮於海，孟子也只是望海驚歎，並不比孔子好多少。對比之下，蘇格拉底、柏拉圖和亞里士多德，出生在海洋國家，漫遊列島，又是多麼不同啊！

中華民族的經濟背景

古代中國和古代希臘的哲學家們不僅生活在不同的地理環境之中，還生活在不同的經濟環境之中。中國是個大陸國家，中華民族歷來依靠農業來維持生存。直到今日，中國的農業人口還在全體人口中佔百分之七十五至八十。在一個農業國家裡，財富的首要基礎是土地。因此，在中國歷史上，一切社會、經濟思想以至政府的政策措施都以土地的分配和利用為中心。

在一個農業國家裡，無論和平時期或戰爭時期，農業都同樣重要。中國歷史上，公元前四八〇—前二二一年是戰國時期——和今日世界在很多方面都頗為相似。當時中國分裂為許多封建的小王國。每個小國都把「耕戰之術」作為國家的要務。最後，「七雄」中的秦國，在經濟和軍事上都佔優勢，得以戰勝其他六國，從而使中國在歷史上第一次實現了政治統一。

中國哲學家們的社會經濟思想都強調要區別「本」和「末」，農業生產被認為是立國之本，而商業則被看為是立國之末端，因為經濟生產主要靠農業，而商業只關係到產品的交換。商品的交換終究要以生產為前提，在一個以農業為基礎的國家裡，農產品是主要的產品，因此在中國歷史上，各種社會、經濟的理論和政策都重農輕商。

在一個重農輕商的國家裡，商人自不免受到輕視。在中國的傳統社會裡，把民眾按行業分為士、農、工、商四等，士通常是來自地主階級，農就是從事農業生產的農民，這兩種行業受到社會的尊重，任何人出身於「耕讀世家」，往往引以為傲。

讀書人通常並不親自耕地，但他們一般出自於地主家庭，家庭的興衰和農業生產的好壞直接聯繫在一起，農業收成好，他們受益；農業收成壞，他們也受連累。因此，他們的宇宙觀和人生觀都主要反映了農民的思想。再加上他們受過教育，使他們得以表達農民自己沒法表達的思想，這種表達在中國就採取了哲學、文學和藝術的形式。

《上農》——農業的價值

著於公元前三世紀的《呂氏春秋》書中，輯有各家哲學撮要，有一章名為《上農》，其中比較農民的生活方式和商人的生活方式，認為農民像嬰兒那樣單純樸實，慣於順服長上，比較不自私，他們的物質財產複雜多樣、難於移動，因此，國家遭難時，農民不會棄置不顧；商人則自私奸詐，計謀多、不順服，他們的財產簡單，易於轉移，因此國家有難時，商人往往自己逃跑、不顧國家。這一章認為，把農業和商業相比，不僅農業對國家更重要，而且農民的生活方式也比商人的生活方式高尚。這就是為什麼要以農業為上（見《呂氏春秋》第二十六章，第三節）。這一章的作者看出：人的生活方式受經濟背景的制約；而他以農業為上的思想又顯示那個時代的經濟背景對他的思想制約。

從《呂氏春秋》的觀察中，反映出中國哲學裡道家和儒家關於社會經濟兩派思想的根源。這兩派思想主張如同兩極那樣背反，但它們又像同一個軸的兩極，兩個方面都同樣反映了農民的思想。

「反者道之動」（《道德經》第四十章）

在比較儒道兩家的不同思想之前，讓我們先看一下兩家共同的一種理論思想，就是都注意到，無論在自然和人生的領域裡，任何事物發展到極端，就有一種趨向，朝反方向的另一極端移動。借用黑格爾的哲學術語，任何事物都包含了對它自己的否定。這是老子哲學思想的一個主題，也是儒家闡發《易經》時的一個主題。它無疑受到太陽、月亮運行和四季嬗替的啟發。對農民來說，注意這些自然變化是農業生產的必需。在《易傳》中說：「寒往則暑來，暑往則寒來。」（《繫辭傳》下）又說：「日盈則昃，月盈則食。」（《豐卦．彖辭》）《易傳》中稱這樣的運動為「復」，《復卦．彖辭》說：「復，其見天地之心乎？」在《道德經》四十章，我們也讀到類似的話，說：「反者道之動。」

這個理論對中華民族有巨大的影響，幫助中華民族在漫長的歷史中克服了無數的困難。中國人深信這個理論，因此經常提醒自己要「居安思危」；另一方面，即使處於極端困難之中，也不失望。在剛結束不久的抗日戰爭中，這種希望成為中國民眾的心理武器，即使處於最黑暗的時期，還深信：「黎明即將到來。」正是由這種信仰形成的意志幫助中國人民度過了這場戰爭。

這個理論還對儒家和道家都主張的中庸之道提供了主要論據。「不為已甚」（見《孟子．離婁下》），「毋太過」成為儒道兩家共同的格言。「過猶不及」，但處事寧願不及，也不要過甚，因為行事過分，就將適得其反。

對自然的理想化

道家和儒家不同，因為他們是對農民生活中的不同方面加以理論化。農民生活簡單，思想純真。道家從這一點出發，譴責文明，鼓吹返樸歸真；把兒童的天真爛漫理想化，鄙視知識。《道德經》第八十章說：「小國寡民，……使民復結繩而用之。甘其食，美其服，安其居，樂其俗。鄰國相望，雞犬之聲相聞，民至老死不相往來。」這不是對農民社會的田園詩式頌歌嗎？

農民時刻和自然打交道，他們愛慕自然。道家把這種愛慕發揮到淋漓盡致，同時把屬於自然和屬於人的東西嚴格區分，一個是自然的，另一個是人為的。自然令人快樂，人為給人痛苦。戰國時期的儒家思想家荀子評論道家「蔽於天而不知人」（《荀子．解蔽》）。道家這種思想最後發展到主張「天人合一」，即人與自然、與宇宙合一。

家族制度

農民靠土地生活，而土地是無法挪動的。地主階級出身的讀書人也無法離開土地。一個人若沒有特殊的才能，他無法離開祖輩生活的這片土地；他的子孫也只有世世代代生活在這片土地上。這就是說，同一個家庭的後代，由於經濟的原因，不得不生活在一起。由此發展起中國的家族制度，它的複雜性和組織性是世界少有的。儒家思想在很大程度上便是這種家族制度的理性化。

中國的社會制度便是家族制度。傳統中國把社會關係歸納成五種，即君臣、父子、昆弟、夫婦、朋友。在這五種社會關係中，三種是家庭關係，另兩種雖不是家庭，卻也可以看作是家庭關係的延伸。譬如君臣關係，被看成是父子關係；朋友則被看作是兄弟關係。這還只是主要的家庭關係，此外還有許多。在中國最古老的辭書、著於公元前的《爾雅》一書中，有關家庭各種關係的名稱有一百多種，其中多數在英語中沒有與之相當的詞語。

中國的祖先崇拜也是這樣發展起來的。世代居住在一個地方的一族人，他們追溯首先在這地方定居的祖先，敬拜他。祖先成為家族的共同象徵。作為一個巨大複雜的組織，這樣一個象徵是必不可少的。

儒家思想中的一大部分是這種社會制度的理性論證，也就是它的理論表現。經濟環境成為這種社會制度的基礎，儒家思想反映了它的倫理價值。由於這種社會制度是一定經濟條件的產物，這些經濟條件又是地理環境的產物。因此，對中華民族來說，這個社會制度和它的理論表現都是自然而然的。正是因此，儒家思想成為中國正統的哲學，一直保持到近代歐洲和北美工業化的潮流侵入中國，改變了中國社會的經濟基礎為止。

入世和出世

儒家思想不僅是中國的社會哲學，也是中國人的人生哲學。儒家思想強調個人的社會責任，道家則強調人內心自然自動的秉性。《莊子》書中說：儒家遊方之內，道家遊方之外。方，就是指社會。公元三四世紀（魏晉）間，道家思想再次興起，當時人認為，孔子重「名教」（把各種社會關係規範化），老莊貴「自然」（順應事物和人的本性）。中國哲學中的這兩種思潮大體類似於西方思想中的古典主義和浪漫主義兩種思潮。試讀杜甫和李白兩人的詩，這兩位偉大的詩人都生活於八世紀，從他們的詩裡卻不難分辨出中國思想兩大流派——儒家和道家——對兩人的不同思想影響。

儒家「遊方之內」，顯得比道家入世；道家「遊方之外」，顯得比儒家出世。這兩種思想看來相反，其實卻正相反相成，使中國人在入世和出世之間，得以較好地取得平衡。

在三四世紀間，有一批道家試圖使道家思想靠近儒家思想，後世稱他們為「新道家」；在十一、十二世紀間（宋朝），也有一批儒家試圖使儒家思想靠近道家思想，後世稱他們為「新儒家」。這些運動使中國哲學既是入世的，又是出世的。在本書第一章裡，我已經指出了這一點。

中國藝術與詩歌

儒家把藝術看作是道德教育的工具。道家對藝術沒有正面提出系統的見解，但是他們追求心靈的自由流動，把自然看為最高理想，這給了中國的偉大藝術家無窮的靈感。由於這一點，許多中國藝術家把自然作為藝術的對象，就不足為怪了。中國美術作品中的許多傑作都是寫山水、花鳥、樹木、竹枝。在許多山水畫裡，山腳下、溪水邊，往往能看見一個人，靜坐沉醉在天地的大美之中，從中領會超越於自然和人生之上的妙道。

在中國的詩歌裡，讓我們讀陶淵明（公元三七二—四二七年）的詩《飲酒・其五》：

結廬在人境，而無車馬喧。
問君何能爾？心遠地自偏。
採菊東籬下，悠然見南山。
山氣日夕佳，飛鳥相與還。
此中有真意，欲辨已忘言。

這正是道家所追求的最高精神境界。

中國哲學的方法論

農民的眼界不僅制約着中國哲學的內容，如前舉的「反者道之動」；更重要的是它還制約着中國哲學的方法論。諾斯洛普教授（Prof. S. C. Northrop）曾提出：概念可分兩種，一種來自直覺，一種來自假定。「來自直覺的概念指向某個事物，它的完整的意義可以立即從某個事物領會到。例如：藍色是人對某種顏色的感覺，它是由直覺得到的概念。……至於由假設得出的概念，它的完整的意義是根據一個假設，用演繹法推演出來，從而認定的。……例如，『藍色』用來描述電磁波的波長數字時，它是一個假定的概念。」❶

諾斯洛普教授還進一步說到，來自直覺的概念又可以分為三種：「在連續審視中已予區分的概念；連續審視而還未予區分或稱不確定的概念；以及區分的概念。」（同上書，第一八七頁）按照他的意見，「儒家的思想可以界定為一種精神狀態，其中不明確的概念以直覺、多重的運動構成思想的背景；而具體的區分的概念則以相對的、人文主義的、過渡性的往復形成哲學的內容。」（同上書，第二〇五頁）至於道家思想，則是以連續審視而不確定或未區分的概念構成哲學的內容（同上頁）。

對諾斯洛普教授這篇文章中的觀點，我並不完全同意。但是，在這些話裡，他的確抓住了中西哲學的基本不同點。一個讀哲學的中國學生開始學習西方哲學時，他會高興地看到希臘哲學家也區別「有」和「無」，有限和無限。但是希臘哲學家認為「無」和無限低於「有」和有限，又使中國學生驚異不解，因為按中國哲學的看法，應該倒過來才對。所以會產生這種不同的見解，是因為「有」和有限都是明確的；而「無」和無限則是不明確的。由假設觀念出發的哲學家喜歡明確的東西，而由直覺出發，則需要重視不明確的東西。

如果我們把諾斯洛普在這裡所說的和我在本章開始時所說的結合起來，就會看見：在連續審視中已予區分的概念，由它衍生出還未區分的概念和分辨的概念（同上書，第一八七頁），都在基本上是農民的概念。農民日常與之打交道的，諸如田地和莊稼，都是他們一看就認識的東西。他們處於原始和純真的心態之中，把直接認知的東西看為寶貴的東西，這就無怪反映他們思想的哲學家們也同樣把直接認知的東西看為哲學思維的出發點。

這也足以解釋何以認識論在中國哲學裡從未得到發展的原因。中國哲學家們對於自己眼前的這張桌子究竟是真實的，抑或只是幻覺的存在，從不認真對待（唯有佛家是對它認真對待的，而佛學來自印度），認識論的問題之所以產生，是由於主觀和客觀已經有了明確的界限。而在一個連續審視過程之中，還沒有明確區分主觀與客觀之間的界限，認識的主體和認識的客體還是渾然一體的。

這也有助於說明，中國哲學的語言何以是提示性的而並不明晰。它不明晰，因為它不代表用理性演繹得出的概念。哲學家只是告訴人們，他看見了什麼。因此，他所述說的內容非常豐富，而使用的語言卻很簡短。這就是何以中國哲學家的語言往往只作提示而並不明確。

海洋國家和大陸國家

希臘人生活在海洋國家裡，靠貿易維持繁榮，他們首先是商人。商人就要與賬目的抽象數字打交道。然後，他們才和數字所代表的具體事物打交道。這些數字是諾斯洛普所說的來自假設的概念。因此，希臘哲學家也以從假設得到的概念作為思維的出發點。他們發展了數學和數學的思維。這就是為什麼認識論成為他們的問題，而且使用的語言如此明晰。

商人同時又是居住在城鎮中的人。他們的活動要求他們在城鎮聚居。因此他們的社會組織不是根據家族的共同利益，而更多是反映城鎮的共同利益。這是何以希臘人以城邦為中心來組成社會，而中國的社會制度則或許可以稱之為「家邦」，因為在中國的社會制度下，是通過家族來理解國家的。在一個城邦裡，社會組織難以形成專制獨裁統治，因為在同一等級的城鎮居民中，難以找出理由來論證張三比李四更重要，應當享有更高的社會地位；但是在一個「家邦」裡，社會組織是按人生來的地位，等級式地形成的，在一個家庭裡，父親的權威天然地高於兒子的權威。

中國人大多數是農民，這也可以用來說明，何以中國未能興起一個工業革命，把中國帶入現代世界。在《列子》一書裡，有一個故事說，宋國國君有一次叫一個巧匠按照樹葉雕刻一瓣玉葉。巧匠用三年時間刻出了一瓣玉葉，它如此逼真，以至無人能把它與真的樹葉區別出來。國君感到十分得意。列子聽說這事後評論說：「使天地之生物，三年而成一葉，則物之有葉者寡矣。」（《列子．說符》）這是崇尚自然、譴責人為的人的見解。農民的生活方式容易傾向於順乎自然。他們愛慕自然，譴責人為；在原始的純真中，也很容易滿足。他們不喜歡變革，也無法想像事物會變化。在中國歷史上，曾有不少發明和發現，但它們不曾受到鼓勵，卻相反，受到了打擊。

處身在海洋國家的商人們，情況迥然不同。他們有更多的機會見到語言、風俗都不同的他族人民。他們習慣於變化，對新奇事物並不懼怕。而且為了貨物得以銷售，他們必須對所製造的貨物不斷創新。西方的工業革命首先發生在英國這樣一個靠貿易維持繁榮的海洋國家，不是偶然的。

在本章前面援引的《呂氏春秋》中對商人的評論，也可以用來形容海洋國家的人民。只是要作一點修正，把抨擊商人奸詐、不講道德，改為讚許他們聰敏精巧。我們還可以仿效孔子的話說：海洋國家的人聰明，大陸國家的人善良，然後照孔子的話說：「知者樂水，仁者樂山。知者動，仁者靜。知者樂，仁者壽。」

由於篇幅所限，這裡不能詳細論證希臘和英國在地理和經濟條件上的相似之處，以及科學思想與民主政制之何以在西方興起。但希臘、英國的地理、經濟條件和中國迥然不同，就足以從反面論證我在本章對中國歷史的論點。

中國哲學中的「常」與「變」

科學的發展已經戰勝了地理的限制，今日中國已不再是封閉在「四海之內」。中國也走上了工業化的道路，雖然還落後於西方，但來得遲比不來好。說東方被西方侵略，並不確切，不如說是現代化侵入了中世紀世界。中國要在現代世界生存，就必須現代化。

人們會問一個問題：既然中國哲學產生於過去中國的經濟環境之中，它的內容是否只對過去的中國才有意義？

這個看法，也對，也不對。任何民族在任何時代的哲學裡，總有一些內容只對處於當時經濟條件下的大眾有用；但是，除此之外，還會有一部分哲學思想具有持久的價值。我不敢說那是絕對真理，任何人都不可能擔當起判定絕對真理的任務；只有神——如果有神的話——才能決定什麼是絕對真理。

讓我們從希臘哲學中取一個實例。亞里士多德曾論證奴隸制度的合理性，這是古代希臘人的經濟生活對他的思想制約。指出這一點，並不是說亞里士多德的全部社會哲學都只具有一時的意義。這個道理同樣適用於中國思想。中國實現工業化後，舊的家族制度勢必衰頹，儒家對家族制度所作理性論證的話也將隨之而去。指出這一點，並不是說，儒家的社會哲學中就都是相對的東西了。

這是因為，古代希臘和中國的社會雖然不同，卻都是屬於我們稱之為「社會」的這個大概念。有關希臘社會和中國社會的理論，其中有一部分是只對希臘或中國有效的理論，但同時，也都有一部分是有關人類社會的一般性理論。正是這後一部分，具有持久的、而不是一時的價值。

這個道理也同樣可以應用於道家思想。道家認為人類的理想國在於回到原始，這顯然是錯的。現代人相信歷史是進步的。認為人類生活的理想國在於人類未來的創造，而不是在已經過去的古代。但是有些現代人把無政府主義看作人類的理想國，這與道家的思想不無相似之處。

哲學還提供一種人生的理想。這種理想中有一部分是提出這種人生哲學的哲學家所處時代、地區和經濟條件的產物，但也還有一部分是對於人生的一般見解，因此，不是只有一時的意義，而還有持久的意義。儒家的人生哲學大概可以屬於這一類。按照儒家的理論，理想的人生雖然包含對宇宙的高度認識，但還是處在三綱五常的範圍之內。這些人際關係的內容性質雖然隨環境而變化，但是理想本身不會改變。如果認為，五種倫常關係的某些內容已經失去時效，因此儒家的人生理想應當全部拋棄，這顯然是錯的。反過來，如果因為儒家的人生理想應當保持，從而認為五種社會關係也不應改變，這顯然也是錯的。我們在學習哲學史時，應當對其中哪些是有永久價值的，哪些是可以改變的，進行合乎邏輯的分析。每一種哲學中，都有永久性的東西，各種哲學也總有其共同性的東西；正因此，不同的哲學才能互相比較，並進行翻譯詮釋。

中國哲學的方法論將來是否會改變？也就是說，新的中國哲學是否會不再把哲學思想局限於「由直覺得到的概念」之內？這是當然的，它沒有理由不這樣做。事實上，它已經在變化。本書末章將對這種變化進一步探討。

❶ Filmer S. C. Northrop:《東方的直覺哲學和西方的科學哲學可以互補的重點》。見C. A. Moore:《東西方哲學》，普林斯頓大學出版社，一九四六年，第一八七頁。

第三章

諸子的由來

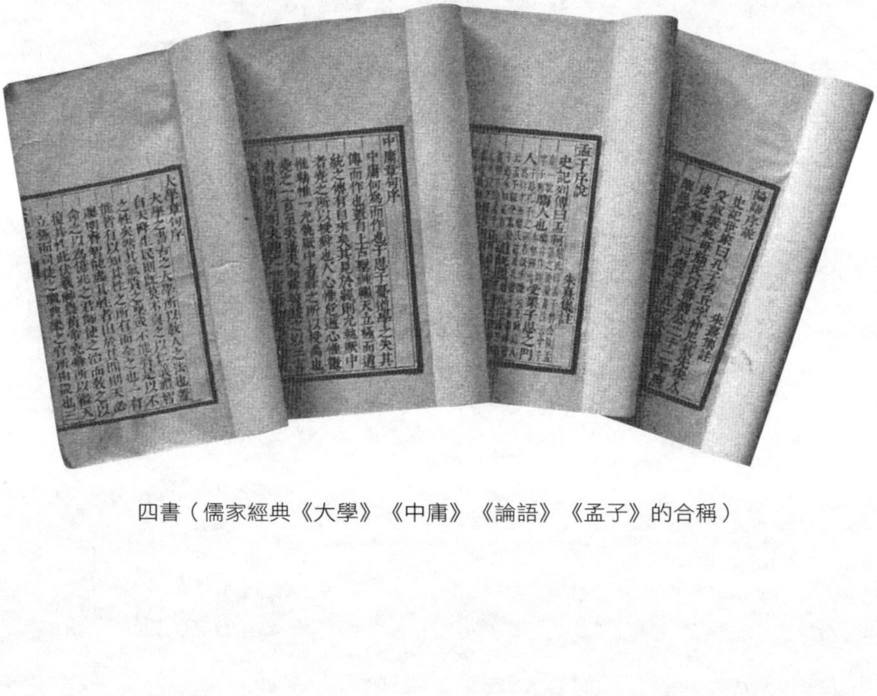

四書（儒家經典《大學》《中庸》《論語》《孟子》的合稱）

在上一章裡，我說到，儒家和道家是中國思想中的兩個主要流派。這是經過長期演化的結果。從公元前五世紀到公元前三世紀末，儒道兩家只是許多互相競爭的學派中的兩派。在這時期中，思想流派多到如此程度，以至在中國歷史上稱之為「諸子百家」。

司馬談和六家

後代史家試圖對「百家」進行分類。首先進行這種嘗試的是司馬談（卒於公元前一一〇年），他是司馬遷的父親；父子二人著述了中國第一部通史性質的《史記》。在《史記》最後一章，司馬遷援引了他的父親司馬談的一篇文章《論六家要旨》，其中，司馬談把在他之前幾個世紀中的哲學家分為六家。

首先是陰陽家。它是講宇宙論的一派，由於它把宇宙的原理歸結為陰陽兩個主要原則，因此被稱為陰陽家。陰是代表女性的原則，陽是代表男性的原則，兩者相生相剋，相反相成，由此產生了中國人心目中所見的宇宙一切現象。

第二個學派是儒家。儒字的本意是讀書人（儒生）或思想者。在西方稱之為「孔子學派」，這個名字沒有指出，它的隊伍主要是由學者和思想家所組成。他們講授古代的經書，因此是古代文化的傳承者。孔子無疑是這一學派的領袖人物，也是這一學派的創始人。但這一學派之稱為「儒」，還有更廣的含義。

第三個學派是墨家。這一學派在墨子領導下，內部有嚴格的紀律和組織。這一派已經自稱是「墨者」，所以，它的名稱不像其他有些學派的名稱，是司馬談的發明；「墨者」的名稱是原來就有的。

第四個學派是名家。這一派的興趣是分辨名實，究明它們之間的關係。

第五個學派是法家。在中文裡，「法」的含義是規範或法律。這一學派源自一些政治家，不贊成當時一些儒生強調政府要以德治國，他們認為，一個好的政府必須建立在一個成文法典的基礎之上。

第六個學派是道德家或稱道家。這一派人的形而上學和社會思想都「尚無」，「無」也就是「道」，並認為它是人天生的本性，也就是「德」。「德」是「道」在任何事物內的具體化，成為事物內含的能力，如果把它譯成英文，或許譯作「能力」較妥。司馬談把這一派稱為道德家，後來簡稱為道家。在第一章裡，我曾指出，道家和道教必須加以區別。

劉歆和他關於各家緣起的理論

試圖對「百家」進行分類的第二位歷史家是劉歆（約公元前四六年—公元二三年）。他是當時最著名的學者之一。他和他的父親劉向一起，對宮廷所藏圖書進行整理，分類編目。這個附有說明的分類編目名為《七略》。後來，另一位漢代歷史家班固（公元三二—九二年）便用《七略》作為《漢書・藝文志》的基礎。從《藝文志》中可以看出，劉歆把諸子百家分為十類，其中六家同於司馬談所列出的六家。另四家為：縱橫家，這是當時的外交家；以及雜家，這是當時不拘於一家之言的折衷派；還有農家和小說家。劉歆在結論中說：「諸子十家，其可觀者，九家而已。」意思是說，小說家不如其他九家重要。

在這個分類中，劉歆並沒有比司馬談深入多少，但他系統追溯了各家的起源，這在中國歷史上是第一次。

劉歆的理論經後來的學者，特別是章學誠（公元一七三八—一八〇一年）、章炳麟（公元一八六九—一九三六年）予以發展。劉歆的理論主要是說，在周朝（公元前一一二二？—前二二五年）禮崩樂壞（即社會動亂，政制解體）之前，即周朝前期，吏與師不分。換句話說，政府各個部門的官員便負責把有關這一部分的知識傳下去。這些官吏和貴族諸侯一樣，是世襲的。因此，當時只有「官學」，沒有「私學」。這就是說，當時沒有任何私人教師；擔任教師的都是政府的官吏。

按照這個理論，當後來周朝皇室失去權力時，官吏們也失去了原來的優裕地位，而散落民間，他們便以私人身份招收學生，傳授他們的知識。這時，他們已經不是「官」，而成為「師」。就在教師與官吏分化的過程中，興起了諸子百家。

劉歆這段分析的原文是：

儒家者流，蓋出於司徒之官。……游文於六經之中，留意於仁義之際，祖述堯舜，憲章文武，宗師仲尼，以重其言，於道最為高。孔子曰：「如有所譽，其有所試。」唐虞之隆，殷周之盛，仲尼之業，已試之效者也。

道家者流，蓋出於史官。歷記成敗、存亡、禍福、古今之道，然後知秉要執本，清虛以自守，卑弱以自持，……此其所長也。

陰陽家者流，蓋出於羲和之官。敬順昊天，曆象日月星辰，敬授民時，此其所長也。

法家者流，蓋出於理官，信賞必罰，以輔禮制。……此其所長也。

名家者流，蓋出於禮官。古者名位不同，禮亦異數。孔子曰：「必也正名乎！名不正則言不順，言不順則事不成。」此其所長也。

墨家者流，蓋出於清廟之守。茅屋采椽，是以貴儉；養三老五更，是以兼愛；選士大射，是以上賢；宗祀嚴父，是以右鬼；順四時而行，是以非命；以孝視天下，是以尚同；此其所長也。

縱橫家者流，蓋出於行人之官。孔子曰：「誦《詩》三百，使於四方，不能顓對，雖多亦奚以為？」又曰：「使乎！使乎！」言其當權事制宜，受命而不受辭，此其所長也。

雜家者流，蓋出於議官。兼儒墨，合名法，知國體之有此，見王治之無不貫。此其所長也。

農家者流，蓋出於農稷之官。播百穀，勸耕桑，以足衣食。……此其所長也。

小說家者流，蓋出於稗官。街談巷語，道聽途說者之所造也。……如或一言可採，此亦芻蕘

狂夫之議也。（《漢書．藝文志》）

以上是劉歆關於十家來源的陳述。他對於各家意義的闡述並不充分，對有些流派所由來的官職，也有任意牽強之處。例如：關於道家，他只說到老子的思想，對莊子竟全未涉及。尤其是說到名家時，沒有注意到它的主張與禮官職司並無相近之處，只不過它們都注意各種名份的區別。

對劉歆理論的修正

劉歆理論的某些細節雖可能有錯誤，但他從政治和社會環境去探求各家的由來，無疑是一種正確的觀點。上面較多地引述了他的見解，因為他對各家的描述已成為中國史料學在這方面的一種經典式見解。

當代以來，尤其是一九三七年抗日戰爭前幾年，中國史學的研究有了長足的進步。根據這些研究成果，我對諸子百家的起源形成了自己的見解。我的理論在精神上和劉歆是一致的，但需要換一種方式來說明，這就是說，對這問題要用一個新的角度來考察。

讓我們來想像一下，公元前十世紀中國的政治和社會是什麼樣子。在政治社會結構頂端的是國君和周王室，後者是列國的「共主」。在周王室下面是數以百計的小國，分別由這些小國的國君統治。其中有些是周王朝開國時所封給皇族貴胄的；還有一些是由原與周王室爭霸的諸侯所統治，這些諸侯後來尊周為「共主」，因而受冊封的。

在每一個小國裡，國君又把國土分為若干采邑，封給他的家族成員，使這些家族成員成為諸侯。當時的政治權力和經濟權力是不分的。擁有采邑的諸侯，既是土地的領主，成為經濟的主人，又是采邑百姓的主人。他們被稱為「君子」，意思是「國君之子」，這也成為封建諸侯的共同名稱。

另一個社會階級是「小人」，或「庶民」，意思是普通百姓。他們是封建諸侯的農奴，平時為君子（諸侯）種田服勞役，戰時為君子作戰服兵役。

貴族不僅是政治統治者、地主，而且是唯一有機會受教育的階級。因此，諸侯的家宅不僅是政治和經濟權力的中心，還是文化的中心；各種各樣有專長、有某項知識的人，都要投靠諸侯，指望為諸侯所用。至於普通百姓，既沒有受教育的機會，自然也沒有文化知識，因此在他們中間也沒有出現什麼學者。這就是劉歆所說，西周時期，「吏師不分」的歷史背景。

中國的這種封建制度到公元前二二一年秦朝建立後被廢除。在它被正式廢除前幾百年間，這種制度已經逐漸瓦解，而兩千年後，這種封建制度的殘餘，還保留在地主階級的權勢之中。

現代的歷史學家對於中國封建制度何以瓦解的原因，迄今沒有一致意見。這裡由於篇幅所限，也不可能探討這些原因，但我們只要記住一點就夠了，即：公元前七世紀到公元前三世紀——春秋戰國時期——是中國社會政治大轉變的時期。

中國早期的政治封建制度，究竟幾時開始瓦解，現在還難以斷定。但可以說，公元前七世紀時，已經有貴族由於戰爭或其他原因，失去了土地和封號，降為庶民。另一方面，也有庶民，由於技有專長、或其他原因，獲得諸侯的寵信，成為高官。這是周朝禮崩樂壞的真正意義，不僅周室的政治權力瓦解了，更重要的是，整個社會制度瓦解了。

在社會政治瓦解過程之中，各種知識的官方代表散落民間。這些人可能自己就是貴族；或者是以一技之長服侍君王諸侯、獲得世襲官職的官吏。在上面援引的劉歆的《藝文志》中，他還援引了孔子在《論語》中所說的一句話：「禮失而求諸野」，也就是這個意思。

就是這樣，先前的貴族官吏，散落民間後，憑他們的專門知識或技能，開館招收生徒，以維持生計。這些傳授知識、發揮議論的私人教師，就成為「師」。這是「師」與「吏」分離的開始。

在中文裡，「家」首先是指家庭或住家。它表明是個人的、或私人的事情。在有教師以私人身份講學、發表個人的意見之前，談不到有思想家。

既然這些教師各有自己的專長，又是各人發揮自己的思想見解，於是有些教師以講授經書、禮樂見長，他們被稱為「儒」或「士」；還有些教師精通兵法或武藝，他們被稱為「俠」；還有些教師擅長辯論，被稱為「辯者」。另有一些人以巫醫、星相、占卜、術數見長，他們的知識被稱為「方術」，這些人被稱為「方士」。還有一些人憑對政治的實際知識，獻縱橫捭闔之策，成為諸侯王公的顧問或官員，被稱為「法術之士」。最後，還有些人，具有學識才幹，而對當時的現實政治失望，遁入山林，被稱為「隱者」。

按照我的理論，從這六種人裡面，形成了司馬談所稱的六家。套用劉歆的說法，我們可以說：

儒家者流，蓋出於文士；
墨家者流，蓋出於遊俠之士；
道家者流，蓋出於隱者；
名家者流，蓋出於辯者；
陰陽家者流，蓋出於方士；
法家者流，蓋出於法術之士。

以下各章將對上述見解逐一進行解釋。

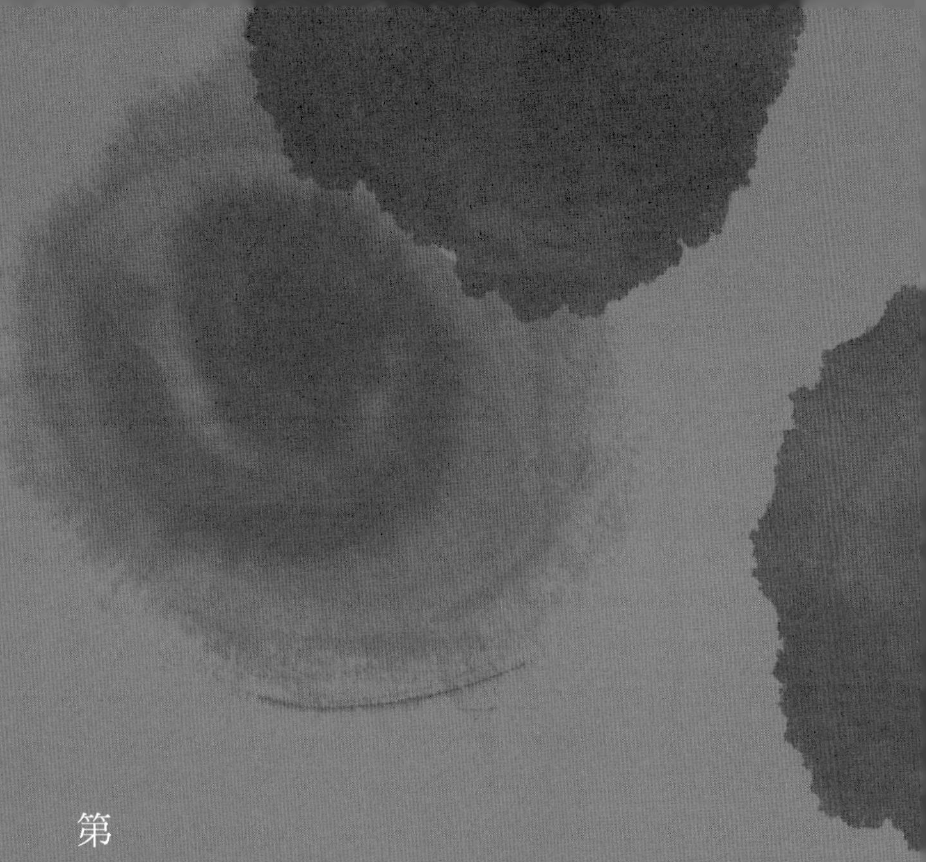

第四章

孔子：第一位教師

孔子（公元前五五一——前四七九年）

孔子姓孔名丘，出生於公元前五五一年的魯國，在今山東省南部，祖先是周朝之前的商朝後裔，商朝被周朝取代後，後裔被封宋國。由於政治動亂，孔氏家族在孔子出生前已經失去貴族身份，遷居魯國。

孔子生平詳見中國最早的史籍《史記》（約完成於公元前八六年）第四十七章《孔子世家》。從中可以知道，孔子家世貧寒，在魯國政府任職，到五十歲時已經升到高位。由於政局混亂，被迫退職出走。此後十三年間，他周遊列國，指望有機會實現他的政治、社會改革理想，卻到處碰壁；晚年回到魯國故鄉，三年後逝世，時為公元前四七九年。

孔子與六經

在上一章裡，我說中國古代的各派哲學家由於有了私學而興起。其中，孔子是中國歷史上大量招收私人學生的第一人，有些學生還陪伴他周遊列國。傳統的說法裡，孔子有三千弟子，其中七十人成為大賢。「三千弟子」的說法顯然誇大，但他無疑是一位有影響的教師，而且，更重要的是，他是創立私學的第一人。他的思想見於他的言論集《論語》，這是由他的幾個學生搜集編纂而成的。

孔子是一個「儒生」，是儒家學派的創始人。上一章曾經提到，劉歆論到儒家時說：「遊文於六經之中，留意於仁義之際。」孔子時代的私學，講授「六藝」，是指儒生應當學習的《詩》《書》《禮》《樂》以及《易》《春秋》這六門功課，它們就構成六經。其中的《詩經》《書經》《禮記》，從書名就可以知道它們的內容。另一本《樂經》現已佚失。《春秋》是魯國編年史，記載了魯國從公元前七二二年到前四七九年（即孔子卒年）的歷史。《易經》原來是一本卜筮之書，後來儒家把它作為形而上學來看待。

關於孔子和六經的關係，學術界歷來有兩種意見，一派認為六經是孔子所著；另一派認為，孔子著《春秋》，編《詩經》和《書經》，評注《易經》，修訂《禮記》和《樂經》。

其實，六經之中，沒有一卷是孔子所著、所編、所評注、或編纂。孔子在有些方面是維護傳統的保守派。在禮和樂兩方面，他對於背離傳統的做法的確進行了糾正，在《論語》中不乏這樣的記載。從《論語》中有關孔子的論述看，孔子並不是有意識地寫書給後人閱讀。當時，私人著述還未興起。孔子是中國的第一位私人教師，但他並不是中國的第一位私人著述家。私人著述是在孔子之後才興起的。

早在孔子之前，六經便已經存在了。它們是孔子所繼承的文化遺產。周朝最初的幾個世紀裡，便以六經中的材料作為教育皇族子弟的教材。大約從公元前七世紀起，周朝的封建統治開始沒落，皇族子弟的教師，以及有些皇族成員本人，都散落民間，以教授經書為生，有的因諳習禮儀而成為人家婚喪嫁娶、祭祀或其他禮儀的襄禮（司儀）。這些人被稱為「儒」。

作為教育家的孔子

孔子並不僅僅是通常意義的「儒生」。在《論語》中，我們所見的孔子的確只是一位教師。他希望經他教導的學生成為國家和社會的棟樑之材，即所謂「成人」，因此，他以經書包含的各種知識教誨學生。作為教師，他認為自己的首要任務是向青年學生解釋古代的文化遺產。因此，在《論語》中，孔子說他自己「述而不作」（《論語．述而》）。但是，這只是孔子的一個方面；他還有另一方面，在解釋古代的典制、思想時，孔子是以自己對道德的理解去詮釋古代的經書。例如古禮規定，父母死，兒子要為父母服「三年之喪」，孔子解釋這一點時說：「子生三年，然後免於父母之懷，夫三年之喪，天下之通喪也。」（《論語．陽貨》）這是說，孩子出生後，前三年離不開父母的懷抱；因此，兒子為父母守喪，也應有三年，以感父母之恩。再如講授《詩經》的時候，他強調其中的倫理價值，說「《詩》三百，一言以蔽之，曰，思無邪。」（《論語．為政》）這些實例都說明，孔子在講授經書時，注入了新的東西。

孔子的弟子也仿效老師，在傳授經書時注入了自己的思想見解。這樣，在歷代傳授經書的過程中，形成了無數注解和詮釋，後來形成的《十三經注疏》，其中大部分便是對六經的注疏。

這是孔子和與他同時的其他儒生不同的地方，使他成為一個學派的創始人。由於這派學者都是諳習六經的專家，因此他們被稱為「儒生」。

正名

孔子不僅對經書予以新的解釋，他對個人與社會，人與天、與其他人的關係也都有自己的見解。

關於社會，他認為，一個社會要想能夠走上軌道、井然有序，首要的是「正名」。這就是說，客觀存在的種種事物應當與它們名字的本來含義一致起來。《論語．子路》章記載，孔子的弟子子路問老師：「衛國國君期待您去施政治國，您準備首先做什麼？」孔子回答說：「必也正名乎！」（一定要先正名分）《論語．顏淵》章還記載：一次，齊景公問政於孔子，孔子對曰，「君君，臣臣，父父，子子。」（君要像君，臣要像臣，父要像父，子要像子。）換句話說，每類事物有一個共同的名字，這個名字含有一定的含義。這類事物應該做到與它們名字的含義，也就是其理想的本質相一致。一個國君的本質就是一個理想的國君應有的品質，即「為君之道」。如果一個君王按照為君之道行事，他就不僅有君的「名」（名分），也有君的「實」（實質），成為名實一致。如果一個君王空有其名，而沒有君王應具的品質，即便在大眾面前他是君王，其實他配不上「君」的名字。在社會關係中，每一個名字包含有一定的社會責任和義務。君、臣、父、子，在社會裡，各有責任和義務，任何人有其名，就應當完成其責任和義務。這便是孔子主張「正名」的意義。

仁義

對於個人的品德，孔子強調仁和義，尤其是仁。義者宜也，即一個事物應有的樣子。它是一種絕對的道德律。社會的每個成員必須做某些事情，這些事情本身就是目的，而不是達到其他目的的手段。如果一個人遵行某些道德，是為了不屬於道德的其他考慮，即便他所作的客觀上符合道德的要求，也仍然是不義。用孔子和後來的儒家常用的一個貶辭來形容，這是圖「利」。儒家認為「義」和「利」是截然相反的。孔子說：「君子喻於義，小人喻於利。」（《論語・里仁》）後來的儒家常常強調「義利之辨」，認為這是道德學說中最重要的一點。

「義」是一種觀念形式的規範，「仁」的觀念則具體得多。一個人在社會裡行事為人，有他應循的義務，那是他應該做的。但是這些義務的本質應當是「愛人」，即「仁」。為父之道就是由愛子之心出發去對待兒子，為子之道就是由愛父之心出發去對待父親。《論語・顏淵》篇中記載：樊遲問仁，孔子回答說：「愛人」。一個人必須對別人存有仁愛之心，才能完成他的社會責任。因此，在《論語》裡，孔子用「仁」這個字時，有時不是僅指一種特定的品德，而是泛指人的所有德性，這便是「仁人」一詞的含義。在這場合下，「仁」的含義是「品德完美」。

忠恕

《論語．顏淵》篇裡記載，仲弓問仁，孔子回答說：「……己所不欲，勿施於人。……」《論語．雍也》篇裡還記載，孔子說：「夫仁者，己欲立而立人；己欲達而達人。能近取譬，可謂仁之方也已。」

因此，仁的實踐包含了為人着想。「己欲立而立人，己欲達而達人。」換句話說，「己之所欲，亦施於人。」這是「仁」的積極方面，盡己為人謂之忠。「仁」的含義並不僅是「己之所欲，亦施於人」，還有另一方面「恕」，就是「己所不欲，勿施於人」。這兩方面合起來，稱作「忠恕之道」，孔子認為，這就是把仁付諸實踐的途徑，也就是孔子所說的「仁之方」。

後來有的儒家把忠恕之道稱為「絜矩之道」，意思是說，以自己作為尺度來規範自己的行為。《禮記》中有一章《大學》，彙集了公元前三到二世紀，儒家的一些著述，其中說：「所惡於上，毋以使下；所惡於下，毋以事上。所惡於前，毋以先後；所惡於後，毋以從前。所惡於右，毋以交於左；所惡於左，毋以交於右。此之謂絜矩之道。」

《禮記》中還有一章《中庸》，傳說是孔子的孫子子思所作。其中第十三節說：「忠恕違道不遠。施諸己而不願，亦勿施於人。……所求乎子，以事父。……所求乎臣，以事君。……所求乎弟，以事兄。……所求乎朋友，先施之。……」

上述《大學》的段落着重講的是一個人本着「忠」和「恕」的原則做人時，怎樣由人及己，懂得所不當做的方面。引自《中庸》的段落着重講的則是一個人本着「忠」和「恕」的原則做人時，推己及人，怎樣主動去做。無論是哪種情況，用以衡量自己行為的準則，都出乎自己，而不在於別人。

「忠」和「恕」的做人原則也就是「仁」的原則。因此，一個人按「忠」「恕」行事為人，也就是「仁」的實踐。這種實踐引導人去完成對社會的責任和義務，其中就包含了「義」這種為人的品質。因此，「忠」和「恕」乃是人的道德生活的開頭，也是它的完成。《論語》中，孔子說：「『參乎，吾道一以貫之。』曾子曰：『唯。』子出，門人問曰：『何謂也？』曾子曰：『夫子之道，忠恕而已矣。』」（《論語．里仁》）

每人內心都有衡量行為的一把尺（絜矩），隨時都在使用它來衡量別人和自己。實踐「仁」的方法就是這樣簡單。因此孔子說：「仁遠乎哉？我欲仁，斯仁至矣。」（《論語．述而》）

知命

儒家從「義」又發展出「為而無所求」的思想。人做自己所當做的，因為這是道德本身的要求，而不是由於道德要求之外的任何考慮。在《論語．憲問》篇裡，一位隱士譏諷孔子說他是「知其不可而為之者。」《論語．微子》篇中，子路告訴另一位隱士老人說：「君子之仕也，行其義也；道之不行，已知之矣。」

後面將會說到，道家主張「無為」，儒家則教導「為而無所求」。在儒家看來，一個人不可能什麼事都不做，因為每人都有應當去做的事情。但他做這些事情時，並不是為了其他的什麼目的，一個人做所當做的事情，其價值就在「做」之中，而不在於達到什麼外在的結果。

孔子自己的一生就是這種主張的例證。他處身在一個社會政治動亂的時代，竭盡己力去改造世界，像蘇格拉底那樣周遊列國，與各種各樣的人交談；雖然一切努力都沒有效果，他從不氣餒，明知不可能成功，卻仍然堅持不懈。

《論語．憲問》篇裡記載孔子論到自己時說：「道之將行也與，命也；道之將廢也與，命也。」他盡了己力之所及，而把事情的成敗交付給命。「命」字通常譯作「命數」或「命運」或「天意」。就孔子來說，這個字的含義是「天命」或「天意」；換句話說，這是朝着一定目標前去的一股力量。到了後期儒家，「命」的含義是宇宙間一切存在的條件和一切在運動的力量。我們從事各種活動，其外表成功，都有賴於各種外部條件的配合。但是，外部條件是否配合，完全不是人力所能控制的。因此，人所能做的只是：竭盡己力，成敗在所不計。這種人生態度就是「知命」。按照孔子的看法，「知命」是作為君子的一個重要條件，因此他說：「不知命，無以為君子也。」（《論語．堯曰》）

這就是說，要認識世界存在的必然性，這就是「知命」，就是個人對外在的成敗利害在所不計。如果這樣行事為人，在某種意義上說，我們就永不失敗。這是說，如果我們做所當做的，遵行了自己的義務，這義務在道德上便已完成，而不在於從外表看，它是否得到了成功，或遭到了失敗。

能夠這樣做，人就不必拳拳於個人得失，也不怕失敗，就能保持快樂。這就是孔子何以說：「知者不惑，仁者不憂，勇者不懼。」（《論語．子罕》）也是因此，他又說：「君子坦蕩蕩，小人長戚戚。」（《論語．述而》）

孔子的心靈修養

在道家著作《莊子》一書中，我們看到道家往往嘲笑孔子的眼光只限於仁義道德，只知道德價值，卻不知道還有超越道德的價值。從表面看，他們所說是對的，而從深一層看，他們其實是錯的。孔子對自己的靈性修養曾說：「吾十有五而志於學，三十而立，四十而不惑，五十而知天命，六十而耳順，七十而從心所欲，不逾矩。」（《論語．為政》）

孔子所說的「學」，不是我們今天所說的「學」。在《論語．述而》篇中，孔子說：「志於道」，在《論語．里仁》篇中，孔子又說：「朝聞道，夕死可矣。」這裡所說的「道」，含義是「道路」或「真理」。孔子說他自己「十五而有志於學」，是說懂得了立志學道。現在人們所說的「學」，是指「增長知識」，而「道」則是指悟性的提高。

孔子還說：「立於禮」（包括禮儀和舉止得當）（《論語．泰伯》）。他又說：「不知禮無以立也。」（《論語．堯曰》）這就是孔子所說「三十而立」的含義，意思是他到三十歲時，懂得了行事為人的準則。

他說四十而不惑，從前引《論語．子罕》篇「知者不惑」可以知道，他回顧自己，到四十歲時，懂得了人生的智慧。

直到這時候，孔子所認識到的大概只是道德價值。但是自此以後，到五十、六十歲，他懂得了天命和順命。換句話說，這時他進一步懂得了在道德以上的價值。在這方面，孔子和蘇格拉底有點相像。蘇格拉底覺得自己是承受了天命來喚醒希臘人；孔子也覺得自己承受了一種神聖的呼召。例如在《論語．子罕》篇裡記載，孔子及隨從弟子曾在匡這個地方遭到拘禁。孔子說：「天之將喪斯文也，後死者不得與於斯文也；天之未喪斯文也，匡人其如予何！」（意思是：如果天意是要讓文明滅亡，後人如我者就不會有參與文明的機會，既然上天沒有要讓文明毀滅的意思，匡人就阻擋不住我的工作。）《論語．八佾》篇還記載孔子率弟子過儀這個地方，會晤了當地小官，這位官員見到孔子之後說：「天下之無道也久矣，天將以夫子為木鐸。」（意思是：天下無道已久，上天是要把夫子當作喚醒大眾的警鐘吧。）由此我們可以看到，孔子在做他的工作時，意識到他是在遵行天命，受到上天的呵護；換句話說，他意識到那比道德更高的價值。

孔子所意識到的比道德更高的價值，和道家所意識到的有所不同。道家並不承認一個有智慧、有目標的上天；他們所尋求的是與渾元真體的神秘結合。因此，道家所主張和經驗的超道德價值比通常所說人際關係中的價值觀念更為超脫世俗。

如我們在上面所讀到的，孔子到七十歲時，可以從心所欲，而所做的都合於規範，他的行為不再需要意識去引導，可以順乎自然。這表明了聖人在心靈修養上最後階段的造詣。

孔子在中國歷史上的地位

在西方，人們最熟悉的一個中國人大概就是孔子。在中國，孔子雖然家喻戶曉，但是他在歷史上的地位卻經歷了巨大的變化。就歷史說，他生前主要是一位教師，是許多教師中的一位；但在去世之後，漸漸被尊為「唯一的」夫子，地位凌駕於所有其他教師之上。到公元前二世紀（西漢）時，司馬遷尊孔子為「至聖」，他的地位又被提高了。當時有些儒家甚至認為，孔子受命於天，繼承周朝之後，開闢了一個新朝代，這個朝代沒有皇朝，也沒有帝王，但孔子成為無冕的「素王」。這個說法如何能與歷史相適應呢？按照這批儒家學者的意見，早在《春秋》中便已預示了這一點。他們認為，孔子修《春秋》的本意並不是為魯國修史，而是代王者立法，有王者之道，而無王者之位，故稱素王。到公元前一世紀時，孔子被推崇到比君王更高的地位。當時不少人認為，孔子是一位人間的神祇，他預知在他以後會有一個漢朝（公元前二〇六年到公元二二〇年），而預先懸示一個政治理念，使漢朝有所遵循，把它付諸實現。這種說法盛行於西漢末年，這時的孔子位極尊榮，儒家儼然成了一種宗教。

這個時期並不太長。東漢初年（公元一世紀初），儒家中崇尚理性的一派漸佔上風。自此以後，孔子在人們心目中，不再是一位神祇，但他還是人們心目中最崇高的「夫子」。直到十九世紀末，認為孔子受命於天，應當成為帝王的理論又曾盛行一時。此後不久，清朝被推翻，民國成立。孔子在人們心目中的地位下降到人師之下。現在，多數中國人還是承認孔子是一位偉大的教師，但不再是唯一的夫子了。

孔子生前已是人們公認的淵博學者。《論語．子罕》篇記載，達巷黨人曰：「大哉孔子，博學而無所成名。」（意思是說，達巷黨這地方有人說，孔子是個偉大人物，學問廣博，以至很難用某一方面的專長來概括他的成就。）從前面引述中可以看到，孔子認為自己繼承了古代文明，極力加以復興；當時人們也是這樣看他。他自稱對古代文明「述而不作」，其實他的學派對古代文明重新詮釋，取古代文明的精華，創立了一個文明傳統，一直延續到晚近的時代。現在，中國又面臨一個經濟、社會巨大變革的時代。孔子在歷史上雖然只是許多教師中的一位，但明中葉後尊崇他為「至聖先師」，可以說是不無道理的。

第五章

墨子：孔子的第一位反對者

墨子（約公元前四七九 — 前三八一年）

孔子之後的一個主要哲學家是墨子。他姓墨名翟。《史記》中沒有記述墨翟的身世，對他的生平幾乎沒有涉及。關於墨子是哪國人，歷來有不同的看法。有的學者認為，墨翟是宋國（今河南東部、山東西部）人，有的學者認為，墨翟和孔子一樣，同是魯國人。他的生卒年代也同樣不可考，大概生活在公元前四七九—前三八一年之間。研究墨翟思想的主要資料是《墨子》一書，其中有五十三章，是墨翟及其後學的著作彙編。

墨子創立了以他的姓氏命名的學派。在古代，墨子的名聲和他的思想影響與孔子幾乎不相上下。比較兩人之間南轅北轍的不同主張十分有趣。孔子對周代早期的傳統典制、禮儀、音樂、文學都抱同情理解的態度，並從倫理上予以解釋，論證它們的意義。墨子則恰恰相反，質疑它們的合理性和實用性，並力求使之簡化，而且照他看來更為適用。簡言之，孔子對古代文明的態度是加以理性化、合理化；墨子則對古代文明持批判態度。孔子是一位文雅有修養的君子；墨子則是一位充滿戰鬥精神的布道家。他的說教的宗旨是反對傳統的典章制度及其實踐，反對孔子和儒家的各種理論。

墨家的社會背景

在周代，帝王公侯都擁有自己的軍事專家，這些人是世襲的武士，是當時軍隊中的骨幹。周朝後期統治權力解體，這些軍事家喪失了權力和爵位，散落全國，只求有人僱傭，得以維持生計。他們被稱為「俠」或「遊俠」。《史記》中稱他們：「其言必信，其行必果，已諾必誠，不愛其軀，赴士之厄困。」

（《遊俠列傳》）這是他們的武士道德。墨學中，有一大部分便是這種武士道德的延伸。

在中國歷史上，「儒」和「俠」都是依附於貴族的專門人才，他們自己也屬於社會的上層。後來，儒生繼續來自上層或中層階級，俠則更多來自下層階級。在古代，各種典章制度和禮樂都是貴族專用的，在普通百姓眼中，這些典制禮樂都是奢侈的繁文縟節，沒有絲毫用處。墨子和墨家正是以此為出發點，批判傳統典制和對它加以粉飾的孔子與儒家。墨家哲學的內容，主要便是這種批判和對遊俠道德的辯護。

關於墨子和他的追隨者來自遊俠，有許多憑證。從《墨子》一書和當時的其他許多著述中都可以看到，墨家有一個嚴密的組織，足以進行軍事行動。墨家的這種組織的首領稱為「鉅子」（大師）。對本團體成員，操有生殺大權。墨子就是他的團體的第一位「鉅子」。他至少曾有一次，為宋國遭受楚國入侵的威脅而組織防禦。

這段故事的情節很有趣。《墨子．公輸》篇裡記載，當時楚國僱用了一個機械發明家公輸般，發明了一種攻城的武器。楚國將使用這種武器進攻宋國。墨子得訊後，前往楚國，勸阻楚王出兵。在楚王面前，公輸般演習他準備用以進攻宋國的新式武器，墨子則表演他準備用以防禦楚國進攻的防禦武器。墨子首先解下腰帶，用以劃出一座城，用小木棍標誌武器。公輸般採用了九種攻城機械來進攻，都被墨子的防禦武器擋住了。最後，公輸般的進攻武器都已用盡，而墨子的防禦武器卻還有餘。公輸般不肯認輸，說：「我知道怎樣擊敗你，但是我不說。」墨子回答：「我知道你想用的那個辦法，我也不說！」

楚王問他們，到底是什麼意思？墨子回答說：「公輸般想謀害我。但是，我的弟子禽滑厘等三百人，已經用我設計的武器武裝起來，在宋國城牆上等候着楚國軍隊的進攻。我可以被謀殺，但是楚軍無法殺盡他們。」楚王聽後說：「如此說來，我們就放棄對宋國的進攻。」

如果這段故事屬實，它為今日世界倒是一個好榜樣，兩個敵對國家不必在戰場上廝殺，只要雙方的科學家、工程師來到一起，把各自實驗室裡的攻守防禦武器都展示出來，不需要走上戰場，便可以決定勝負了。

無論這段故事是否屬實，它足以說明墨家的軍事性質。還可以再看其他史料如《淮南子》，這是公元前二世紀的著作，其中《泰族訓》篇說：「墨子服役者百八十人，皆可使赴湯蹈刃，死不旋踵。」在《墨子》書中，至少有九處論到防禦戰爭的戰術和武器。這都足以說明，墨家原來是一個武士的組織。

墨子及其追隨者與當時的其他游俠有兩點不同。首先，其他游俠只是僱傭兵，誰僱用，便為誰賣命。墨子和他的追隨者們則反對任何侵略戰爭，他們只為防禦性戰爭效勞。其次，通常的「俠」只是墨守武士的職業道德，墨子和他的追隨者則對武士的職業道德進行理性化的解釋，因此，他創立了一個新的哲學流派。

墨子對儒家的批判

墨子認為，「儒之道，足以喪天下者四焉」：第一，儒者不相信天或鬼，結果是：「天鬼不悅」。第二，儒家堅持厚葬，特別是父母去世，子女要守三年之喪，浪費了民眾的財富精力。第三，儒家「盛為聲樂以愚民」，結果只是少數貴族奢侈享受。第四，儒家主張宿命論，造成民眾怠惰順命。（《墨子．公孟》）在《非儒》篇裡，墨子還說：「累壽不能盡其學，當年不能行其禮，積財不能贍其樂。盛飾邪術，以營世君；盛為聲樂，以淫遇民；其道不可以期世，其學不可以導眾。」

這些批評顯示出儒家和墨家的不同社會背景。早在孔子之前，一些有學識、有思想的人已經開始放棄對天帝鬼神的信仰。這時，開始興起一種懷疑主義思潮。處於社會底層的大眾，通常總是落後於社會新思潮，墨子所反映的正是當時社會下層民眾的觀點。上面墨子批判儒家的第一點，其意義就在於此。墨子批判儒家的第二、第三點，也是由這個思想基礎出發的。墨子批判儒家的第四點其實並沒有擊中要害，因為儒家雖然經常談到命，其含義卻並不是墨子所攻擊的宿命論。在上一章裡已經指出了這一點，儒家所說的命，是指人力所無法控制的某種力量。而除此以外，還有一些方面是人只要努力就能控制的。因此，人對外部世界首先應當盡力而為，只有在竭盡所能之後，才沉靜接受人力所無法改變的部分。這是儒家所講的「知命」。

兼愛

墨子對孔子的中心思想——仁義——並沒有提出異議。在《墨子》一書中，墨子經常提到仁義和仁人、義人，但是其含義和儒家略有不同。墨子認為，仁義都是「兼愛」的表現。「兼愛」是墨子哲學的中心思想，它是墨子所由出身的遊俠們的職業道德的自然延伸。他們的職業道德是：遊俠之間，「有福同享，有禍同當」（這是後來俠客們常說的話）。墨子以這種思想為基礎，把它擴大推廣，主張天下所有的人都應當不分高低，彼此相愛。

在《墨子》書中，有三章都以兼愛為主旨，其中，墨子首先區分他所說的「兼」與「別」。堅持愛有「區分」的人認為，要我把朋友看成如同自己一樣，把朋友的父母看成如同自己的父母一樣，是荒謬的。結果，這樣的人對朋友十分冷漠。主張兼愛的人則恰恰相反，認為：我應當像關心自己那樣關心朋友和朋友的父母。結果是，他為朋友竭盡己力。墨子在例舉上述兩種情況後問道：這兩種原則，誰是誰非？

為了衡量「兼」與「別」以及各種原則孰是孰非。墨子提出了衡量是非的「三表」，即三項準則：第一，人做事是否根據天和神靈的意志，與古代聖王的事業一致，這是事物之本。其次，所作的事應當是百姓能夠耳聞目睹、加以驗證的事，這是事物之原（驗證）。第三，由政府付諸實施，看是否對國家、百姓有利，即所謂事物之用。（《墨子．非命》上篇、中篇）三表之中，衡量價值的標準是「對國家和民眾有利」。

這也是墨子據以論證「兼愛」的主要原則。在《兼愛》下篇裡，墨子論證說：

仁人之事者，必務求興天下之利，除天下之害。然當今之時，天下之害孰為大？曰大國之攻小國也，大家之亂小家也；強之劫弱，眾之暴寡，詐之謀愚，貴之傲賤，此天下之害也。……姑嘗本原若眾害之所自生，此胡自生？此自愛人、利人生與？即必曰，非然也。必曰，從惡人、賊人生。分名乎天下惡人而賊人者，兼與？別與？即必曰，別也。然即之交別者，果生天下之大害者與？是故，別非也。

非人者，必有以易之。……是故子墨子曰，兼以易別。然即兼之可以易別之故，何也？曰，藉為人之國，若為其國，夫誰獨舉其國以攻人之國者哉？為彼者猶為己也。為人之都，若為其都，夫誰獨舉其都以伐人之都者哉？為彼猶為己也。為人之家，若為其家，夫誰獨舉其家以亂人之家者哉？為彼猶為己也。

然即國都不相攻伐，人家不相亂賊，此天下之害與？天下之利與？即必曰，天下之利也。姑嘗本原若眾利之所自生。此胡自生？此自惡人、賊人生與？即必曰，非然也。必曰，從愛人、利人生。分名乎天下愛人而利人者，別與？兼與？即必曰，兼也。然即之交兼者，果生天下之大利者與？是故，子墨子曰，兼，是也。（《兼愛下》）

這樣，墨子以功利主義的論辯證明「兼愛」的原則是完全正確的，仁人以利世除害為宗旨，就必須以「兼愛」作為處世為人的標準。如果天下人都能這樣做，「以兼為正，是以聰明耳目，相與視聽乎；是以股肱畢強，相與動宰乎？而有道肆相教誨，是以老而無妻子者，有所侍養以終其壽；幼弱孤童之無父母者，有所放依以長其身。今唯毋以兼為正，即若其利也。」（《兼愛下》）這是墨子的理想世界；他認為，唯有實行兼愛，才能創造出這個理想世界。

天志和明鬼

這裡還有一個基本問題：如何能勸說世人實行彼此相愛？如上所述，墨子認為，實行兼愛是濟世利人的唯一道路，人唯有實行兼愛才是一個仁人。但是，人們還會問：「為什麼我作為個人，要為世界的利益獻身呢？為什麼我要追求做一個仁人呢？」墨家會說，世界的利益就包括了其中每一個人的利益，為世界謀利益就是為自己謀利益。墨子便說過：「夫愛人者，人必從而愛之；利人者，人必從而利之；惡人者，人必從而惡之；害人者，人必從而害之。」（《兼愛中》）這樣說來，愛人成了一種投資、一種為自己的社會保險；自己可以從中得益，或像美國人的口頭語所說：「賺了！」（「It pays.」）多數人往往目光短小，看不到長期投資的利益，但這種長期「投資」也可能並不帶來回報。

為使人們實行兼愛，墨子除了上述的論辯以外，還採用一些宗教和政治的教誨。在《墨子》書中有《天志》篇、《明鬼》篇，其中講有神，神愛世人，神的心意就是要世人彼此相愛。神經常監察世人的言行，特別是君主的言行。凡不遵行神意的人就會受到神的降災懲罰；凡遵行神意的人，神就報以好運。在神之下，還有無數神靈，也同樣獎賞實行兼愛之人，懲罰實行交相別的人。

《墨子．公孟》篇裡有一個與此相關的墨子的故事很有趣。其中說：「子墨子有疾，跌鼻進而問曰：『先生以鬼神為明，能為禍福，為善者賞之，為不善者罰之。今先生聖人也，何故有疾？意者，先生之言有不善乎？鬼神不明知乎？』子墨子曰：『雖使我有病，鬼神何遽不明？人之所得於病者多方，有得之於寒暑，有得之勞苦，百門而閉一門焉，則盜何遽無從入？』」如果使用現代邏輯學的語言，墨子將會說：人之所以得病，由於神靈懲罰，是一個充分原因，但不是一個必然原因。

一個看似表裡不一的問題

在這裡需要指出一點：墨家和儒家對待神靈以及敬拜神靈的態度似乎都有自相矛盾的地方，墨家既信奉鬼神，卻反對喪葬和祭祀祖先時要獻大量祭牲的繁文縟節；儒家強調祭祀的重要性，卻不信有鬼神。墨家對儒家在這方面的自相矛盾，毫不客氣地予以指出。《墨子．公孟》篇裡所記的公孟子是個儒家人士。他說：「『無鬼神』，又曰，『君子必學祭祀。』」子墨子曰：「執無鬼而學祭祀，是猶無客而學客禮也；是猶無魚而為魚罟也。」

其實，儒家和墨家這種似乎自相矛盾的地方只是表面上的不一致。喪葬祭祀在古代受到重視，起初是源於對鬼神的信仰，但儒家重視喪葬禮儀，不是由於信奉鬼神，而是由於重視去世的祖先。可以說，儒家重視儀禮，是一種詩情，而不是出自宗教。儒家的這個理論後來經荀子而進一步發展，在本書第十三章將會說到這個問題。因此，對儒家來說，這種表面上自相矛盾的地方，實際上並不存在。

墨子的觀點其實也沒有自相矛盾。他論證鬼神的存在，是為他的兼愛理論作張本，而不是對超自然有什麼特別的興趣。在《明鬼》下篇裡，墨子認為，世上之所以混亂，源於「疑惑鬼神之有與無之別，不明乎鬼神之能賞賢而罰暴也」。接下去，他問道：「今若使天下之人皆若信鬼神之能賞善而罰暴也，則夫天下豈亂哉？」所以，他關於「天志」和「明鬼」的理論只是為了教人相信，實行兼愛，將得上天獎賞，如不實行兼愛，則將受上天懲罰。大眾持這樣的信仰，將有利於在人間建立理想世界；在喪葬和祭祀中「節用」，也有利於大眾，因此墨子持這樣的主張。墨子的思想從極端功利主義出發，崇奉鬼神，而主張薄葬節禮，兩者之間並不矛盾，因為都有利於大眾實行兼愛。

國家的起源

照墨子看來，為使民眾實行兼愛，不僅要有宗教的規範，還要有政治的規範。《墨子》書中有《尚同》篇，分上中下三章，其中闡述了墨子關於國家起源的理論。墨子認為，國家的權威有兩個來源，其一來自民眾；另一來自天志。國君的任務應當是監察民眾，對實行兼愛的予以獎賞，不實行的則予以懲罰。為有效實行這種監察，國君要有絕對的權威。說到這裡，人們會問：人民大眾為什麼自願選擇這樣一個絕對威權來君臨統治大眾呢？

墨子的回答是：人民大眾接受這個權威，不是出於自願，而是出於無奈，因為除此以外，別無選擇。照他看來，在國家興起之前，社會大眾生活在湯馬斯．霍布斯描繪的「自然狀態」之中。《墨子．尚同》上篇中說：在初民社會中，「蓋其語曰，天下之人異義。是以一人則一義，二人則二義，十人則十義，其人茲眾，其所謂義者亦茲眾。是以人是其義，以非人之義，故交相非也。」「天下之亂，若禽獸然。夫明乎天下之所以亂者，生於無政長。是故選天下之賢可者，立以為天子。」據墨子的看法，國君最初是順應民眾的意願而產生，以免民眾陷於無政府狀態。

在《尚同》中篇裡，墨子又說：「古者，上帝鬼神之建設國都，立正長也，非高其爵、厚其祿、富貴佚而錯之也；將以為萬民興利、除害、富貧、眾寡、安危、治亂也。」照這裡所說，則國家和君主乃是按照神的意志而設立的。

無論國君的權力是從哪裡產生的，按墨子的看法，君主一旦建立起來，就向民眾發出號令：「發政於天下之百姓，言曰，聞善與不善，皆以告其上，上之所是，必皆是之；上之所非，必皆非之。」（《墨子．尚同》上篇）由此引出墨子的名言：「上同與不下比」（同上），意思是：對最高領導，要事事同意，而不要跟隨下面的人。

按照墨子的理論，國家的性質必然是極權主義的，國君的權力必定是絕對化的。這是從他的國家起源理論所導致的必然結論。因為國家之所以產生就是為了制止人們由各是其是而產生的混亂。因此，依墨子的說法，國家的職責就是「一同國之義」（見《墨子．尚同》上篇）。在一國之內，只能有一個是非標準（「義」），這個「義」只能由國家制定。一國之內，不能容忍多重標準，那將導致混亂，使民眾又回到「自然狀態」中去，結果除混亂外，一無所成。從這種政治理論中可以看到，墨子把「俠」的職業道德發展到政治理論，強調集體紀律和集體的順服。它也反映了墨子時代的政治混亂局面，使許多人傾向中央集權，認為即便專制，也比混亂要好。

這樣，墨子主張，必須劃一是非的標準（一義）。照墨子的主張，「是」就是「交相兼」，「非」就是「交相別」。墨子指望通過這樣的政治規範，再加上宗教的規範，可以使天下之人都實行兼愛。

這便是墨子學說的梗概。從當時各種文獻記載看來，墨子自己便是奉行這些原則的範例。

第六章

道家的第一階段：楊朱

楊朱，生卒年月不詳，大致在墨子和孟子之間

在《論語．憲問》篇裡記載，孔子周遊列國時，曾遇到許多「避世」的隱者。這些隱士嘲笑孔子一心濟世，都歸於徒然。其中一個名為晨門的隱士稱孔子是「知其不可而為之者」（《論語．憲問》第三十八節）。孔子的弟子子路為老師辯護說：「不仕無義。長幼之節，不可廢也；君臣之義，如之何其廢之？欲潔其身，而亂大倫。」（《論語．微子》第七節）

早期道家與隱者

這些隱者是「欲潔其身」的個人主義者。從某種意義上說，他們又是認為世界敗壞、無可救藥的失敗主義者。按《論語．微子》篇第六節所載，其中有一個隱者對孔子的門徒說：「滔滔者天下皆是也，而誰以易之？」（意思是，天下像滔滔洪水氾濫那樣，有誰能改變它呢？）這些人遠離世俗，遁跡山林，早期道家大概便是從他們中間產生的。

但是，一般隱者既已「遠離世俗」「欲潔其身」，也就不再介意社會對他們的評論，不去為自己作什麼辯護。早期道家則在遁世之後，還為他們的生活方式說出一套道理；楊朱便是其中最突出的一個。

楊朱的生卒年月已不可考，但大致可以知道，他生活於墨子（約公元前四七九—前三八一年）和孟子（約公元前三七一—前二八九年）的年代之間，因為在《墨子》一書中，未曾提到過楊朱，而在《孟子》書中，楊朱已經像墨子一樣，是一位著名人物。《孟子．滕文公章句下》第九節說到：「楊朱、墨翟之言盈天下，天下之言，不歸楊，即歸墨。」在道家著作《列子》一書中，有一章《楊朱》篇，歷來認為其中反映了楊朱的哲學，但當代學者多半認為《列子》是偽書，《列子》書中楊朱的思想與更早的著作記載的楊朱思想往往不一致，它的論點主要是一種極端享樂主義。（因此，佛克教授關於楊朱的著作命名為《楊朱的樂園》，參閱 Anton Forke, *Yang Zhu's Garden of Pleasure*；及 James Legge, *The Chinese Classics*，第二卷，前言，第九二—九九頁）而在更早的著作中，我們未曾見到有任何地方稱楊朱是享樂主義者。不幸的是，我們只能從其他著述中輯錄楊朱的思想言論，卻無法把它們貫串成篇。

楊朱的基本思想

《孟子．盡心章句上》第二十六節說：「孟子曰：『楊子取為我，拔一毛而利天下，不為也。』」公元前三世紀的《呂氏春秋》中《審分覽．不二》篇說：「楊生貴己。」公元前三世紀的另一部書《韓非子》中《顯學》篇說：「今有人於此，義不入危城，不處軍旅，不以天下大利易其脛一毛，……輕物重生之士也。」公元前二世紀《淮南子．氾論訓》篇中說：「全性保真，不以物累形；楊子之所立也。」

上面援引《呂氏春秋》，其中所說「楊生」，據當代學者的考證，就是楊朱。「不以天下大利易其脛一毛」應也是指楊朱或他的追隨者，因為我們不知道，當時除楊朱一派外，還有什麼人持這樣的主張。把這些資料放在一起，可以看出，楊朱有兩個基本思想：其一是「人人為自己」；其二是「輕物重生」。這和墨子的「兼愛」思想正好相反。

《韓非子》書中說楊朱「不以天下大利易其脛一毛」，和《孟子》書中說楊朱「拔一毛而利天下，不為也」，兩者含義還有所不同，後者正是楊朱「人人為自己」的思想，而前者則是楊朱「輕物重生」的思想，但兩者和楊朱的基本思想是一致的，它們是同一個理論的兩個方面。

楊朱思想舉例

從道家文獻資料中可以找出楊朱上述兩方面思想的實例。《莊子》第一章裡有一個故事，敘述傳說中的聖王堯，想把王位傳給一位名為許由的隱士。許由拒不接受，說：「子治天下，天下既已治也，而我猶代子，吾將為名乎？名者，實之賓也。吾將為賓乎？鷦鷯巢於深林，不過一枝，偃鼠飲河，不過滿腹。歸休乎君，予無所用天下為。」堯願把天下白白贈送給許由，許由也不要；當然，如果要許由拔小腿上的一根毛來換天下，他更不情願。這正是韓非子筆下的楊朱的形象。

《列子》書中以楊朱為題的一篇還有另一個故事，其中說：「禽子問楊朱曰，去子體之一毛，以濟一世，子為之乎？楊子曰，世固非一毛之所濟。禽子曰：假濟，為之乎？楊子弗應。禽子出語孟孫陽。孟孫陽曰，子不達夫子之心。吾請言之。有侵若肌膚獲萬金者，若為之乎？曰，為之。孟孫陽曰，有斷若一節得一國，子為之乎？禽子默然有間。孟孫陽曰，一毛微於肌膚，肌膚微於一節，省矣。然則積一毛以成肌膚，積肌膚以成一節。一毛固一體萬分中之一物，奈何輕之乎？」這是楊朱思想中另一方面的一個例證。

在《列子．楊朱》篇中，還記述了據說是楊朱的話說：「古之人，損一毫利天下，不與也；悉天下奉一身，不取也。人人不損一毫，人人不利天下，天下治矣。」我們無法斷定這話是否確實出自楊朱，但它很好地總結了上述理論的兩方面和早期道家的政治哲學。

老莊著作中的楊朱思想

從《老子》一書和《莊子》中的若干章，以及《呂氏春秋》中，都可以看到對楊朱思想的評論反思。

在《呂氏春秋》中，有一篇《孟春紀．重己》，其中說：「今吾生之為我有，而利我亦大矣。論其貴賤，爵為天子不足以比焉。論其輕重，富有天下不可以易之。論其安危，一曙失之，終身不復得。此三者，有道者之所慎也。」這段話解釋了人何以應當輕物重生。失去一個帝國，還有機會可以復得，但人若死去，就不可能復活。

在《老子》書中，也有這個思想。例如《道德經》第十三章中說：「貴以身為天下，若可寄天下；愛以身為天下，若可託天下。」這是說，一個人如果把自己的行事為人看成比得天下更貴重，這樣的人，就可以把天下託付給他；一個人如果珍惜自己甚於貪愛天下，就可以把天下託付給他。又如《道德經》第四十四章說：「名與身，孰親？身與貨，孰多？」這些都是輕物重生思想的表現。

《莊子》第三章《養生主》篇中說：「為善無近名，為惡無近刑，緣督以為經。可以保身，可以全生。

可以養親，可以盡年。」這也是依循楊朱的思想；按早期道家看來，這是全生避害的最佳方法。如果一個人的行為敗壞到遭受社會的懲罰，當然無法全生；但是，如果一個人的社會聲譽太好，也不利於全生。《莊子》第四章《人間世》篇中說：「山木自寇也；膏火自煎也。桂可食，故伐之；漆可用，故割之。」人如果有才能、有用處，則他的命運將和桂樹、漆樹的命運一樣。

因此，在《莊子》書中，我們看到其中稱頌「無用之用」。《人間世》裡，講到一棵高大的櫟社樹，因為木質疏鬆，沒有用處，所以匠人不去砍伐。大樹託夢對人說：「長期以來，我致力於只求無用。曾有幾次，我都幾乎死去，現在才成功達到無用的目的，對我來說，這就是最大的用處。」《人間世》篇末說：「人皆知有用之用，而莫知無用之用也。」無用乃是全生之道。懂得全生之道的人，不僅不能做惡多端，為善也不能過分，他只能處於善惡之間、有用和無用之間，正是無用，最終證明它的大用。

道家思想的發展

在這一章裡，我們所見到的是先秦道家思想的第一階段。先秦道家思想總共有三個階段。以楊朱為代表的是第一階段。《老子》書中大部分所代表的是第二階段。《莊子》書中大部分則是第三、也就是最後的階段。在這裡說：「《老子》書中大部分」「《莊子》書中大部分」，是因為《老子》書中也雜有道家的第一階段和第三階段的思想；《莊子》書中也雜有道家第一和第二階段思想。這兩部著作，也和中國古代的許多其他著作一樣，是這一派學說的言論著作的彙編，而不是任何個人的作品。

道家哲學的出發點是保全生命、避免損害生命。為達到這個目的，楊朱的做法是「逃避」。這是隱士們通常的做法：逃離社會、遁跡山林，指望這樣就可以不致沾染人世的罪惡污穢。但是，人間如此複雜，無論個人怎樣逃避，也難以完全逃避其中的罪惡污穢，因此，「逃避」並不能達到目的。

《老子》書中大部分論述是試圖顯示宇宙萬物變化的法則。在這些道家看來，事物雖然千變萬化，但在各種變化的底層，事物演變的法則並不改變。人如果懂得這些法則，按照這些法則來安排自己的行動，就可以使事物的演變對於自己有利。這是先秦道家思想發展的第二階段。

即便如此，人還是感到生命岌岌可危。無論自然或人類社會的變化中，總有難以預見的因素。因此，無論人怎樣保護自己，還是難免受到傷害。這是《老子》書中第十三章發出喟歎：「吾所以有大患者，為吾有身；及吾無身，吾有何患？」的由來。這個思想在《莊子》書中加以進一步發揮，成為「齊萬物，一死生」的思想。它意味，從一個更高的觀點來看一己與外界、生與死。從這個更高的觀點看事物，就可以超越自己以外的世界。這是另一種形式的「逃避」，它不是從世俗社會逃往山林，而是從這個世界逃往另一個世界。這是古代道家思想的第三階段。

在《莊子》書中《山木》篇裡有一個故事，很好地說明了這幾種思想。

莊子行於山中，見大木枝葉盛茂，伐木者止其旁而不取也。問其故，曰：「無所可用」。莊子曰，「此木以不材，得終其天年。」

夫子出於山，舍於故人之家。故人喜，命豎子殺雁而烹之。豎子請曰，「其一能鳴，其一不能鳴，請奚殺？」主人曰，「殺不能鳴者。」明日，弟子問於莊子曰，『昨日山中之木，以不材得終其天年，今主人之雁，以不材死，先生將何處？」

莊子笑曰，「周將處於材與不材之間。材與不材之間，似之而非也，故未免於累。若夫乘道德而浮遊則不然。」

接下去，莊子講，人浮遊於道德，就是浮遊於萬物的初始狀態，役使萬物，而不為萬物所役，那樣，還有什麼能拖累他呢？

這個故事的第一部分是講楊朱保全生命的理論，第二部分是講莊子的理論，「材」是《養生主》篇中所說的「為善」，「不材」是《養生主》篇中所說的「為惡」，「處於材與不材之間」就是《養生主》篇中所說的「緣督以為經」，就是遵循中道。但是，人若不能從一個更高的觀點看世上事物，則這些方法都不能使他免於災難。為從一個更高的觀點看世上事物，就要無我。我們可以說，早期道家的思想是從私，即有我出發的；在後來的發展中，「私」被倒過來，被否定了。

第七章

儒家的理想主義流派：孟子

孟子（公元前三七一 — 前二八九年）

按照《史記》所載，孟子（約公元前三七一—前二八九年）出生於戰國時代的鄒國，在今山東南部。他從孔子的孫子子思的學生學習儒家思想理論。當時，在山東半島東部的齊國，國君熱心學術，網羅學者，把他們安頓在首都西門附近的稷下學宮。按《史記》記載：學者們「皆命曰列大夫，為開第康莊之衢，高門大屋，尊寵之。覽天下賓客，言齊能致天下賢士也」。

孟子曾是稷下的著名學者，也曾周遊列國，試圖以自己的思想影響當時列國王侯，但都遭到冷遇。按《史記》記載，他最後返回故里，與弟子著《孟子》七卷，其中記載了孟子與當時王侯的談話，與弟子們的對話。《孟子》一書被後代儒家尊為《四書》之一，成為儒家經書之一。

在儒家思想中，孟子代表了其中理想主義的一派，稍後的荀子則是儒家的現實主義一派，它們的歷史作用將在本書中逐步顯示出來。

性善說

我們已經看到，孔子十分重視「仁」，並且嚴格區分「義」和「利」。人之所以為人，就是要行義而不謀利。換句話說，就是要「推己及人」。這就是「仁」的實踐。孔子雖然十分強調這一點，但並未充分闡述人何以應當這樣做。孟子試圖回答這個問題，在這樣做之中，他發展出使他名垂後世的「人性本善說」。

人性本善或人性本惡——究竟怎樣認識人性——這是中國哲學裡爭論最多的問題之一。孟子在《告子章句上》第三節到第六節裡，曾列舉當時除他以外還有另外三種不同的理論。第一種是認為：人性無所謂善惡；第二種是認為：人性可以從善、也可以從惡（這種意見似乎意味着認為人性之中有善因，也有惡因）；還有第三種意見認為：有的人性善，有的人性惡。在這三種意見中，持第一種意見的代表人物是告子，他是與孟子同時的一位哲學家。《孟子》書中記載，他和孟子曾進行很長的討論，因此我們得以較多了解討論的具體內容。

孟子主張人性善，並不是認為，人人生下來便是一位孔聖人。他的理論與上述第二種意見的一方面有點相近，承認人的本性中有些因素，本身無所謂善或惡，但如人不加以節制，它就將導致惡。孟子認為，這是人與野獸共同的地方，它們反映了人裡面有野獸的本能方面。但嚴格說來，這不是「人性」。

孟子從多方面論辯以支持他的理論。在《孟子．公孫丑章句上》記載了孟子說：「人皆有不忍人之心。……今人乍見孺子將入於井，皆有怵惕惻隱之心。……由是觀之，無惻隱之心，非人也；無羞惡之心，非人也；無辭讓之心，非人也；無是非之心，非人也。惻隱之心，仁之端也；羞惡之心，義之端也；辭讓之心，禮之端也；是非之心，智之端也。人之有是四端也，猶其有四體也。……凡有四端於我者，知皆擴而充之矣。若火之使然，泉之始達。苟能充之，足以保四海；苟不充之，不足以事父母。」

人的本性，都有上述「四端」，如果加以充分發展，它們便成長為孔子所強調的「四德」。這些品德，如果不受外力阻礙，會在人內心自然生長，如同樹由樹種成為大樹，如同花由花苞開放為花一樣。告子則認為，人性無所謂善惡，道德意識只是後來外界施加給人的。這是孟子與告子看法不同的地方。

還有一個問題是：人為什麼要去發展德之四端，而不去發展低下的野獸本能呢？《孟子．離婁章句下》第十九節記載，孟子說：「人之所以異於禽獸者幾希，庶民去之，君子存之。」這是說：德之四端乃是人區別於野獸之所在，人只有發展德之四端，才能真正成為人。在這裡，孟子回答了孔子未曾遇到的一個問題。

論儒家與墨家的基本不同點

正是在這裡，我們可以看出儒家與墨家的不同之處。孟子擔當起的一個任務是在《滕文公章句下》第九節所說的「言距楊墨」。他認為：「楊氏為我，是無君也；墨氏兼愛，是無父也。無父無君，是禽獸也。……楊墨之道不息，孔子之道不著，是邪說誣民，充塞仁義也。」十分明顯的一點是，主張仁義的都強調利人，而楊朱所講的是利己，主張利己，就是反對仁義。問題是墨子講兼愛，這也是利人，墨子在這方面甚至比孔子講的更為明確，然則孟子為什麼把墨子和楊朱歸在一起加以反對呢？

歷來對這問題的回答是：按照墨子的學說，愛是沒有等級差別的；而按照儒家的學說，愛是有等級、有差別的。在《墨子》書中已指出了兩家的差異。有一位巫馬子，對墨子說：「我無法實行兼愛。我愛鄒（鄰國）人勝於越（遠鄰國家）人，愛魯（本國）人勝於鄒人，愛我鄉人勝於魯人，愛我家人勝於鄉人，愛我親勝於家人，愛我身勝於愛我親。」

巫馬子是儒家，《墨子》書中記他說：「吾愛吾身，勝於愛吾親」，這有點蹊蹺，不符合儒家主張的孝道，大概是墨家對儒家的誇張之詞。除這一點之外，巫馬子所講的愛有等級差別是符合儒家主張的。

孟子在《盡心章句上》第四十六節談到愛有等級時說：「君子之於物也，愛之而弗仁，於民也，仁之而弗親；親親而仁民，仁民而愛物。」這也是說，愛是有等級差別的。《滕文公章句上》第五節記載，有一位墨家人士夷之與孟子交往的故事。孟子問夷之是否真的相信，人愛鄰居的孩子可以和愛自己弟兄的孩子一樣，因為人愛自己弟兄的孩子總是自然要比愛鄰居的孩子多些。在孟子看來，這是完全正常的。由此前進一步，人應當把這種愛推廣到鄰居和社會其他成員。《孟子．梁惠王上》第七節記載孟子的主張：「老吾老，以及人之老；幼吾幼，以及人之幼。」這就是孟子在同一節裡所說的：「善推其所為」。這是在「愛有等級」的原則下發展出來的。

從愛家人推廣到愛其他人，就是實踐孔子所說的「忠恕之道」，也就是「仁」的實踐。在這些實踐中，沒有任何勉強的成分，因為人的本性就有惻隱之心，不忍看到別人受苦。由這一點善端推而廣之，就使人自然地愛別人；而且也同樣自然地愛父母多於愛眾人。

這是儒家的觀點。墨子則堅持愛眾人與愛父母應當沒有差別。不管這在實際上意味着少愛一點父母，或多愛一點眾人，總之，是要消弭儒家主張的有差別之愛。孟子正是有鑒於這一點而責難「墨氏兼愛，是無父也」。

孟子和在他之後的其他許多思想家都曾清楚指出儒、墨兩家在愛的理論上的上述分歧。不僅如此，儒墨兩家還有一個更根本性的分歧：儒家認為，人順其本性，就自然發展出仁的品德；而墨家則認為，兼愛是要靠外力加之於人的。

對儒家來說，人為什麼要行仁義，是不需要提出的問題，因為這是人的本性。墨家則必須回答人何以需要行仁義這個問題。墨子的回答是為了功利的緣故，為此他求助於超自然和政治的強制力量，這與儒家主張道德必須出於人的自願，又是互相矛盾的。如果把《墨子》書中關於兼愛的三章與《孟子》書中論人性中「德之四端」相比較，這種根本分歧是十分明顯的。

政治哲學

前面曾指出，墨子關於國家起源的理論也是以功利為基礎的。這和儒家的理論也是不同的。在《孟子．滕文公章句上》第四節中，孟子說：「人之有道也，飽食暖衣，逸居而無教，則近於禽獸。聖人有憂之，使契為司徒，教以人倫；父子有親，君臣有義，夫婦有別，長幼有序，朋友有信。」人倫關係和基於人倫的道德是人之所以區別於禽獸的地方。社會和國家的起源要追溯到社會中人倫關係的存在。墨家認為，國家之所以存在是因為它有用，儒家則認為，國家之所以存在是因為它應當存在。

人只有在人際關係中才能夠充分發展。孟子和亞里士多德一樣，認為「人是一種政治動物」。人的各種人倫關係只有在國家和社會之中才能發展。國家是一種道德體制。因此國家的領袖也應當是社會的道德領袖。因此，在儒家的政治哲學中，只有聖人才能成為真正的君主。孟子進一步，把這種理想描繪成古代曾經有過的事實。他說，在遠古時代，聖人堯（傳說生活於公元前二十四世紀）是國君。堯年老，選擇一位年輕的聖人舜，授以聖王之道，把王位禪讓給舜。舜年老時，同樣選擇了禹，最後把王位禪讓給禹。這樣，王位由老一代聖人傳給年輕一代聖人。孟子認為，這是王位嬗替之道。

如果國君缺少領袖的道德品質，據孟子看法，百姓有一種道德權利，進行革命。這時候，如果把國君殺掉，只是殺一個不義之人，不算「弒君」。在《孟子．公孫丑章句下》第八節，孟子認為，國君如果言行舉止不配做一個國君，按孔子「正名」的主張，他在道德上就已不再是國君，而變成了一個「獨夫」。在《盡心章句下》第十四節，孟子說：「民為貴，社稷次之，君為輕。」孟子的這些思想在中國歷史上有巨大的影響，直到一九一一年，推翻帝制，建立民國，其中雖然有近代西方民主思想的影響，但中國自古以來主張的「革命權利」在民眾中間擁有更大的影響。

如果一個聖人成為國君，他的統治便稱為「王道」。按照孟子和後來儒家的看法，政治統治有兩種：

一種是「王道」，一種是「霸道」，王道是「聖王之道」，霸道則是依靠暴力實行統治。它們是性質完全不同的兩種統治。聖王之道是靠道德教誨和教育來貫徹的，霸道則是以強制手段來推行的。王道的力量來自道德教化，而霸道的力量則來自武力。在《孟子．公孫丑章句上》第三節裡，孟子說：「以力假仁者霸，霸必有大國。以德行仁者王，王不待大。湯以七十里，文王以百里。以力服人者，非心服也，力不贍也。以德服人者，中心悅而誠服也，如七十子之服孔子也。」

孟子以後的中國政治哲學家都持守這種「王」和「霸」的區別。如果以當代政治學的原理來對照，我們可以說，民主政治便是王道，因為它是人民大眾的自由結合。法西斯統治則是霸道，因為它以恐怖和暴力來推行統治。

聖王遵行王道，自然竭盡所能來促進人民大眾的福利，這就意味着，國家必須要建立在一個健全的經濟基礎之上。中國從來都是農業國家，照孟子看來，遵行王道，最重要的健全經濟基礎就是在農民中間實行土地的平均分配。他在《孟子．滕文公章句上》第三節描述他理想中的土地制度是實行「井田制」。中國歷來衡量距離以「里」為單位（約相當於三分之一英里），如果把每一平方里劃為九個方塊，每一方塊面積包含一百畝（中國傳統的土地丈量單位）。孟子主張把九塊方田的中央一塊作為「公田」，周圍八塊田地分給八家農戶。他們各自耕種自己的一塊田地，又共同耕種中間的「公田」；公田的出產歸皇家，私田的出產歸農民自己。這個安排的形式，很像中文的「井」字，因此，它被稱為「井田制」。

孟子進一步描繪在他理想中的農村，每戶人家以五畝土地作為居住的房屋，房屋周圍種植桑樹，桑葉可以養蠶，這樣，每戶人家的老人可以穿上絲綢的錦衣。每戶人家還要飼養生豬、家禽，這樣，老人可以有肉吃。如果實行這個理想，按《孟子．梁惠王章句上》第三節記載，「是使民養生喪死無憾也。養生喪死無憾，王道之始也。」

這還只是「王道之始」，因為照孟子的看法，經濟只是更高文化的起步。只有當人人都受到適當教育、懂得人倫之道，這時，王道才能完全實現。

照孟子看來，王道不離人的本性。它是聖王循其「憐憫之心」加以發展的結果。這就是《孟子．公孫丑章句上》第六節所說：「人皆有不忍人之心。先王有不忍人之心，斯有不忍人之政矣。」這裡所說「不忍人之心」和憐憫之心，在孟子思想中是一回事。在儒家看來，「仁」乃是憐憫之心的發展結果，憐憫之心要靠實行仁愛才能發展；實行仁愛，就是「推己及人」，而這就是「忠恕之道」。王道乃是君王實行仁愛的結果，也是君王實行「忠恕之道」的結果。

在孟子看來，實行王道並沒有什麼奧秘或困難之處。《孟子．梁惠王章句上》第七節裡記載，有一次齊宣王坐在堂上，有人牽牛經過堂下，齊宣王問：把牛牽到哪裡去？僕人回答說：把牛牽去獻祭。宣王說：把牛放了吧，我實在不忍看牠顫慄害怕的樣子，像是無罪而被處死。僕人問：那末，還要不要獻祭呢？宣王說：祭祀怎麼可以廢除？換上一隻羊去獻祭吧。孟子聽說此事，問齊宣王，是否確有其事。宣王回答，確有其事。孟子說，憑這種善心，推而廣之，就可以實行王道了。在《梁惠王章句下》第五節記載，齊宣王嚮往王道，只是未能實行。孟子問：王如善之，則何為不行？齊宣王承認，因為自己太愛財貨、女色。孟子告訴宣王，這是天下人的通好。如果國君從自己所愛好而想到天下人都有同好，設法去滿足天下人，這就是實行王道了。

孟子對齊宣王所說，無非是「善推其所為」，這正是實行「忠恕之道」。從這裡可以看到，孟子怎樣發展孔子的原理，使它更加清楚。孔子對他的原理的解釋限於個人品德修養的範圍，孟子則把它推廣到政治和治理國家的範圍。孔子解釋他的原理時，只講到「內聖」，孟子則把它推廣到「外王」的範圍。

即便在「內聖」的範圍之內，孟子也比孔子講得更清楚。在《盡心章句上》第一節，孟子說：「盡其心者，知其性也；知其性，則知天矣。」這裡所講的「心」，便是「不忍人之心」，也就是「惻隱之心」。這是人的本性，因此，發展人的本心便是知曉人的本性。在《告子章句上》第十五節裡，孟子講到人的本性，說：「此天之所與我者」，所以，知道人的本性，也就知道了天道。

神秘主義

孟子和儒家之中他的這一流派認為，宇宙從根本來說，是一個道德的宇宙。人間的道德原則也是流行於宇宙之中的形而上學原理，人性便是這些原理的實證。孟子和他的學派說到「天」時，就是指這個由道德主宰的宇宙，懂得了這個由道德主宰的宇宙，就是孟子所說的「知天」。一個人如果知道了天道，他便不僅是一個國民，還是孟子在《盡心章句上》第十九節所說的一個「天民」。在《告子章句上》第十六節，孟子還進一步區別所謂「天爵」和「人爵」說：「有天爵者，有人爵者。仁義忠信，樂善不倦，此天爵也。公卿大夫，此人爵也。」照他看來，天爵是指人在精神價值領域中的成就，而人爵則是人間純物質領域的觀念，天民所關心的是天爵，而不是人爵。

在《盡心章句上》第四節，孟子還說：「萬物皆備於我矣。反身而誠，樂莫大焉。強恕而行，求仁莫近焉。」換句話說，人如果充分發展人的本性，不僅可以知天，而且可以與天合一。在生活中，一個人如果充分發展不忍人之心，就得到了仁，實行忠恕之道便是到達仁的最佳道路。在這樣的生活實踐之中，人的自我中心和自私將會逐漸減少，使人覺得「人」和「己」之間不再有別，「人」和「天」之間的差別也不復存在。這時，個人和宇宙便融合一體，實現孟子所說「萬物皆備於我」。這句話使我們看到孟子哲學中的神秘主義成分。

在這裡讓我們看一下孟子所講的「浩然之氣」，可以幫助我們進一步了解孟子哲學中的神秘主義成分。孟子談「浩然之氣」，和他的精神修養是聯繫在一起的。

在《公孫丑章句上》第二節記載，孟子和他的學生公孫丑有一段對話，學生問：「敢問夫子何所長？」曰：「我知言，我善養吾浩然之氣。」

「敢問何謂浩然之氣？」曰：「難言也，其為氣也，至大至剛，以直養而無害，則塞乎天地之間。其為氣也，配義與道；無是，餒矣。」

「浩然之氣」是孟子的一個專有用語。後世，孟子的思想影響逐漸上升，使用這個術語的思想家逐漸增多，在先秦，「浩然之氣」只見於《孟子．公孫丑章句上》。至於它的含義，連孟子也說：「難言也」。這段對話的上下文是講兩個武士培養勇敢精神的不同方法。從這裡，我的推論是：孟子所講的「氣」是由人的「勇氣」「士氣」而來。這和武士的氣概是一回事；但兩者之間有一點差別：「浩然之氣」的「浩然」比武士的勇氣更廣泛、也更超乎世俗。武士們的氣概是指人與人的關係，因此，它僅僅是道德範圍的事情；浩然之氣則是人和宇宙之間的關係，因此，它是超越道德的價值。它是人和宇宙融為一體的氣概，因此孟子說它是「塞乎天地之間」。

培養浩然之氣的辦法分兩方面：一個方面是「明道」，提高人對「道」的領悟；另一方面是孟子所稱的「積義」，即堅持不懈地做「天民」所當作的事情。這兩方面結合起來就是孟子所說的「配義與道」。

一個人如果從體驗中懂得了道，又長期行義，在他身上自然就有「浩然之氣」；但如果有一點勉強，浩然之氣就消逝了。在《公孫丑章句上》的同一段對話中，孟子用宋人「揠苗助長」的故事來告誡人們「無若宋人然」。人們種植莊稼時，要為莊稼生長做許多事情，但有一樣事情萬萬不能做，就是去拔苗助長。人「養其浩然之氣」也像種莊稼一樣，最需要做的事情便是積累善德。孟子在這裡雖然說得更多的是「積義」，而不是「積仁」，其實它們的實際內容是一樣的，仁是指內涵，義是指外面的表現。一個人如果經常行義，浩然之氣便會從他內心自然地湧現出來。

聽起來，「浩然之氣」似乎有點神秘莫測。但是，孟子認為，每個人都能在自己身上培養浩然之氣，因為這無非就是發揮人的自然本性，而這種自然本性是人人都有的。人的本性相同，正如人人都有一個身體，都有五官四肢。在《告子章句上》第七節裡，孟子以比喻說：「不知足而為屨，我知其不為蕢（草籃）也。屨之相似，天下之足同也。」製鞋匠不必知道天下人人的腳的尺寸，因為人們的腳，共同之處比相異之處要多。依同樣的道理，聖人順其本性，與世人萬人都相接近。因此，世人只要充分發展本性，人人都可以成聖人。《告子章句下》第二節記載孟子認為，「人皆可以為堯舜」。這是孟子的教育思想，此後的儒家都繼承了孟子的這個思想。

第八章

名家

惠施（約公元前三五〇 — 前二六〇年）

名家這個學派，在英文裡有時被譯作「智者學派」（Sophists），有時被譯作「邏輯家」（Logicians）或「辯證法家」（Dialecticians）。名家與西方傳統哲學中的智者學派、邏輯家、辯證法家確有某些相似之處，但並不完全相同。為避免混亂，還是稱它「名家」較妥，為西方人，由此而注意到中國哲學裡「名」和「實」的關係這個重要問題，也是有好處的。

名家和「辯者」

就邏輯說，先秦中國哲學所講的「名」與「實」的對立，有點像西方語言中主詞和賓詞的關係。例如，當我們說：「這是一張桌子」或「蘇格拉底是一個男人」，「這」和「蘇格拉底」是「實」，「桌子」和「男人」則是「名」。讓我們進一步具體分析一下，名和實的實質是什麼，它們的關係是什麼。這不免把我們帶入一些似是而非的矛盾問題，實際上正是進入了哲學的中心問題。

先秦稱「名家」為「辯者」。《莊子．秋水》篇裡記載，名家的代表性人物公孫龍曾以下面這段話介紹自己：「龍少學先王之道，長而明仁義之行；合同異，離堅白，然不然，可不可，困百家之知，窮眾口之辯。」這些話對名家都是適用的。名家往往說一些似是而非的話，在與人辯論中，往往對別人否定的加以肯定，而對別人肯定的又加以否定，以此而著名。司馬談（死於公元前一一〇年）在《論六家要旨》文中便說：「名家苛察繳繞，使人不得反其意。」（見《史記．太史公自序》）

公元前三世紀的儒家思想家荀子描述鄧析（死於公元前五〇一年）和惠施「好治怪說，玩琦辭」（見《荀子．非十二子》）。《呂氏春秋》提到鄧析和公孫龍時，也說他們是「言意相離」「言心相離」（《審應覽．離謂．淫辭》）。《莊子．天下》篇列舉當時著名的哲學反論（或「悖論」）之後，還舉出惠施、桓團、公孫龍的名字。由此可見，這些人是名家最主要的人物。

對於桓團，我們別無所知。對於鄧析，我們知道，他是當時一位著名的訴訟專家，他的著述已經佚失，現在流傳的《鄧析子》乃是偽書。《呂氏春秋．審應覽．離謂》篇中說：「子產治鄭，鄧析務難之。與民之有獄者約，大獄一衣，小獄襦袴。民之獻衣、襦袴而學訟者，不可勝數。以非為是，以是為非，是非無度，而可與不可日變。」

《呂氏春秋》同一篇裡還記述了一個故事，洧水水災，鄭國一富人溺死。屍體被一舟子撈起，向死者家屬索要巨款，方肯歸還屍體。死者家屬向鄧析求計，鄧析說：「不妨等待，因為沒有別人會要那具死屍。」死者家屬按鄧析策拖延等候。撈起屍體的舟子也去向鄧析求計。鄧析教他說：「不妨等待，因為死者家屬只有來你這裡，才能買回死者屍體。」《呂氏春秋》沒有記載這個故事的結局。看來，鄧析的手法是利用法律條款的文字，在不同情況下作不同的解釋。這是他得以「苛察繳繞，使人不得反其意」的辦法。他撇開法律條文要聯繫實際情況這個基本原則，專在法律條款上作文字遊戲。換句話說，他只講「名」，而切斷「名」與「實」的聯繫。這便是名家思想主張的實質。

從這裡可以看到，「辯者」源自訴訟專家，鄧析便是其中最早的人物。但他只是分析「名」「實」問題的一個先驅，在哲學上的貢獻不大，真正創立名家哲學的是惠施和公孫龍。

《呂氏春秋》對這兩個人物作了以下的簡介：「惠子為魏惠王（公元前三七〇—前三一九年在位）為法，為法已成，以示諸民人，諸民人皆善之。」（見《審應覽．淫辭》）在同篇裡又說：「秦趙相與約，約曰：『自今以來，秦之所欲為，趙助之。趙之所欲為，秦助之。』居無幾何，秦興兵攻魏，趙欲救之，秦王不悅。使之讓趙王曰：『約曰，秦之所欲為，趙助之；趙之所欲為，秦助之。今秦欲攻魏，而趙因欲救之。此非約也。』趙王以告平原君，平原君以告公孫龍。公孫龍曰，亦可以發使而讓秦王曰，『趙欲救之，今秦王獨不救趙，此非約也。』」

《韓非子．問辯》篇中又說：「堅白、無厚之詞章，而憲令之法息。」我們在本章下面將會知道，「堅白」是公孫龍的學說，「無厚」是惠施的學說。韓非子認為公孫龍和惠施的一套論辯時興起來是破壞了法律。

從上引各書可以知道，惠施和公孫龍與戰國時期的法律活動是有聯繫的。公孫龍對秦、趙兩國盟約的解釋和鄧析的思想是一致的。韓非子認為，惠施和公孫龍關於法律的言論和鄧析對法律條款玩弄文字遊戲，其破壞法律並無二致。韓非子自己是一位法家，卻對由訴訟專家出身的名家探討問題持反對態度，豈不令人感到奇怪？在本書第十四章裡，我們將會看到，韓非子和其他法家其實是政客，並不是法學家。

惠施和公孫龍代表了名家的兩種不同傾向，惠施強調現實的相對性，公孫龍則強調名的絕對性。當我們分析「名」與「實」的關係時，便可看出兩人的不同傾向了。試舉一個簡單的例子來說明。當我們說「這是一張桌子」時，「這」是指具體的事物，它是在變動中的，隨時可能出現，也隨時可以消逝。「桌子」則是一個抽象概念，它是固定不變的一個「名」。據此，可以說，「美」是一切美麗的東西的共同名字，但如果說「一個美麗的東西」，它只能是相對的存在。惠施強調現實事物的不斷變化和相對性；公孫龍則強調「名」是不變的、絕對的。

惠施關於事物相對性的理論

惠施（約生活於公元前三五〇—前二六〇年），戰國時宋國（在今河南）人，曾在魏惠王（公元前三七〇—前三一九年）時任宰相，以學識淵博著名。他的著作不幸已經佚失，其中思想只能見於《莊子·天下》篇中列舉的十點。

第一點是「至大無外，謂之大一；至小無內，謂之小一。」這兩句話都是現在所稱的「分析命題」。它們並未指認任何現實事物，說哪個就是「至大」，或哪個就是「至小」。它只是說到「至大」和「至小」這兩個抽象概念。為充分了解這兩個命題，需要把它和《莊子·秋水》篇中的一個故事進行比較，從中我們將發現，惠施和莊子的思想在一個方面是十分一致的。

這個故事說，秋天來到，黃河河水上漲，河伯（河神的名字）為自己的偉大十分得意。及至隨河水入海，才在汪洋大海中發現自己微不足道。河伯對海神北海若說，本來以為自己多麼浩瀚，現在和大海相比，才認識到自己多麼渺小。北海若回答說，若和天地相比，北海也無非是大穀倉裡一顆細小的米粒。因此，只能稱自己為「小」，而不能稱自己為「大」。河伯又問北海若，如此說來，天地是否可以稱作「至大」，而一根頭髮的毫末則是「至小」？北海若回答說，人所知道的要比他所不知道的少得多，人的生命比他沒有存在的時間要短得多，人如何敢說，頭髮的毫末就是「至小」，天地就是「至大」呢？然後，北海若說，大和小，都因有形，而後才有大小；其實，至小就無形而言，至大就不可能有任何範圍。這個故事裡關於「至大」和「至小」的解說和惠施的解說十分相似。

說天地是最大的事物，秋毫之末是最小的事物，都是就現實而言，因此所論的是「實」，它還未分析到「名」。關於「至大」和「至小」的這兩個命題都屬於所謂「綜合命題」，它們都以現實為基礎，它們的真實性都不是必然，而只是或然。在現實經驗中，大的東西和小的東西都只是相對而言。正如《莊子．秋水》篇裡所說：如果以事物相互比較，「因其所大而大之，則萬物莫不大；因其所小而小之，則萬物莫不小。」

人不可能通過現實的經驗來決定現實事物之中，哪個是最大，哪個是最小。但如脫出經驗的範圍，我們可以說：無外的乃是「至大」，無內的乃是「至小」。以這樣的方式來界定「至大」和「至小」，它們的定義就成為絕對的、不可更改的概念了。惠施通過對「大一」和「小一」的分析，得出了絕對的、不會改變的概念。從這兩個概念出發，他認識到現實事物中的「質」和「區別」都是相對的，都是會改變的。

我們只要懂得惠施的這個基本觀點，就能理解《莊子·天下》篇中舉出惠施的十點主張（「惠施十事」），看似矛盾，在實質上並不然。除去上述的第一點，其他九點都是論證事物的相對性，可以說，這是一種對事物相對性的學說。下面讓我們逐一考察一下。

「無厚不可積也，其大千里。」這是說，「大」和「小」都只是相對而言。一個沒有厚度的東西不可能使它厚起來，就這一點說，它可以被稱為「小」。然而，幾何學中的平面，它沒有任何厚度，卻可以很長很寬，就這一點說，它又可以被稱為「大」。

「天與地卑，山與澤平。」這是說，高和低也都只有相對的意義。「日方中方睨，物方生方死。」這是說，現實中的一切事物都是可變的，都是在變的。

「大同而與小同異，此之謂小同異；萬物畢同畢異，此之謂大同異。」我們說，人都是動物，這是指他們都是人，因此有相似的方面。同時，他們都是動物，因此有動物之間相似的方面。他們作為人的相似性比他們作為動物的共同性大，這是因為：作為人，就意味着是動物；但動物並不一定就是人，除人之外，還有與人不同的其他許多種動物。惠施所說的「小同異」就是指這裡的相似性和不同性，每類事物有共同點，這是大同；每類事物中不同種屬間又有它們的共同性，這是小同。但是，如果我們把「萬有」作為一個普遍的類，就由此認識到：萬物都相似，因為它們都是存在物。但是，如果我們把每個個體事物看作一個個體，每個個體都有它自身的特性，使它和其他存在物分別開。這種相似性和不同性乃是惠施所說的「大同異」。因此，我們可以說，萬物都彼此相似，也可以說，萬物各不相同。由此可見，他們的相似性和不同性都是相對的。名家的這個論辯在古代中國十分著名，被稱為「合同異之辯」。

「南方無窮而有窮」。當時人們慣說：「南方無垠」。當時中國中原地帶的人對南方十分無知，有點像二百年前來到北美的歐洲移民心目中的「西部」。在古代中國人的心目中，南方並不像東方，被海所限；也不像西方和北方，被沙漠所限，南方是無限的。惠施所說，南方無窮而有窮，可能因為他對南方有更多的知識，知道南方也有山海？更可能是他認為，「無窮」和「有窮」也只是相對的一對概念。

「今日話越而昔來」。「今」和「昔」都只是相對的。今天所說的昨天，就是昨天所說的今天；今天所說的「今天」到明天便成為「昨天」了。這便是時間觀念中的「現在」和「過去」的相對性。

「連環可解也」。連環除非被毀，是無法分解的。但是，如果以木匠製作一張桌子來說，從樹木看，這是破壞，從桌子看，這是建設。所以，破壞和建設也是相對的，又是相啣接的。因此可以說，連環可以分解而不必毀壞它們。

「我知天下之中央，燕之北、越之南是也。」當時燕國在極北，而越國在極南，居於中原的華夏族認為自己就是在天下的中央，它理所當然是在燕國之南，越國之北。惠施在這裡所作的反論，後來公元三世紀的司馬彪曾經作了很好的詮釋說：「天下無方，故所在為中；循環無端，故所在為始也。」

「泛愛萬物，天地一體也。」在此之前，惠施論證了萬物相對存在於流動不居之中。事物之間沒有絕對的不同，也沒有絕對的隔離。事物都在不停地轉化為別的東西。因此，就邏輯來說，萬物為一。因此，人應當同樣地愛萬物。《莊子．德充符》中也說：「自其異者視之，肝膽楚越也；自其同者視之，萬物皆一也。」因此，人應當泛愛萬物，不加區別才是。

公孫龍關於共相的學說

名家的另一位重要人物是公孫龍（活動於公元前二八四—前二五九年間），他以善辯在當時著名。據說，有一次，他經過一個關隘，守兵說：「馬不能在此經過。」公孫龍回答說：「我的馬是白馬，白馬非馬。」守兵無言以對，於是，公孫龍牽馬過關了。

惠施強調現實中存在的事物都是相對的、可變的；公孫龍則強調「名」是絕對的、恆久不變的。這使他達到與柏拉圖一樣的「理念」或「共相」觀念。這種「理念論」在西方哲學中具有非常突出的地位。

公孫龍的著作《公孫龍子》中有一章題為《白馬論》，其中主要命題是「白馬非馬」。對此，公孫龍從三方面來加以論證。第一，「馬」這個字是表明一種形狀，「白」是表明一種顏色。表明一種顏色並不表明一個形象，因此，白馬非馬。如果用西方邏輯的語言，可以說，這個論辯強調的是「馬」「白」和「白馬」三個詞的內涵不同。「馬」的內涵是一種動物；「白」的內涵是一種顏色；「白馬」的內涵是一種動物而且還具有一種顏色。由於這三個詞的內涵不同，因此白馬非馬。

第二個論證是：如果有人要一匹馬，這時馬夫牽過來的可以是一匹黃馬，或一匹黑馬；但如果要的是白馬，就不能把黃馬或黑馬牽出來。……如果有人要馬，馬夫如有黃馬和黑馬，都可以應聲說有，但如果馬夫只有一匹白馬，他就不能應聲說有；這豈不是白馬非馬？再者，「馬」這個詞並不包括、也不排除任何顏色。因此，有人要馬時，黃馬、黑馬都可以應命。而「白馬」這個詞，既包括顏色，又排除顏色，黃馬和黑馬都因其顏色而被排除，只有一匹白馬才能應命，那未被排除的和被排除的當然不一樣。因此，「一匹白馬不是一匹馬。」如用西方邏輯學的語言來說，這個論辯強調的是「馬」與「白馬」的外延不同。「馬」的外延包括一切馬，不管它們是什麼顏色。「白馬」這個詞的外延卻只是指「白色的馬」，其中排斥了其他顏色的馬。既然「馬」與「白馬」的外延不同，因此，白馬非馬。

第三個論證是：馬當然有顏色，因此而有白馬。假設有無色的馬，那樣的話，「馬」就只有本質，沒有形體。然則，白馬又由何而來呢？因此，「白」不是「馬」；「白馬」的含義是「馬」加上「白」，它和「馬」已經不是一樣的含義，因此，白馬非馬。在這個論證中，公孫龍似乎強調「馬」的共相和「白馬」的共相不同。所有的馬都具有馬的共相，但其中不包含顏色，馬的共相與白馬的共相不同，因此，白馬非馬。

除「馬」的共相外，還有「白」的共相，那就是「白色」這個概念。在同一篇裡說，白的共相並未說明什麼是白。「白馬」一詞則把「白」界定了，經過界定的「白」和「白」的共相又不是一回事，特定的白是在特定的物體之中顯現出來、「定」了下來的。而白的共相是未經任何特定物體加以界定的，它是未經界定的「白」。

《公孫龍子》書中還包括一篇《堅白論》，其主要命題是「離堅白」（堅硬與白色是分離的）。公孫龍從兩方面來論證這個命題。其一在下面的對話中表現出來。設想有一塊堅硬的白石。是否可以說，「堅、白、石，三，可乎？曰，不可。曰，二，可乎？曰，可。曰，何哉？曰，無堅得白，其舉也二。無白得堅，其舉也二。」「視不得其所堅而得其所白者。無堅也。拊不得其所白，而得其所堅，得其堅也，無白也。」這段對話從認識論方面論證，堅和白是彼此分離的。用手摸，可以得出「堅硬」的結論，用眼看，可以得出「白」的結論，但沒有「堅白石」。這就是「無堅得白，其舉也二。無白得堅，其舉也二」的意思。

公孫龍的第二個論證是形而上學性質的。它的意思說，「堅」和「白」作為共相，並未指明，哪個具體事物是堅，哪個具體事物是白。它可以在任何堅硬或純白的東西中表現出來。即使在物質世界裡沒有堅硬或白的東西，「堅硬」和「白」的概念還存在着，這些概念是不依賴於物質而獨立存在的。「堅白」這個概念可以離開物質而存在，只要看現實世界中，有的東西硬而不白，有的東西，白而不硬。這足以證明，堅與白並非必然聯繫在一起，它們是彼此分離的。

公孫龍用這些認識論和形而上學的論辯證明「堅」與「白」是分離的。這是中國古代哲學中著名的「離堅白」論。

在《公孫龍子》書中還有一篇《指物論》。公孫龍用「物」來表示具體事物，用「指」來表示抽象的「共相」。「指」字作為名詞時，它的本意是「手指」或「指示器」；作為動詞，它的含義是「指示」。為什麼公孫龍用「指」來代表「共相」？有兩種解釋。在名家的哲學詞彙中，一個名詞是一類具體事物，它們具有那一類事物的共同特性。而一個抽象的語詞則指一種屬性或共相。由於中國語言和歐洲語言不同，方塊字不像拼音文字，沒有因格（主動或被動）、性（陰性或陽性）、身（第一身、第三身等）、時（過去、現在、未來）、數（單數或複數），而在詞尾做出變化，因此，一個名詞（如「指」）和一個抽象語詞（如「指」）沒有形式上的區別。結果，在西方語詞中的一個共同語詞，也可以用來指一種共相。中國語言中還沒有冠詞，因此，「馬」「一匹馬」「這匹馬」，都以一個「馬」字來表示。於是，「馬」字基本是用以表示一個共相，而其他語詞如「一匹馬」「這匹馬」則是共相的具體應用。因此可以說，在中國語言中，一個共相是由一個名詞來表達的，這是公孫龍何以用「指」來表達共相這個意思。

關於公孫龍用「指」來表達共相的含義，還有另一種解釋，就是「指」字與「旨」字相通。「旨」字常用作「要旨」，含有「觀念」和「概念」的意思。按照這種解釋，公孫龍用「指」字時，他的意思是指「觀念」或「概念」。公孫龍的上述論辯表明，他使用「概念」並不是像柏克萊或休謨哲學中所指的反映主觀的概念，而是如柏拉圖哲學中的「理念」，乃是反映客觀的一個概念。

在《莊子》一書最末的《天下》篇裡，列舉了名家的二十一種論辯，並沒有說，它們出自名家的何人。其中，明顯的是：有些顯然以惠施的思想為基礎，有些則由公孫龍而來，而惠施的思想或公孫龍的思想，就可以加以解釋。過去，這些觀點都被看作「反論」，但我們一旦知道了惠施和公孫龍的基本思想，就可以懂得，這些其實並非「反論」。

惠施和公孫龍學說的意義

名家的哲學解析名實，在中國哲學思想中揭示出一個形象之外的世界。中國哲學裡，對「形象之內」和「形象之外」是加以區別的。「形象之內」是「實」，例如：大與小、方與圓、長與短、白與黑，它們都是指一類形象和屬性。人們經驗中的任何對象或可能成為經驗對象的東西，都有形象和屬性，都是在現實世界之中。反過來，也可以認為，現實世界中的任何形象與屬性都是經驗的對象，或可能成為經驗的對象。

惠施在他的「十事」中，開頭和結尾是談形象之外的世界。他說：「至大無外，謂之大一」，是說處於有限之中的人所能指認的「至大」是怎樣一回事。「泛愛萬物，天地一體也」，這是說明至大包含什麼。「天地一體也」意味着，萬有即是一；一即是萬有。由於萬有即是一，因此，在萬有之外，更無它物。既然如此，萬有不可能成為人的經驗的對象。這是因為一個經驗對象必然要處於經驗着的人的對面。如果我們說，萬有可以成為經驗的對象，我們就必須說，在萬有對面，必定有一個能經驗萬有的經驗者。這就變成了，在至大無外的大一之外，還有一個東西。這是顯然自相矛盾的。

公孫龍也揭示了在形象和屬性之外的共相。他討論到，共相不可能成為經驗的對象。人可以看見一件白的什麼東西，但是無法看見作為共相的「白」。凡名詞指向的共相都在另一個世界裡，那裡沒有形象和屬性；其中有些共相甚至沒有名字。在那個世界裡，「堅硬」就是「堅硬」，「白」就是「白」，如公孫龍所說：「獨而正」，每個共相都是獨立而又真實的。

惠施說：「泛愛萬物」，公孫龍也說：「欲推是辯以正名實，而化天下焉。」（《公孫龍子．跡府》）兩人都顯然認為，他們的哲學是內聖外王之道。但是，真正把名家所揭示的形象之外的世界的意義充分發揮出來的乃是道家。道家反對名家，然而真正繼承名家的卻是道家。惠施和莊子兩人是好朋友，正好說明了這一點。

第九章

道家的第二階段：老子

老子（公元前五八〇？— 前五〇〇？年）

歷來以老子為楚國人（今河南省南部），與孔子同時而比孔子年長，傳說孔子曾問禮於老子。《老子》一書被認為是中國第一部哲學著作。經近代學者考證，上述看法有很大改變，有的學者認為老子出生時代晚於孔子。

老子其人和《老子》其書

傳說老子姓李，名聃。對讀中國哲學的人來說，重要的問題有二：老子是什麼時代的人？《老子》這部書是什麼時代的書？這兩個問題之間並沒有必然聯繫。很可能，老子出生在孔子之前，而《老子》這部書是後人依託之作。這也正是我的看法。這樣，歷來對老子生平的說法不必全都否定，歷來的說法中並沒有提老子著有《老子》其書。因此，我傾向於接受傳統關於老子生平的說法，而同時把《老子》一書的著作年代放到後來。在我寫《中國哲學史》（兩卷本）時，曾提出《老子》一書的著作年代大概在惠施和公孫龍之前，現在我認為《老子》一書的著作年代比我以前所設想的更晚，應在惠施和公孫龍之後。這是因為《老子》書中有不少關於「無名」的討論，這只能是在人們對「名」的觀念有了發展之後。

我所持的這種觀點並不要求我認定老子其人和《老子》其書毫無關係。《老子》書中也可能有若干段落是來自老子。我的看法是：《老子》一書的思想體系不可能產生於孔子之前，或與孔子同時。在下面，為避免賣弄之嫌，在援引《老子》時，我還是援舊例稱：老子如何如何說，如同我們今天仍舊用「日出」「日落」這些語詞，雖然我們知道，太陽在太空中並沒有出，也沒有入。

道，無名

在上一章裡，我們看到，名家的思想家們揭示出「超乎形象之外」或說「形而上」的存在。大多數人只思考「形而下」的存在，即現實世界。他們覺得，現實世界是可見的，因此，表達它時並無困難；在表達時，雖然使用名字，也不覺得那僅僅是「名」。名家的思想家開始對「名」進行討論，在思維上乃是一大進步，對「名」的思考乃是對「思考」進行思考，它是在一個更高層次上的思維。

一切「形而下」的事物都有名字，或至少，有命名的可能。它們是可以命名的。老子卻指出，除了「可以命名的」之外，還有「無法命名的」。形而上的事物也並非都無法命名，例如共相，它們是形而上的，卻不是「無法命名的」。但從另一方面看，凡「無以命名的」必定是形而上的。道家所說的「道」和「德」便是屬於這一類的概念。

在《老子》第一章裡，開頭便是：「道可道，非常道；名可名，非常名。無名，天地之始；有名，萬物之母。」在第三十二章裡又說：「道常無名，樸。雖小，下莫能臣。……始制有名。」再看第四十一章：「道隱無名。」在道家思想中，區別「有」和「無」、「有名」和「無名」；其實，這兩個區別只是一個區別，只是「有名」和「無名」的區別，「有」和「無」只是「有名」和「無名」的縮稱。天地萬物都是可以賦予名字的，故此，稱天為天，稱地為地，萬物各從其類，各有其名。有天地萬物，就有天地萬物之名。因此老子說：「始制有名」。「道」是無從命名的，而萬物之名又都是由道而來，這便是老子所說：「無名，天地之始；有名，萬物之母。」

道作為萬物本原，無從命名，所以無法用語言表達它。但我們又想要表達它，便不得不用語言來加以形容。稱它為「道」，「道」其實不是一個名字。這就是說，我們稱道為道，和我們稱一張桌子為桌子是不同的。當我們稱呼一張桌子為桌子時，它有某些屬性，使我們可以稱它為「桌子」。但是我們稱「道」為「道」時，不是因為它有某些可以名狀的屬性，這個名字只是一個指稱，或用中國哲學慣用的詞語，稱它是「無名之名」。《老子》第二十一章說：「自古及今，其名不去，以閱眾甫。」道是萬物之所由來。既然物從來自在，道就從來自在，道這個指稱也就從來自在。它是一切起源的起源，因此它見到了一切的起源。「道」這個名字既然從來自在，因此它長存；而這在現實之中根本不是一個名字。因此《老子》第一章裡說：「名可名，非常名。」

「無名，天地之始」，這只是一個形式的命題，而不是一個積極的命題。這就是說，它並沒有對話題提供任何信息。道家認為，既然有萬物，萬物必定有它們的由來，於是便把這個「由來」稱作「道」。它其實不是一個名字。「道」這個概念也只是一個形式命題，並不是一個積極命題。這就是說，它對萬物所由來的這個「由來」，並沒有作任何描述。我們所能說的是：「道」既是萬物之所由來，它就不是萬物之一；如果它是萬物之一，它就不是萬物之所由來。每一個事物都有一個名字，道不是一個事物。因此，它沒有名字，因此，「道常無名，樸。」

任何事物，自一開始出現就是一個存在物，萬有便是由此而來。萬有意味着首先必須有存在。這裡所用的「首先」，並不是指時間中的某一點，而是指邏輯上的先後。舉例來說，我們說，世上必須首先有某種動物，然後才有人。這句話裡的「首先有某種動物」，是指時間上的先後。但是如果我們說，有人類之前，先要有動物，這裡的「先」，是指邏輯的先後。達爾文的「物種起源」論是對歷史事實作了多年觀察之後作出的論斷。但是，上述「有人類之前，先要有動物」這句話並沒有對事實作出任何論斷。它只是在邏輯上指出，有人類之前，必先有動物。依同樣的道理，萬有必須首先有「有」，這就是老子在《道德經》第四十章所說：「天下萬物生於有，有生於無」的含義。

老子的這句話並不意味着，從前曾有一個「無」的時期，後來從「無」之中跳出「有」。它只是說，如果我們分析事物的存在，就會看見，首先須要有「有」，而後才能出現事物。「道」是不可名狀的，是「非有」，正由於「非有」的存在，才能出現「有」和「萬有」。因此，在出現「有」之前。需要有「非有」，或稱「無」，從邏輯上說，若沒有「無」，便沒有「有」和「萬有」。這裡所說的是本體論，不是宇宙論，它與時間和現實沒有關係。在時間和現實之中，沒有「有」，有的只是具體的萬物。存在着的事物有千千萬萬，但只是一個「有」。《道德經》第四十二章說：「道生一，一生二，二生三，三生萬物。」這裡所說的「一」，即「有」。說「道生一」，也就是說「有」生於「無」。關於「二」

和「三」，有許多不同的解釋，《道德經》在這裡所說「一生二，二生三，三生萬物」，意思就是從「有」產生出萬物。有是一，二和三則是「多」的開始。

自然的不變規律

《莊子．天下》篇裡說，老子「建之以常無有，主之以太一」。這是說，老子的學說以「太一」和「無有為常」作為主旨。太一即道，道生一。因此，道稱為「太一」。「常」的含義是永久，永在。萬物都是變動不居的。但決定萬物變動的法則卻是不變的。因此，《老子》書中的「常」字，既是「恆常」，又是「常則」，如《老子》第四十八章說：「取天下常以無事」，又如第七十九章「天道無親，常與善人」。

在主宰事物變化的法則中，最根本的一條是中國人常說的一句話「物極必反」。這四個字源自老子的思想，但不是老子的原話，老子的原話見《道德經》第四十章「反者道之動」；和第二十五章所說「有物混成，先天地生。……吾不知其名，字之曰『道』，強為之名曰『大』。大曰逝，逝曰遠，遠曰反。」這是老子歸納的自然法則。因此，《道德經》第五十八章說：「禍兮，福之所倚；福兮，禍之所伏。」又如第二十二章所說：「少則得，多則惑。」第二十三章又說：「飄風不終朝，驟雨不終日。」第四十三章說：「天下之至柔，馳騁天下之至堅。」又如第四十二章所說：「故物或損之而益，或益之而損。」所有這些看似反論的話，只要人懂得了自然的根本法則，便知道它們不是反論。只是常人不懂得自然法則，便覺得它們真是難解。因此，老子在第四十一章說：「下士聞道，大笑之，不笑不足以為道。」

人們會問：如果物極必反，那麼「極」在哪裡呢？任何事物的發展超過了人們認為的極限，那又將如何呢？是否還有一個絕對的限度呢？在《道德經》裡，沒有提出這個問題，因此也沒有對它的明確答案。但是，如果當時有人對老子提出這個問題，我估計，老子的回答將是：萬物在任何情況下，都沒有預先劃出的絕對限度。就人類的活動來說，人的進化到哪裡為止，全在於人的主觀感覺和客觀情況。以牛頓為例，他自認對宇宙的知識只相當於一個在海灘上玩耍的孩子對大海的了解。牛頓儘管在物理學方面已經取得巨大的成就，他的自我感覺是在知識領域裡，還遠遠沒有走到極限。但是，如果有一個高中學生，讀完了高中物理學教科書，就此認為自己已經掌握了物理學的全部知識，也就不可能在科學知識上再有所進步，而且將會「倒退」。老子在《道德經》第九章告訴人們：「金玉滿堂，莫之能守；富貴而驕，自遺其咎。」驕傲就是一個人的進步已到達極限的標誌，它是任何人首先要力戒的事情。

任何一種活動的前進極限還要看客觀的情況。人如果吃得太多，就會噎食。吃得太多時，本來對人身體有益的食物會倒轉來成為對人有害。人在飲食上應當適度；至於多少是「適度」，則要看各人的年齡、健康和食品的質量而定。

這些是左右事物變化的法則，老子稱之為「常」。《道德經》第十六章說：「知常曰明」；接下去說：「知常，容；容乃公；公乃王；王乃天；天乃道；道乃久；沒身不殆。」這是說，知道事物變化的常理，人的思想就明智，明智的人就得以避免偏見；沒有偏見，人的思想才能全面；思想全面才能胸懷廣闊；胸懷廣闊的人得見真理；得到真理的人將持續不敗，終身也不會跌倒。

為人處世

在《道德經》第十六章裡，老子告誡人們：「不知常，妄作，凶。」人應當懂得天地間萬事萬物流動變化、相反相成的常理，為人處世要合乎自然的常理，這便是老子所說的「知常曰明」。具體如何實踐呢？老子以為，一個人如果要想成就某件事，他就要把自己放在成就事情的對面；如果他想保持任何事情，就要承認在事情之中已經有了它自身的對立面。如果一個人要想強大，他就首先要看到自己處在一個軟弱的地位。如果人們要想保持資本主義，就要首先看到其中已有某種社會主義成分。

因此，在《道德經》第七章裡，老子向人們說：「聖人後其身而身先，外其身而身存。非以其無私邪？故能成其私。」在第二十二章裡，他又說：「不自見，故明；不自是，故彰。不自伐，故有功。不自矜，故長。夫唯不爭，故天下莫能與之爭。」不自是，不自伐，這是老子所強調的首要之點。

在《道德經》第四十五章裡，老子還說：「大成若缺，其用不弊。大盈若沖，其用不窮。大直若屈，大巧若拙，大辯若訥。」又說：「曲則全，枉則直，窪則盈，敝則新，少則得，多則惑。」不求全，這是老子所強調的第二點。

道家最關心的問題是：人生在世，怎樣才能全生？怎樣才能避禍？（請參閱本書第六章末）這裡便是老子的回答。他認為，一個謹慎的人應當溫和、謙虛、知足。溫和就能保持自己的力量強大。謙虛就能使人不斷進步。凡事知足，使人處任何事情，不致過分。如第三十二章告誡人們：「知止所以不殆。」又如第二十九章所說：「是以聖人去甚，去奢，去泰（過分）。」

所有這些都可以從「反者道之動」的原理中引伸出來。道家的「無為」，也同樣可以從這個總原理中引伸出來。道家主張無為，並不是叫人完全不動，或不做任何事情。它的用意是叫人不要以多為勝，「少」就是抓住要害；也意味着，行事為人不要矯揉做作，不要恣肆放蕩。

人的活動也如其他東西一樣，過多就反而有害。人做一樁事，是想完成那一樁事。如果做得過分，結果可能比不做更糟。中國有「畫蛇添足」的故事，敘述兩個人比賽畫蛇，先完成者獲勝。而那個先完成者看另一個人落在後面，就利用自己佔先的富餘時間，為所畫的蛇再添上四條腿。這樣一來，他所畫的就不是蛇，結果轉勝為敗。這是告誡人：行事過分，將招來失敗。老子在《道德經》第四十八章裡說：「取天下常以無事；及其有事，不足以取天下。」意思也是說，行事不要過分，並不是叫人不要做事。

矯揉做作和輕率放肆是順其自然的對立面。老子認為，道就是萬物之所由來。萬物在生成過程之中，都有「道」在其中。在萬物之中的「道」就是「德」，「德」的含義是「能力」或「品德」，它可以解釋為萬物本有的品質，也可以解釋為在人倫關係中的德行。因此，「德」就是事物的本性。這就是《道德經》第五十一章所說的「萬物莫不尊道而貴德」，「道」是萬物的由來，「德」則是萬物本性的依據。

按照「無為」的理論，人的活動應限於「必要和順乎自然」的範圍。「必要」是指達到某個具體有限的目標；「順乎自然」是指按照時勢和事物的本性，不強行要求。人行事為人，要力求平易樸實。「樸」是老子和道家的一個重要思想。道就是「樸」之最，因為它連名字也沒有（《道德經》第三十七章稱道是「無名之樸」）。其次是「德」，它就是事物天生的本性。人要循德求道，道和德就要求人簡樸。

人順德，就是順事物的本性行事，這時人的生活就超越了世俗的是非善惡。老子在《道德經》第二章告訴人們：「天下皆知美之為美，斯惡已。皆知善之為善，斯不善已。」因此，老子蔑視儒家道德所主張的仁義，認為那是由於人對萬物的由來和萬物的本性疏離而產生的。《道德經》第三十八章說：「失道而後德，失德而後仁，失仁而後義，失義而後禮。夫禮者，忠信之薄而亂之首。」這是道家和儒家思想衝突的一個事例。

照道家的看法，人失去了原有的德，乃是因為慾望太多，知識太多。人竭力滿足慾望，以求快樂。但是，慾壑難填，當人力求滿足無窮的慾望時，所達到的適得其反。老子在《道德經》第十二章說：「五色令人目盲，五音令人耳聾，五味令人口爽，馳騁畋獵令人心發狂，難得之貨令人行妨。」因此，《道德經》第四十六章說：「禍莫大於不知足，咎莫大於欲得。」這是老子強調清心寡慾的由來。

和強調寡慾相聯，老子還強調，人要棄智。老子看到，知識本身就是慾望的一個對象；它又引起人的更多慾望，成為人滿足慾望、達到目的的幫手。知識既是慾望的主人，又是慾望的僕人。人的知識越多，就越不知足，不知止。因此，《道德經》第十八章說：「智慧出，有大偽。」

政治理論

從上述思想中，老子發展出他的政治理論。道家和儒家相同的一點是：認為在理想國裡，國家首腦應當是一個聖人，唯有聖人才能擔當起治國的重任，聖人也應該成為理想國的統治者。道家和儒家不同的地方在於：儒家認為，聖人治國，應當為大眾多做事情；而道家認為，聖人治國，不是要忙於做事，而是要裁撤廢除過去本不應做的事情，以至「無為」。老子認為，世事紛繁，種種煩惱，不是因為事情做得太少，而是因為事情做得過多。《道德經》第五十七章裡寫道：「天下多忌諱，而民彌貧；民多利器，國家滋昏；人多伎巧，奇物滋起；法令滋彰，盜賊多有。」

老子認為，聖人治國的第一樁事乃是廢除這些事情。如《道德經》第十九章所說：「絕聖棄智，民利百倍；絕仁棄義，民復孝慈；絕巧棄利，盜賊無有。」又如《道德經》第三章所說：「不尚賢，使民不爭；不貴難得之貨，使民不為盜；不見可欲，使民心不亂。是以聖人之治，虛其心，實其腹，弱其志，強其骨；常使民無知無欲。」

聖人治國，要除掉世上禍害的根源。繼此之後，聖人將實行無為而治。無為而無不為，世事將自然取得成就。這便是《道德經》第五十七章所說：「我無為，而民自化；我好靜，而民自正；我無事，而民自富；我無欲，而民自樸。」

道家的另一個看似矛盾的主張是「無為而無不為」。《道德經》第三十七章說：「道常無為，而無不為。」道是萬物之所由來。它不是萬物中之一，因此它也不像萬物那樣不斷流動，但萬物自然從中生發出來，萬物流動不居就是道。因此，道常無為，而無不為。道家認為，國君就應當以道為法，自己無為，而讓大眾各盡其能。這是「無為」的另一層意思。它經過若干演化，後來成為法家的一個重要主張。

兒童的知識和慾望都比成人少。他們離德不遠。因此，《道德經》第五十五章說：「含德之厚，比於赤子。」嬰兒的率性純真是人人都應當極力保持的。正因為兒童的生活最接近人的原初狀態，所以聖君期望他的民眾都像嬰兒。如《道德經》第四十九章所說：「百姓皆注其耳目，聖人皆孩之。」又如《道德經》第六十五章所說：「古之善為道者，非以明民，將以愚之。」

這裡的「愚」是指質樸純真。聖人不僅希望他的子民「愚」，也希望自己愚，如《道德經》第二十章所說：「我愚人之心也哉！」在道家思想中，愚並不是一件壞事，倒是一項巨大的美德。

但是，聖人的「愚」和常人、和兒童的「愚」是否一樣呢？當然不一樣。聖人的「愚」是修養得來的。它高於知識，比知識是多一些東西，而不是少了一些東西。中國人有一句諺語：「大智若愚」。聖人的愚是大智，而不是常人和兒童的「愚」。常人和兒童的「愚」是自然決定的。聖人的「愚」是心靈經過努力而達到的成就，兩者之間是截然不同的。後來的道家往往對兩者不加區別，在下面討論莊子的哲學思想時，我們對這一點會看得更清楚。

第十章

道家的第三階段：莊子

莊子（公元前三六九 — 前二八六年）

莊周（約公元前三六九年—前二八六年），通稱莊子，在早期道家中大概是最偉大的一個思想家。後人對他的生平所知很少，只知道他是蒙國（今山東河南兩省邊境的小國）人，畢生過着隱士式的生活，但思想和著述已馳名當時。據《史記．老子韓非列傳》所記，楚威王曾慕莊周名，遣使者攜帶禮物往謁莊周，聘請他出任楚國宰相。莊周笑答說：「子亟去，無污我。……我寧遊戲污瀆之中自快，無為有國者所羈，終身不仕，以快吾志焉。」

莊子其人和《莊子》其書

莊子與孟子同時，和名家的惠施是好朋友，但我們現在所知的《莊子》一書很可能是公元三世紀注釋《莊子》的思想家郭象所編著。現在我們很難斷定《莊子》書中，哪些篇章是莊周本人所著。事實上，《莊子》是一部道家思想彙編。其中，有些篇反映了道家第一階段的思想；有的反映了道家第二階段的思想；有些則反映了道家第三階段的思想。這些反映道家第三階段思想的篇章才稱得上是莊子自己的著作，即便這一部分，也難以斷定其中哪些篇確是莊周本人的手筆，因為雖說莊子的思想代表了道家的第三階段，但莊子思想體系可能是到他的弟子的時代才完成。例如《莊子》書中包含了對公孫龍思想的評論，而公孫龍活動的時代是在莊子之後。

得到相對快樂的途徑

《莊子》第一章《逍遙遊》文字簡單，卻充滿了有趣的故事。這些故事蘊含的思想是說，人們所說的快樂，其實其中有不同的層次。自由發展人的本性，可以帶來相對的快樂，但要達到「至樂」，必須對事物本性有更高的了解。

為達到快樂，第一步便是充分發展人的本性，為此人要能自由發揮天賦的才能。人的天賦才能便是他的「德」，而「德」則是直接來自「道」。莊子對「道」和「德」的看法和老子相同，例如《莊子．天地》篇中說：「泰初有無，無有無名，一之所起。有一而未形。物得以生謂之德。」從中可以看到莊子認為，德是人之所以成為人，或說，「德」是人的本質。當人得以充分並自由地發揮他的天賦才能時，他就感到快樂。

和自由發展自己這個思想相聯，莊子把天然和人為作了一個對比。在《莊子．秋水》篇裡河神河伯與海神北海若有一段對話，北海若說：「天在內，人在外；……牛馬四足，是謂天。落馬首，穿牛鼻，是謂人。」順乎天然，乃是一切快樂和善良之所由來；而服從於人為則是痛苦和邪惡的由來。

萬物的本性和天賦的能力各有不同。它們之間的共同點是：當它們充分並自由發揮天賦才能時，便同樣感到快樂。《莊子．逍遙遊》篇裡敘述大鵬和小鳥的故事。大鵬和小鳥的飛翔能力全然不同。大鵬能夠扶搖直上九萬里，小鳥甚至從一棵樹飛到另一棵樹都感勉強。但是大鵬和小鳥各盡所能地飛翔時，都感到自己非常快樂。這說明，萬物本性不是生來一致的，強求一致也並無必要。《莊子．駢拇》篇裡還有一處說：「鳧脛（腳骨）雖短，續之則憂；鶴脛雖長，斷之則悲。故性長非所斷，性短非所續，無所去憂也。」人要想戕賊萬物本性，強求一致，是徒勞無益的。

政治與社會哲學

上面舉出天然和人為的異趣。一切體制、政府、法律、道德，所求達到的便是強求一律和壓制差異。這樣強求一律的人，其動機或許是可敬的，但是，把自己認為好的東西強加給別人，其結果是適得其反。《莊子．至樂》篇講了一個寓言，從前有一隻海鳥飛到內陸。棲息在魯國京城郊外。「魯侯御而觴之於廟，奏《九韶》以為樂，具太牢以為膳。鳥乃眩視憂悲，不敢食一臠，不敢飲一杯，三日而死。此以己養養鳥也，非以鳥養養鳥也。……魚處水而生，人處水而死。彼必相與異，其好惡故異也。故先聖不一其能，不同其事。」魯侯以上賓之禮待鳥，他的動機誠然是好的，而結果卻適得其反。政府和社會在法律和道德上強求一律，其結果也就像魯侯待海鳥一樣。

這是莊子何以強烈反對政府運用其機構實行統治的原因。他認為，最好的治理辦法就是無為而治。《莊子．在宥》篇說：「聞在宥（在，自在；宥，寬容）天下，未聞治天下也。在之也者，恐天下之淫其性也；宥之也者，恐天下之遷其德也。天下不淫其性，不遷其德，有治天下者哉？」

如果不讓大眾享受自由，而以政治、法律統治大眾，那就如同絡馬首、穿牛鼻，又如同續鴨脛、斷鶴脛一樣。本來率性自然的，變成人為的，那就如同《莊子．秋水》篇所說的：「以人滅天」，其結果只能是悲慘不幸。

莊子和老子都主張「無為而治」，但是所持的理由卻不完全相同。老子着眼在「反者道之動」，認為統治者如果一心加強統治，就越是達不到所想達到的結果。莊子則強調天然和人為之不同。統治者越是靠人為的手段來統治，悲慘和不幸就越多。

說到這裡，我們所談的還只是莊子所說的「相對快樂」。達到相對快樂的途徑是讓人順他的天性去生活。這是每個人都能做到的。莊子的政治社會哲學正是要為大眾謀求這種相對的快樂。政治和社會哲學所能做到的也只止於此。

感情和理性

相對快樂之所以相對，是因為它需要依靠別的東西。一個人能夠自由充分地發揮天賦的才能，便感覺到快樂，這是事實。但是，人這樣做時，總要遇到許多阻力。舉例來說，死亡使得人不再能夠活動，還有各種疾病和老年來臨，都使人無法充分活動。難怪佛家認為人的老、病、死是「眾人皆苦」的三項；另一項「苦」是生命本身。因此，人要自由充分發揮天賦才能卻又不得不受到限制，由此所得的快樂也只能是相對的快樂。

在《莊子》書中有不少地方討論到人生最大的苦難——死亡。人們不快樂的一個重要原因便是懼怕死的來臨和由此而來的憂慮。這種恐懼和憂慮是可以消除的，關鍵在於人對事物的本性有一個正確的洞察。《莊子．養生主》篇裡有一個關於老子之死的故事說，老子死後，他的朋友秦失前來弔唁，看到其他前來弔唁的人過分悲痛，就加以批評說：「是遁天倍情，忘其所受。古者謂之遁天之刑。適來，夫子時也；適去，夫子順也。安時而處順，哀樂不能入也。古者謂是帝之懸解。」這是說，人違反了自然的法則，去增多人的感情，而忘記了從自然已經得到的教誨。這就是違反自然法則所受的懲罰。夫子之來，有他出生的時機，夫子之去，是順從自然的必由之路。懂得夫子的來去，都是適時、順勢，就不致為悲傷或歡樂所干擾。古人把這樣的人看為神人，他們已經得到了解脫。

弔唁死者而悲痛時，人在精神上受苦，是由於自己的感情，感情悲痛越深，受苦也越深。苦楚的根源是期望人不死，違反了自然的法則，即所謂「遁天之刑」。人對萬事萬物增加理解，就可以減少由感情造成的痛苦。例如，天下雨，使人不能外出，成人不會對天發怒，兒童卻忍不住會發脾氣；其原因是成人比兒童多了解事理，所受到的挫折失望感也就比兒童要少得多。斯賓諾莎曾說過：「人越多了解事物的因果由來，他就能越多地掌握事件的後果，並減少由此而來的苦楚。」用道家的話來說，這就是「以理化情」。

《莊子．至樂》篇裡有一個關於莊子的故事，最足以說明這一點。「莊子妻死，惠子弔之，莊子則方箕踞鼓盆而歌。惠子曰：『與人居，長子老身，死不哭亦足矣，又鼓盆而歌，不亦甚乎！』莊子曰：『不然。是其始死也，我獨何能無概然！察其始，而本無生，非徒無生也，而本無形。非徒無形也，而本無氣。雜乎芒芴之間，變而有氣，氣變而有形，形變而有生。今又變而之死，是相與為春秋冬夏四時行也。人且偃然寢於巨室，而我噭噭然隨而哭之，自以為不通乎命，故止也。』」注釋《莊子》的兩晉大思想家郭象就這個故事評論說：莊子在懵懂無知時，他是悲慟的；及至醒悟以後，他就不再悲慟。講這個故事，是為了啟發重情的人，使他明理而得以排遣感情上的沉重負擔（「斯所以誨有情者，將令推至理以遣累也」）。感情可以通過理性和理解去化解，這是斯賓諾莎的觀點，道家的觀點也正是如此。

道家認為，聖人洞察事物本性，因此沒有感情的衝動，這並不是說聖人便沒有對事物的感覺。毋寧說，他不為感情所擾，以至失去「心靈的寧靜」。斯賓諾莎曾說：「懵懂無知的人不僅由於外界的各種因素而焦躁不安，以致永不得享受心靈的寧靜；他還對神和萬事都懵懂無知，若不痛苦，便無法生活，真正不痛苦時，也就不存在了。有智慧的人，在他被認為有智慧的範圍內，心神泰然，還由於意識到神、萬物和自我，因具有某種永遠的必然性而時刻存在，由此得以安享心靈的寧靜。」（《倫理學》第五部分，命題第四十二）

聖人洞察事物的本性，因此不會由於世上的各種變化而心中波濤洶湧。他的生命獨立於外界事物，因此他的心靈快樂也不受外界所左右。他可以說是達到了「至樂」。這是道家思想中的一派，這一派強調事物有其自身的進程，人只能對它順服；其中自然不免含有悲觀認命的色彩。

達到至樂的途徑

道家中還有另一派思想，強調事物的本性便是不停地變動，因而是相對的；人的努力目標是「天人合一」。為做到這一點，人需要對事物有更高一層的理解，由此得到的快樂才是「至樂」，這是莊子在《逍遙遊》篇中所發揮的觀點。

在《逍遙遊》篇中，描述大鵬和小鳥各自都感到快樂之後，莊子說，戰國時期鄭國的一位思想家列子，能夠馭風而行；順應自然而能如此，在世間已不多見。但列子雖不必徒步行路，還要靠風，因此，他的快樂還是相對的。如果有人憑藉自然的本性，順應六氣（陰、陽、風、雨、晦、明）的變化，而遊於無窮之中，他還需要依賴什麼東西呢？在莊子看來，這樣的人是至人、神人、聖人，「至人無己，神人無功，聖人無名。」

莊子在這裡描述了在他理想中達到至樂的人，這是完美的人、心靈自由的人、真正的聖人。他能夠純然快樂，因為他超越了普通事物的界限，還超越了我與世界、我與非我、主觀與客觀的界限。這就是說，他超越了我，達到「無我」的境界，與道合一。道無為而無不為，因為「無為」，所以「無功」；

聖人與道合而為一，因此也「無功」。聖人治天下，就是讓世人自由自在，自由充分發揮所有的才能。道「無名」，聖人與道合一，因此也「無名」。

有限的觀點

到這裡，還剩下的問題是：一般人怎樣能夠成為完美的人？為回答這個問題，我們必須讀《莊子》的第二篇《齊物論》。在第一篇《逍遙遊》裡，莊子分析了快樂的兩個層次，在《齊物論》裡，他又分析知識的兩個層次。讓我們先從最初步的層次說起。在討論名家的一章裡，曾說到莊子和惠施之間有某些相似之點。在《齊物論》裡，莊子討論低層次的知識，和「惠施十事」中的反論相比較，可以看出它們的相似之處。

《齊物論》的第一節裡描述風吹的時候，發出各種聲音，每種聲音都有它的特點，這些被稱為「地籟」。此外還有「人籟」。「地籟」和「人籟」一起，又組成「天籟」。

「人籟」就是人世間的「言語」。它與「地籟」不同之處就在於言語反映人的思想，其中包含肯定與否定，還有人們從各自的局限性出發的觀點和主張。這些意見既然有局限性，因此就有片面性。但是大多數人並不意識到自己的局限性，往往認為自己正確，而別人則是錯誤的。結果是：「有儒墨之是非，以是其所非，而非其所是。欲是其所非而非其所是。」

人們各按自己的片面觀點爭論是非，在這種情況下，不可能達到一個一致的結論，也不可能認定某一方就是完全正確或完全錯誤。《齊物論》中說：「既使我與若辯矣，若勝我，我不若勝，若果是也，我果非也邪？我勝若，若不吾勝，我果是也，而果非也邪？其或是也，其或非也邪？其俱是也，其俱非也邪？我與若不能相知也，則人固受其黮暗，吾誰使正之？使同乎若者正之？既與若同矣，惡能正之？使同乎我者正之？既同乎我矣，惡能正之？使異乎我與若者正之，既異乎我與若矣，惡能正之？使同乎我與若者正之，既同乎我與若矣，惡能正之？」

這一段論辯使我們想起名家論辯的風格。但名家的論辯是為了駁倒一般人憑常識而來的觀點，《齊物論》的論辯目的則在於駁倒名家的論點，因為名家認為，事情的是非，就看哪一方能夠駁倒對方。

莊子則認為，人們的是非觀念是根據他們的局限性觀點建立起來的。所有這樣的觀點都是相對的，《齊物論》說：「方生方死，方死方生。方可方不可，方不可方可。因是因非，因非因是。」事物總是在不斷變化之中，自然有許多方面。於是對同一個事物，可以有各種不同的觀點。當我們這樣說時，我們便已經假定，還有更高一層的看法。如果接受這個假定，我們就不必再論斷事情雙方的孰是孰非，論辯雙方既然都有限、都片面，便已經說明了問題。

更高層次的觀點

接受這個前提，就意味着從一個更高的出發點看事物，有如《齊物論》所說：「照之於天」，就是超越任何有局限性的觀點，比照事物的本然，也就是照之於道。《齊物論》中說：「是亦彼也，彼亦是也；彼亦一是非，此亦一是非。果且有彼是乎哉？果且無彼是乎哉？彼是莫得其偶，謂之道樞。樞始得其環中，以應無窮。是亦一無窮，非亦一無窮也。故曰，莫若以明。」換句話說，有「此」就有「彼」，它們之間孰是孰非，往復循環，如同一個圓圈。人若站在道的觀點來看問題，就如同站在圓圈的中心，他看得到圓圈上每一點的運動，而他自己則站在運動以外。這並不是由於他無所作為、逡巡不前，乃是因為他超越了有限，從一個更高的觀點看事物。莊子把囿於有限的觀點比作「井底之蛙」，只看到天的一角，便以為那就是天的全體。

從道的觀點看事物，每個事物只有那麼一點大，如同《齊物論》中所說：「可乎可，不可乎不可。道行之而成，物謂之而然。惡乎然？然於然。惡乎不然？不然於不然。物固有所然，物固有所可。無物不然，無物不可。故為是舉莛與楹，厲與西施，恢詭譎怪，道通為一。」意思是說，由道而生成萬物，事物的名稱是人把它叫出來的。「可」有它可的原因，「不可」有它不可的原因；「是」有它是的原因，「不是」有它不是的原因。為什麼是？自有它是的道理；為什麼不是？自有它不是的道理。為什麼「可」？自有它可的道理，為什麼「不可」？自有它不可的道理。萬物本來都有它們的道理，萬物也本來都有它們得以存在的根據。沒有什麼東西毫無存在的價值，沒有什麼東西不可以存在。所以小草莖和大廳柱、醜陋的女人和美麗的西施，以及一切千奇百怪的東西，從道的觀點看，它們都是可以相通為一的。

接下去，《齊物論》又說：「其分也，成也；其成也，毀也。凡物無成無毀，復通為一。」以製造一張桌子為例，從桌子的角度看，這是建造；從樹的角度看，這是破壞。叫它建造也好，叫它破壞也好，這都是從有限的角度看它；如果從道的角度看，則建造和破壞都是相對的，都沒有絕對的意義，因此無成也無毀。

再如「我」與「非我」，這也是相對的。從道的觀點看，「我」與「非我」也是相通的，因此也通而為一。這就是《齊物論》中所說：「天下莫大於秋毫之末，而泰山為小；莫壽乎殤子，而彭祖為夭。天地與我並生，而萬物與我為一。」這又使我們想到惠施所說的：「泛愛萬物，天地一體也。」

更高層次的知識

上引《齊物論》中的段落，接下去又說：「既已為一矣，且得有言乎？既已謂之一矣，且得無言乎？一與言為二，二與一為三。自此以往，巧歷不能得，而況其凡乎？故自無適有以致於三，而況自有適有乎？無適焉，因是已。」這是說，既然萬物都通為一，具有同一性，那還需要說什麼呢？但是，既已說了一，這不是已經有言了嗎？「一」加上「言」，便成了「二」；「二」再加上一，便成了三。即便有一個最善於計數的人，也無法把數目數算到盡頭，何況凡人呢？由無到有，已經出現了三，如果是從有到有，還能數到盡頭嗎？不必再數，就此停住吧。這裡，《齊物論》比惠施的思想前進一步，開始討論更高層次的知識。這更高層次的知識便是「不知之知」。

「一」究竟是什麼？這不僅無法討論，而且不可思議。任何人只要開始對「一」進行思想或議論，它立刻變成在這個人之外、已經存在的某種事物。這樣，「一」不再是本來包含萬物的「一」，它已經變成了另外的一個什麼。惠施說：「至大無外，謂之大一。」惠施這樣形容「大一」，可以說，已經盡其所能。但是，惠施沒有意識到，大一既是「至大無外」，因此難以設想，無可名狀。任何可以設想、可以名狀的東西，都必須有在它之外的一個思想或形狀。道家則認識到，「一」是不可思議、不可言說的，這比名家的認識顯然前進了一步。

《齊物論》中又說：「是不是，然不然。是若果是也，則是之異乎不是也，亦無辯；然若果然也，則然之異乎不然也亦無辯。忘年忘義，振於無竟，故寓諸無竟。」這是說，任何東西，有「是」，便有「不是」，有「然」，便有「不然」。「是」果真是「是」，就和「不是」有區別，這樣就不須辯論；「然」果真是「然」，就和「不然」有區別，也不須辯論。忘掉年齡生死，忘掉是非仁義，遨遊於無窮的境域，也就是生活在無限的境界之中。

用詩的語言來說，這樣的人就是「乘天地之正，而御六氣之辨，以遊無窮者」。這樣的人獨立於化外，因此，他的快樂是絕對的快樂。

由此可以看到，莊子怎樣解決早期道家最初提出的問題，即：怎樣全生？怎樣避禍？對於真正的聖人來說，這已經不成其為問題了。如《莊子．田子方》篇所說：「夫天下也者，萬物之所一也。得其所一而同焉，則四支百體將為塵垢，而死生終始將為晝夜，而莫之能滑，而況得喪禍福之所介乎？」這是說，宇宙中萬物本是一體。如果人達到與萬物一體，這時，人的肢體無非是塵埃；生死終始，無非是日夜的繼續，不足以干擾人內心的寧靜；至於世俗的得失、時運好壞，更不足掛齒。這樣，莊子解決早期道家根本問題的辦法是一筆勾銷了這個問題，這正是在哲學上解決了這個問題。哲學對客觀事實並不提供任何信息，因此，哲學對現實問題並不試圖去具體地解決。舉例來說，哲學不能幫助人長生不老，也不能幫助人發財致富。它所能做的是：給人一種觀點，使人看到：生比死所勝無幾；人所失去的也就是他所得到的。從「實際」的觀點看，哲學無用，但哲學可以給我們一種有用的觀點。在《莊子．外物》篇中，把它稱作「無用之用」。

斯賓諾莎曾說，在某種意義上，智慧人是長生不老的。這也是莊子的觀點，他認為聖人、或稱「至人」，與「大一」（即宇宙）是一體，宇宙永在，因此聖人也長生不老。《莊子．大宗師》篇裡說：「夫藏舟於壑，藏山於澤，謂之固矣。然而夜半，有力者負之而走，昧者不知也。藏小大有宜，猶有所遁，若夫藏天下於天下，而不得所遁，是恆物之大情也。……故聖人將遊於物之所不得遁而皆存。」一人無論把他珍貴的東西藏在什麼地方，都可能被偷，如果他把宇宙藏在宇宙之中，如有想偷的人，即便偷了宇宙，也沒有收藏的地方，這是關乎萬有的至大真理。因此，聖人在那不可能被偷的東西——宇宙——中遨遊，也和宇宙並存。正是在這個意義上，莊子認為，聖人是長生不老的。

神秘主義的方法論

聖人為與「大一」一體，就需要超越並忘記事物之間的界限。怎樣做到這一點呢？這就要「棄智」，這正是道家為達到「內聖」所取的途徑。在一般人看來，知識的使命便是區別萬物。人要知道一項事物，便要能區別它與其他東西的不同之處。因此，棄絕知識便是棄絕這些區別。人把萬物間的區別統統忘記時，剩下的只有萬物還未生成的狀況。可以說，聖人擁有的知識是另一個更高層次的知識，是「無知之知」。

《莊子》書中，有很多地方說到忘卻萬物區別的方法。《大宗師》篇中寫孔子與他心愛的弟子顏回的一段對話：「顏回曰：『回益矣。』仲尼曰：『何謂也？』曰：『回忘仁義矣。』曰：『可矣，猶未也。』他日復見，曰：『回益矣。』曰：『何謂也？』曰：『回忘禮樂矣。』曰：『可矣，猶未也。』他日復見，曰：『回益矣。』曰：『何謂也？』曰：『回坐忘矣。』仲尼蹴然曰：『何謂坐忘？』顏回曰：『墮肢體，黜聰明，離形去知，同於大通，此謂坐忘。』仲尼曰：『同則無好也，化則無常也，而果其賢乎？丘也請從而後也。』」

這段對話表明顏回追求「內聖外王」之道，在莊子看來，成聖之道需要摒棄知識。摒棄知識的結果，自然便沒有知識。但是，「無知之知」和「無知」是兩回事。「無知」是人的原初狀態，而「無知之知」則是人經過「有知」而後達到的「無知」階段。人的原初狀態的無知是自然的恩賜，而人達到「無知之知」則是心靈（亦即靈性）的成就。

道家中有一派人對這一點有很清楚的體會。他們用「忘」字來概括自己心靈修養的方法和體會，是很有意思的一點。聖人並不是天真無邪到老未變，聖人也曾追求通常的知識，努力分辨事物和事情人物的是非得失，但後來把這些都「忘」了。聖人和孩童的區別就如同明知艱險而前進和不知艱險而前行，兩者之間有巨大的差別。

但是，在道家之中，包括《莊子》書中有幾篇的作者，也有一些人看不到這兩者之間的差別。他們愛慕社會和個人的原始狀況，把聖人和孩提及愚鈍的無知相比。孩提和愚人沒有知識，無從分辨不同事物和事情的是非善惡，他們似乎也像「道通為一」所說的那樣，但他們不是自覺的。他們是「無知」，而不是「無知之知」；唯有從世俗知識的衡量判斷中超脫出來，這才是道家所說的「無知之知」。

第十一章

後期的墨家

公孫龍（約公元前三二五 — 前二五〇年）

在《墨子》書中，有六篇（第四十到第四十五篇）與全書的其他部分不同，它們在邏輯學上有特殊的價值。這六篇中，第四十到第四十一篇標題《經上》《經下》，內容包含有邏輯、倫理、數學和科學思想的定義；第四十二到第四十三篇標題《經說上》《經說下》，對前兩章中的定義加以解釋；第四十四篇到第四十五篇標題《大取》《小取》，就字義說是「舉例」，其中討論了幾個有邏輯意義的題目。這六篇的中心是以邏輯的方式樹立墨子的主張，批判名家的思想，六篇合在一起，就是通常所稱的「墨經」。

在前一章裡，我們分析了莊子所論述的兩個層次的知識。在第一個層次上，他論述了事物的相對性，達到了與惠施一致的結論。在這層次上，莊子同意名家，而從更高的角度批判了常識的觀點。在第二個層次上，莊子超越了惠施，並從更高的觀點批判了名家的論辯，這樣，道家便也批判了名家；而道家的論證，從邏輯觀點看，比名家的論證處於更高的層次。道家和名家的論證都否定人們的常識觀點；為了解它們，需要對它們進行認真的反思。

在另一方面，墨家和儒家中的一部分都站在常識觀點的一方。他們兩家雖然有許多不同，但是都主張要從實際出發，這是兩家的共同之處。為反對名家的論辯，他們幾乎是沿着相似的思想路線，從認識論和邏輯的理論來維護常識的觀點。這些理論便構成「墨經」的內容，儒家在這方面的思想見於《荀子》的《正名》篇。荀子是先秦時期重要的儒家思想家之一，在後面第十三章裡，將對他進行討論。

關於知識和名的討論

「墨經」中的認識論理論是一種樸素的實在論。它認為，人具有認識事物的能力，它是「所以知也，而不必知」(《經說上》)，就是說，人依賴認識能力才得以取得知識，但並不因有認識能力就必定有知識。其原因是，人的認知能力必須與一個知識對象打交道。「知也者，以其知過物而能貌之。」(同上)這是說，人以其認知能力和對象接觸，得以辨認它的形相，由此構成知識。除去視覺、聽覺這些感覺器官，人還需要有一個思維的器官，在中國古代把它稱作心，「心也者，以其知論物。」(同上)就是說，人能理解對象要靠心之所知。也就是說，人以其感官把外界事物的印象傳達到心，心則對這些印象進行分析綜合，加以解釋。

「墨經」也從邏輯上對知識加以分類。以不同的來源而論，把知識分為三類：從個人直接經驗而來的知識，從權威而來的知識(即聽來的，或從文字中讀來的)，從推論而來的知識(從已知推到未知)。以知識的不同對象而論，分為四類：對「名」的知識，對「實」的知識，「對應」的知識，以及行動的知識。(見《經上》)

我們都記得，名家特別注意「名」「實」和兩者之間的關係。「墨經」裡《經說上》對「名」「實」的解釋是：「所以謂，名也；所謂，實也。」就是說：「名」是人用以指事物的代號，「實」是人所指的事物。當一個人說：「這是一張桌子」時，「桌子」是名，人又藉以指物，這「物」就是「實」。用西方邏輯學的術語來說，「名」是一個命題的賓語，而「實」則是一個命題的主語。

「墨經」把「名」分為三類：達名、類名、私名。《經說上》稱：「名：物，達也。有實必待之名也。命之『馬』，類也。若實也者，必以是名也。命之『臧』（個人的名字），私也；是名也，止於是實也。」這是說，「物」是一般名詞，一切「實」（實體），都要歸入「物」之中。馬是類名，凡馬這類實體都必須冠以馬的名稱。臧是私人的名字，只限用於臧一人這個「實」。

對應的知識是指：知道哪個「名」與哪個「實」對應。例如，當人說：「這是一張桌子」時，他就必須有對應的知識。有這種知識就是《經說上》所說的「名實耦」。

行動的知識是指怎樣做一樁具體事情的知識，它相當於美國人常說的「怎麼幹的知識」（know how）。

關於「辯」的討論

《小取》篇中的大部分都是關於「辯」的討論。其中說：「夫辯者，將以明是非之分，審治亂之紀，明同異之處，察名實之理，處利害，決嫌疑焉，摹略萬物之然，論求群言之比。以名舉實，以辭抒意，以說出故，以類取，以類予。」這裡所說的是：為分清是非，區別治亂，辨明各種事物之間的相似相異之處，考察名實的原理，分析利害，排除疑慮，明辨是十分必要的。它考察一切發生的事情、對各種事情的論斷以及它們之間的關係。它循名求實，指陳命題，以表達思想、論述，提出事物由來之「故」，決定取捨原則。

這段話的前半部分是講「辯」的目的與作用，後半則是講「辯」的方法。《小取》篇中的另一處說：辯有七種方法，「或也者，不盡也。假者，今不然也。效者，為之法也。所效者，所以為之法也。故中效，則是也；不中效，則非也；此效也。辟也者，舉他物而以明之也。侔也者，比辭而俱行也。援也者，曰：子然，我奚獨不可以然也？推也者，以其所不取之同於其所取者予之也。『是猶謂』也者，同也。『吾豈謂』也者，異也。」在這一段話裡，「或」是指特稱論斷，不能盡然。「假」是假設，它還未成為現實。「效」是摹擬，它意味着摹擬一個模型。如果仿效出來的與模型相同，它就是正確的；如果仿效出來的與模型不合，它就是錯誤的。這便是摹擬法。「辟」是比較法，用一物來解釋另一物。「侔」是把兩組命題平行地比較下來。「援」，是類推法，「如果你是這樣，我何以不能這樣？」「是猶謂」，是從已知求未知、延伸而論的方法。

這一段內「效」的方法，也就是前一段內的「以說出故」。這一段內「推」的方法，也就是前一段內的「以類取，以類予」。這是兩種極其重要的方法，大致相當於西方邏輯學的演繹法和歸納法。

在進一步闡述這兩種方法之前，需要懂得「墨經」中所說的「故」。《經上》說：「故，所得而後成也。」還把「故」分成「大故」和「小故」兩種。在《經說上》中解釋說：「小故，有之不必然，無之必不然。」

「大故，有之必然，無之必不然。」如果用現代邏輯的術語來說，「小故」就是事物的必要原因，「大故」就是事物的必要而且充足原因。在現代邏輯中，還有一種情況是：事物中的充足原因，有它，事物就必然，如果沒有它，事物或然或不然。墨家的邏輯還未曾指出這一種可能情況。

在現代邏輯思維中，如果要判斷一個一般命題是否正確，可以把它與事實印證，或用實驗結果來印證。舉例來說，如果我們要判斷，細菌A是導致疾病B的原因，我們就把它作為一個公式來做實驗，如果細菌A的確導致疾病B，這命題便是正確的，否則，這便是錯誤的。這是演繹推理，也就是「墨經」中所說的「效」的方法。把一個一般命題作成公式，就是把它作為一個模型（模式），根據這個公式進行試驗，就是模擬。如果假設的原因產生出預期的結果，那末，這原因和它所模擬的結果是一致的；否則，這原因和它所模擬的模型證明了不一致。我們使用這辦法可以辨明，假定的原因是否真實，以及它是否是必要原因，或充分原因。

關於推論思維，可以舉一句人所共知的話為例：「人不免一死」。我們能夠這樣說，因為過去的一切人都難逃死亡。現在和將來的人，和過去的人在種類上是一樣的，因此，我們得出一個一般性的結論：人不免一死。在這個歸納思維中，我們用的是「推論思維」。過去的人都最終死去，是一個眾所周知的事實。但今日和將來的人都不免要死，這是還未實現，因此是未知的。因此，說「人不免一死」是把已經知道的事實延伸到未死的人身上。我們這樣做是因為，現在和未來的人與過去的人在種類上是一樣的。這就是「墨經」所說的「以類取，以類予」。

後期墨家運用「辯」的方法，得以極大地澄清了墨家的哲學思想和立場。

後期墨家繼承了墨子功利主義思想的傳統，主張人類的一切活動都是為了趨利避害。正是因此，在《大取》中說：「斷指以存腕，利之中取大，害之中取小也。害之中取小，非取害也，取利也。……遇盜人而斷指以免身。免身，利也。其遇盜人，害也。……利之中取大，非不得已也。害之中取小，不得已也。於所未有而取焉，是利之中取大也。於所既有而棄焉，是害之中取小也。」由此得出的人類活動準則是：「利之中取大，害之中取小。」

墨子和後期墨家都認為「義，利也」。利是義的本質。那末，利的本質又是什麼呢？墨子未曾提出這個問題。後期墨家則提出了這個問題，也做出了回答。《經上》說：「利，所得而喜也。」「害，所得而惡也。」這樣，後期墨家為墨家的功利主義哲學提出了一個享樂主義的解釋。

後期墨家的這種觀點使我們想起十八九世紀間英國哲學家傑利米．邊沁（Jeremy Bentham，一七四八－一八三二年）的「功利原理」。他在《道德和立法原理導論》第一章開宗明義說：「自然把人類置於兩個主人的統治之下，這兩個主人就是：痛苦和快樂。正是這兩位主人指示我們應該做些什麼。」「功利原理承認這種統治關係，並把它作為全部思想體系的基礎，目的在於通過理性和法律來織造幸福。」這樣，邊沁把善惡歸結為快樂和痛苦的問題。在他看來，道德的目標是「謀求最大多數人的最大快樂」。

後期墨家所作的也正是如此。他們首先確立「有利」的定義，然後在這個基礎之上確立品德的含義，在於對人有利。因此，在《經上》篇裡說：「義，利也。」「忠，以為利而強君也。」「孝，利親也。」「功，利民也。」「利民」也就是「謀求最大多數人的最大幸福」。

關於墨子的兼愛學說，後期墨家認為，它的最大特色在於「兼」，也就是廣泛包容。《小取》篇說：「愛人，待（有待於）周（周全包容）愛人，而後為愛人。不愛人，不待周不愛人。不周愛，因為不愛人矣。乘馬，不待周乘馬，然後為乘馬也。有乘於馬，因為乘馬矣。逮致不乘馬，逮周不乘馬（要等到所有的馬都不騎），而後為不乘馬。此一周而一不周者也。」這是說，人要愛一切人，才算愛人；而不愛人，則不需要不愛一切人。這與騎馬不同，人不需要騎遍所有的馬才算騎馬，只要騎過幾匹馬，就是會騎馬了。至於不騎馬的人，則必須不曾騎過任何馬才算數。這是愛人與騎馬不同的地方。愛人待「周」愛世人，乘馬則不必待周乘萬馬。

事實上，每個人都有少數心愛的人。舉例來說，人都愛自己的兒女。因此，一個人僅僅愛幾個人，不能算是泛愛眾人。而從反面來看，一個人如果對某個人加以傷害，那就足以說明他不愛人。這是墨家的觀點。

為「兼愛」辯

當時，反對後期墨家這種觀點的，主要有兩派意見，其一認為，天下之人無數，一個人怎能做到愛天下人？這種反對意見被概括稱作「無窮害兼」。第二種反對意見認為，如果未曾愛某個人，就是未曾愛天下人，那麼，殺一個強盜就違反兼愛的宗旨了。這種反對意見稱作「殺盜，殺人也」。後期墨家就運用他們的「辯」來駁倒這些反對意見。

《經下》中說：「無窮不害兼，說在盈否知。」意思是說，「無窮」與「兼」可以相容；全看「盈與否」。《經說下》對此解釋說：「無（反對一方）：『南方有窮則可盡（古代中國認為南方無垠），無窮，則不可盡。有窮，無窮，未可知；則可盡，不可盡，亦未可知。人之盈之否？未可知。而必人之可盡不可盡，亦未可知。而必人之可盡愛也，悖！』（答）：『人若不盈無窮，則人有窮也。盡有窮，無難。盈無窮，則無窮，盡也。盡有窮，無難。』」反對一方的立論是：歷來認為南方遼闊無垠，那裡的人有多少，也說不清，卻說統統都愛，豈非荒謬！「墨經」回答說，如果南方遼闊無垠，人填補不滿南方，那末人的數目就是有限的。要一一數盡南方的人，也就不難了。如果無垠的南方能被人填滿，那末，南方就不是無垠，因此，把南方的人都包括在內，也就可以做到了。

「殺盜，殺人也」，這是反對墨家的另一個論點，如果殺一個強盜，就說明兼愛一切人是不可能的。《小取》篇對此回答說：「白馬，馬也。乘白馬，乘馬也。驪馬，馬也。乘驪馬，乘馬也。獲（有人名獲），人也。愛獲，愛人也。臧（有人名臧），人也。愛臧，愛人也。此乃是而然者也。」

「獲之親，人也。獲事其親，非事人也。其弟，美人也。愛弟，非愛美人也。車，木也；乘車，非乘木也。船，木也，乘船，非乘木也。盜，人也。多盜，非多人也。無盜，非無人也。

「奚以明之？惡多盜，非惡多人也。欲無盜，非欲無人也。世相與共是之。若是，則雖盜，人也；愛盜，非愛人也；不愛盜，非不愛人也。殺盜，非殺人也，無難矣。」

後期墨家便是使用這樣的「辯」來駁倒「殺盜違反兼愛」的論點。

對其他學派的批判

後期墨家使用「辯」術，不僅反駁名家對墨家的批評，還運用「辯」術批判各家。例如，「墨經」包含有一些批判名家的論辯。我們記得，惠施曾有「合同異」的論點。他在「十事」中，由「萬物畢同」的前提引伸到「泛愛萬物，天地一體也」的結論。在後期墨家看來，這種引伸是謬誤的，原因在於「同」字的含義模糊。《經上》說：「同：重、體、合、類。」這是說，同有四種，一是雷同；二是局部與整體的質同；三是同存；四是同源。《經說上》又就此解釋說：「同，二名一實，重同也。不外於兼，體同也。俱處於室，合同也。有以同，類同也。」《經上》和《經說上》還討論了「異」，它的含義與「同」正好相反。

「墨經」沒有點惠施的名字（不僅沒有點惠施的名字，而且沒有點任何人的名字）。但從對「同」的剖析中，惠施的錯誤是十分明顯的。「萬物畢同」，只表明它們同屬於「物」，因此是「類同」。至於說「天地一體」，這是說，天地之間有一種局部和整體的「體同」關係。一個表明「類同」的命題，儘管它是真實的，並不能由此推論出另一個「體同」的命題也是真實的；雖然它們都用了「同」這個詞。

關於公孫龍的「離堅白」論點，在《經上》和《經說下》裡也涉及了。後期墨家從現實自然世界裡，石頭的堅硬性和它的白色並不是互相排斥，而是可以並存在一塊石頭之中的事實，得出：「堅白不相外也」（《經上》），「必相盈也」（《經說下》）的結論。

後期墨家還批評了道家。《經下》中說：「學之益也，說在誹者。」《經說下》篇解釋說：「學也，以為不知學之無益也，故告之也。是使知學之無益也，是教也，以學為無益也，教，悖！」這個批評是針對《老子》書中第二十章的一句話：「絕學無憂。」後期墨家認為，學與教是相關聯的。如果「學」可以棄絕，那末「教」也同樣將予棄絕了。有教就有學。「教」如果有用，「學」就不是無用。「絕學無憂」如果是真理，就證明「學」之為用。

《經下》說：「謂『辯無勝』，必不當，說（事理）在辯。」《經說下》篇解釋說：「謂，所謂，非同也，則異也。同則或謂之狗，其或謂之犬也。異，則或謂之牛，其或謂之馬也。俱無勝，是不辯也。辯也者，或謂之是，或謂之非，當者（說得對的）勝也。」這是說，兩人指物言事時，彼此若看法不一，則必然不同意。一人指物說，這是狗，另一人稱它為犬，這還是同；若一人指稱，那是牛，另一人指稱，那是馬，這便是異。有異便有辯論，若無人稱勝，那不是辯論。「辯」是指：一人說，此物如此，另一人說，不是這樣。兩人之中，誰說得符合實際，誰就得勝。

《經說下》又說：「以言為盡悖，悖。說在其言。」《經說下》篇解釋說：「以悖，不可也。之人之言可，是不悖，則是有可也；之人之言不可，以當，必不審。」這是說，認為「一切話語都無是處」，這在事實上是不可能的，因如果這句話是對的，那就證明，並非所有的話都是錯的，至少，這句話還是對的。如果確認這人的話不能成立，那末，以這句話為得當的人就錯了。

《經下》篇又說：「知，知之否之，是同也，悖，說在無以也。」這裡指出，把知與不知看為一樣，這是荒謬的，就在於這種說法沒有根據。《經說下》解釋說：「知，論之，非知，無以也。」這是說，只要有知識，就有對它的議論，除非沒有知識，就沒有了議論的根據。

《經下》篇還說：「非誹者悖，說在弗非。」這是說，譴責批評是錯誤的，理由見「莫怪他人」釋。《經說下》解釋說：「非誹，非己之誹也。不非誹，非可誹也。不可非也，是不非誹也。」這是說，誰譴責批評，這話首先就譴責了他自己。如果不能用這句話譴責自己，則意味着不能譴責批評。

這些都是針對莊子的批評。莊子認為爭論是非毫無意義。即便一個人在爭論中贏了，也不表明就是對了，輸了的一方也並不意味着就是錯了。而在後期墨家看來，莊子提出這樣的主張就是在與人辯論。如果他贏了，豈不正好證明他的主張是錯的嗎?《莊子・齊物論》中說:「大辯不言」;又說:「辯也者，有不見也」(凡爭論者，總有見識不到之處)，所以「言未始有常(定論)」，各人是其所是，非其所非，各種說法都有自己的道理。這都是莊子對其他各家的批評，而如果一切言論都是荒謬的，莊子自己的言論豈不也是荒謬?莊子還主張「棄智」，而莊子自己的言論就形成一種知識，如果真正拋棄一切知識，那末對莊子的主張也就不必討論。

後期墨家在批評道家時所指出的反論，在西方哲學中也曾出現過。西方近年發展的新邏輯解決了這個問題。按照現代西方邏輯，後期墨家的這種邏輯不再能夠成立。雖然如此，後期墨家的縝密思想、富於邏輯頭腦，還是令人驚歎的。他們在建立知識論和邏輯方面的努力，可以說超過了古代中國的任何其他學派。

第十二章

陰陽家和中國早期的宇宙發生論

伏羲（生卒年不詳，傳說八卦為他所創）

本書第二章曾說到，先秦的陰陽家源自古代的方術，行方術的即是術士。《漢書．藝文志》根據劉歆《七略．術數略》，把方術分為六類。

六種術數

第一種是天文。《漢書．藝文志》中說：「天文者，序二十八宿，步五星日月，以紀吉凶之象。」

第二種是曆譜。《藝文志》中說：「曆譜者，序四時之位，正分至之節，會日月五星之辰，以考寒暑殺生之實。……凶厄之患，吉隆之喜，其術皆出焉。」

第三種是五行。《藝文志》中說：「其法亦起五德（金木水火土，謂之五德）終始，推其極則無不至。」

第四種是蓍龜，這是中國古代的兩種占卜方法。後一種方法是在龜甲或平骨上鑽一洞，放在火上烤，小洞四周受熱後出現裂紋。管占卜的巫史據以判斷所問事項吉凶，稱作「卜」。前一種方法是由巫史取蓍草，每兩株為一份，最後所剩，非奇數即偶數。如是六次，得出每三個一組的組合，再查《易經》卦象、爻象，據以判斷所問事項吉凶，稱為「筮」。

第五種是雜占，第六種是形法。後者包括相面術和後來所稱的「風水」。「風水」所依據的理論是，以人為宇宙的產物，又是宇宙的組成部分，因此，人的住處和死後「陰宅」（墓地）必須與自然環境（風水）諧調。

周朝初年封建制全盛時期，每個貴族都有世襲的術士。貴族有任何重要行動之前，必先問卜。隨封建制的逐漸沒落，這些貴族世家的術士漸漸失去地位，散落社會，但繼續以方術為生。這是「方士」的由來。

術數或法術本是來自迷信，但它們往往是古代科學的萌芽。方術和科學都試圖以積極態度解釋自然現象，使人得以征服自然，使自然為人所用。方術對超自然力量不再迷信後，它便開始試圖解釋自然現象，而向科學轉變。人類最初對自然力量的觀念儘管十分原始簡單，但它終究是科學的開始。

這是陰陽家對中國思想的貢獻。陰陽家試圖以自然力量來解釋自然現象。它代表了一種科學探索的傾向。它總是和事實打交道，就這一點來說，它具有積極的意義。

由此我們看到，在古代中國，人們為理解宇宙的由來和宇宙的結構，有兩種不同的思想路線。其一是以陰陽家為代表的思想路線。另一是由一些佚名的儒家，以《易傳》（注釋）的方式，寫在《易經》正文的後面。這兩種思想似乎各自獨立地發展。下面要講的《洪範》和《月令》，注重五行，而不曾提及陰陽。在《易傳》裡則相反，談及陰陽的地方很多，而不提五行。後來，這兩條思想路線漸漸融會一起，在司馬談（死於公元前一一〇年）的時候已經如此，以致《史記》中，把它們放在一起，統稱陰陽家了。

「洪範」所描述的五行

五行在英文裡通常譯作「Five Elements」，意思是「五種元素」。但如果把它們看作內容固定的五種元素就錯了；它們是五種能動的、相互作用的力量。在中文裡，「行」的意思是「行動」或「作為」，因此，它的本義應當是五種動因、五種活動。在中國古籍裡，也稱「五德」，意思是「五種能力」。

「五行」這個名詞曾出現於《書經》中《夏書．甘誓》，傳統的說法，它是公元前二十一世紀的文獻。但《夏書．甘誓》的真實性無法證明；即便此篇不是偽書，也無法證明《甘誓》篇中的「五行」與其他問世年代確實可考的典籍中所說「五行」，內容是否一致。關於「五行」的可靠記載，見於《書經》中的《洪範》篇。按傳統的說法，公元前十二世紀末，周武王克商之後，商朝貴族箕子對周武王陳述，來自夏朝大禹的治國大法，這是《洪範》篇的來歷。傳說夏禹生活於公元前二十二世紀。《洪範》篇的作者引述傳說的古代歷史，意在表明「五行」說的重要來歷。至於寫作《洪範》篇的真實年代，據現代學者考訂，應是公元前四至三世紀。

《洪範》篇中舉出「九疇」：「一、五行：一曰水，二曰火，三曰木，四曰金，五曰土。水曰潤下，火曰炎上，木曰曲直，金曰從革，土曰稼穡。」然後是「五事」：「一曰貌，二曰言，三曰視，四曰聽，五曰思。貌曰恭，言曰從，視曰明，聽曰聰，思曰睿。恭作肅，從作乂，明作哲，聰作謀，睿作聖。」

下面跳到「九疇」中的第八：「八：庶徵（各種象徵）：曰雨，曰暘（日曬），曰燠（熱），曰寒，曰風。曰時（各有其時）五者來備，各以其敘（順序來臨），庶草蕃廡（作物茂盛）。一極備，凶（五者任一過多，將成災難）。一極無（五者缺一），凶。曰休徵（吉兆）：曰肅，時雨若（國君肅穆，隨之有雨）；曰乂，時暘若（國君順時，陽光適度）；曰哲，時燠若（國君明哲，氣溫當）；曰謀，時寒若（國君深思熟慮，寒冷適度）；曰聖，時風若（國君明智，和風適時）。曰咎徵（國君過失，伴有徵象）：曰狂，恆雨若（國君暴狂，伴有大雨）；曰僭，恆暘若（國君粗野，伴有驕陽）；曰豫，恆燠若（國君怠惰，伴有酷熱）；曰急，恆寒若（國君急躁，伴有冬寒）；曰蒙，恆風若（國君無知，伴有風災）。」

在《洪範》中，五行觀念還處於粗糙階段。作者在談到五行時，所想的還是具體的水、火等，還沒有如後來那樣，以水、火等代表抽象的力量。作者還讓讀者看到，人類社會和自然世界是聯結在一起的。國君的惡行伴隨有自然世界的不正常現象。這個理論在後代發展成為「天人感應」學說。

對天人感應，有兩種解釋。其一是基於目的論的解釋，認為國君惡行使天地震怒。天地震怒便造成自然界的不正常現象，以給國君警告。另一種理論則是比較機械式的解釋，認為整個宇宙乃是一個機械的整體，其中任何一部分失去平衡，其他部分勢必受到牽連。國君的過失必然造成宇宙天地失去平衡，於是就產生不正常的自然現象。這種學說反映了陰陽家中間的科學精神；而前面一種學說則更多反映了它來自方術的社會根源。

「月令」

陰陽家的另一部重要文獻是《月令》，首見於《呂氏春秋》。這是公元前三世紀末的著述，後來又載入《禮記》。《月令》這部著作的名稱是由於它告訴國君和大眾，每個月當作什麼，不當作什麼，以求得與天地萬物的和諧。在《月令》書中，以陰陽家的觀念構築起宇宙的架構。這個宇宙結構是一個時空架構，就是說，它與空間、時間都有關係。古代中國由於位在北半球，自然熱在南方，冷在北方。因此，陰陽家把一年四季和地理上的四個方向組合在一起，夏季與南方結合；冬季和北方結合；春季和東方結合，這是太陽升起的地方；秋季和西方結合，那是太陽落下的地方。陰陽家還把一天中的日夜比作一年四季的縮影，早晨代表春季，中午代表夏季，傍晚代表秋季，午夜則代表冬季。這樣就把時間和空間完全聯結起來了。

南方和夏天之所以熱，因為熱在南方，就時間說，夏季是炎熱季節，火德盛。北方和冬天則冷，因為冷在北方，就時間說，冬季是嚴寒季節，水德盛，水和冰雪是連在一起的。按照同樣的推理，東方是春季，木德為主，因為春天萬木茂盛，故此，東方總是和春天聯結在一起。金德則代表西方，又和秋季相連，因為金屬代表堅硬、嚴酷，秋季又是肅殺之氣盛，萬木蕭條，走向衰亡。這樣，「五德」中的四德和南北東西四個方向已經結合，只剩下土德未曾和一個方位與季節相連。按照《月令》書，土德在五德裡是居中的，因此，在地理上，土德代表中央；它統治的時間，據說是在夏秋之間的一段短暫時間。

陰陽家以這樣的一個宇宙論的理論解釋了四季的自然現象，還把它和四方連為一體，而且更進一步，把自然現象和人文現象聯結起來。正是在這樣的理論基礎上，《月令》書規定君王每月應當作什麼，不應當作什麼，這也就是《月令》書名的由來。

因此我們從《禮記．月令》書中讀到：「孟春之月，……東風解凍，蟄蟲始振，……是月也，天氣下降，地氣上騰，天地和同，草木萌動。」人的行為應當與自然相應一致，因此，書中又說：在此月，君主「命相布德和令，行慶施惠，下及兆民。……禁止伐木，毋覆巢。……是月也，不可以稱兵，稱兵必天殃。兵戎不起，不可從我始。」

如果君王行事違反了《月令》書的規定，就會造成不正常的自然現象，例如：「孟春行夏令，則雨水不時，草木早落，國時有恐。行秋令，則其民大疫，猋（暴）風暴雨總至，藜莠蓬蒿並興。行冬令，則水潦為敗，雪霜大摯，首種不入。」

鄒衍

鄒衍是公元前三世紀陰陽家的一個主要人物。按《史記》記載，鄒衍是齊國（今山東省中部）人，在孟子之後不久。他「著書十餘萬言」，均已佚失。幸虧司馬遷在《史記》中還保存有關鄒衍學說的詳盡說明。

按照《史記．孟子荀卿列傳》所載，鄒衍的方法是：「必先驗小物，推而大之，至於無垠。」他的興趣似乎主要在於地理和歷史。

關於地理，司馬遷寫道：鄒衍「先列中國名山大川，通谷禽獸，水土所殖，物類所珍，因而推之及海外，人之所不能睹。……以為儒者所謂中國者，於天下乃八十一分居其一分耳。中國名曰赤縣神州。……中國外，如赤縣神州者九，乃所謂九州也。於是有裨海環之，人民禽獸莫能相通者，如一區中者，乃為一州。如此者九，乃有大瀛海，環其外天地之際焉。」（同上）

至於鄒衍的歷史觀點，司馬遷寫道：鄒衍「先序今以上至黃帝，學者所共術，大並世盛衰，因載其機祥度制，推而遠之，至天地未生，窈冥不可考而原也。」「稱引天地剖判以來，五德轉移，治各有宜，而符應若茲。」這是說，由近及遠，上溯黃帝，這是學者已共述。他又按歷史大事，時代盛衰，記其徵兆、體制，一直上溯到遠古洪荒，天地未生之時。然後自開天闢地起，歷數五德連轉，治法雖殊，均與五德相應。

歷史哲學

上面引文的末段表明：鄒衍發展出一個新的歷史哲學，用五德的轉移來解釋歷史，它既是變化的，又是有規律的。司馬遷在《史記》中並沒有詳述鄒衍這種學說的內容，但是《呂氏春秋》書中《有始覽·應同》篇介紹了這種學說，儘管其中並未提及鄒衍的名字。原文如下：

凡帝王者之將興也，天必先見祥乎下民。黃帝之時，天先見大螾大螻。黃帝曰：土氣勝。土氣勝，故其色尚黃，其事則土。

及禹之時，天先見草木秋冬不殺。禹曰：木氣勝。木氣勝，故其色尚青，其事則木。

及湯之時，天先見金刃生於水。湯曰，金氣勝。金氣勝，故其色尚白，其事則金。

及文王之時，天先見火。赤烏銜丹書集於周社。文王曰，火氣勝。火氣勝，故其色尚赤，其事則火。

代火者必將水，天且先見水氣勝。水氣勝，故其色尚黑，其事則水。水氣至而不知，數備，將徙於土。

陰陽家認為，五行按照一定順序，相生相剋；還認為，一年四季也按五行相生的順序嬗替。木盛於春，木生火；火盛於夏，火生土；土盛於中央，土生金；金盛於秋，金生水；水盛於冬，水又生木，木盛於春。

按以上引文看來，朝代的更替也是遵循五行相生的順序。黃帝以土德王，被以木德王的夏朝取代；又木德王的夏朝又被以金德王的商朝所取代；以金德王的商朝又被以火德王的周朝所取代。周朝將被以水德王的王朝所取代。以水德王的朝代又將被以土德王的朝代所取代；這樣，歷朝歷代按五行順序周而復始。

按照《呂氏春秋》的陳述，這只不過是一種歷史哲學理論。然而，不久之後它便對現實政治產生作用。公元前二二一年，秦始皇帝（公元前二五九—二一〇年）征服六國，建立起統一中國古代列國的秦帝國。秦繼承周朝，始皇帝確信，秦是以水德王。按司馬遷《史記・秦始皇本紀》所載，秦始皇「推終始五德之傳，以為周得火德，秦代周德，從所不勝，方今水德之始」，其色尚黑，其事則水，將黃河改名「德水」，「以為水德之始，剛毅戾深，事皆決於法，刻削無仁恩和義，然後合五德之數。」

由於嚴酷寡恩，秦朝不久就被漢朝（公元前二〇六—二二〇年）所取代。漢代歷朝皇帝相信自己也是本五德而王；至於漢朝究竟靠什麼「德」而王，仍有不少爭論。當時有些人認為，漢朝既然是繼承秦朝，應當以土德王；也有人認為，秦朝嚴酷少恩，不能算作一個正式的朝代，應當認為漢朝是繼承周朝。持不同意見的雙方都舉出支持自己的祥兆，以示自己一方的主張符合天意。最後，公元前一〇四年，漢武帝決定，漢朝是以土德王。但此後，爭論並未結束。

漢以後各朝對這個問題，不像漢朝那樣激烈爭論。但直到一九一一年清朝覆滅之前的歷代皇帝，都稱自己是「奉天承運」，所指就是承受「五德」轉移的時運。

《易傳》中描述的陰陽原則

五行學說的意義在於解說宇宙的結構，但並沒有解釋世界的來源。陰陽的學說則填補了這個需要。

「陽」這個字的本義是陽光，或任何與陽光相連的事物。「陰」的本義則是指沒有陽光的陰影和黑暗。後來，它們的含義逐漸發展成為宇宙中的兩種相反相成的力量，陽代表男性、主動、熱、光明、乾燥、堅硬等；陰則代表女性、被動、冷、陰暗、柔軟等。宇宙一切現象都是由陰、陽兩個原則、兩種力量的相互作用而產生。這樣一種宇宙觀念，在公元前八世紀初已經產生。記載中國古代事蹟的《國語》一書（成書於公元前四至三世紀之間），其中《周語上》記載公元前七八〇年（幽王二年），西周地震，三川壅塞，當時博學的史官伯陽父評論說：「陽伏而不能出，陰迫而不能烝，於是有地震。」

後來，陰陽的理論主要是和《易經》聯繫在一起。《易經》原書是為解釋「八卦」（正式名稱是「八經卦」）。每「卦」包含三個完整或分成兩截的直線，如：☰，☱，☲，☳，☴，☵，☶，☷。如果把任何兩「卦」組合在一起，可以發展出六十四個排列組合樣式，稱為六十四卦（正式名稱是「六十四別卦」）。《易經》本文就包含這六十四卦，以及對每一種卦象含義作出的解釋。

中國傳統認為，八卦是黃帝之前、傳說中的中國第一個君王伏羲氏所創立，有的古代學者說，伏羲親自從八卦演出六十四卦，另一些學者則說，這是公元前十二世紀時，周文王演化出來的。六十四卦的每一卦象都有解釋，稱「卦辭」；每卦之中的每一橫劃也有解釋，稱「爻辭」。有的古代學者認為，所有卦辭、爻辭，都出自文王，另一些古代學者則認為，卦辭出於文王，爻辭出自其子周公。無論這些學說孰是孰非，它們總的說來都表明，八卦和六十四卦在中國人心目中的極大重要性。

現代學者的看法認為：八卦的前身是商朝（約公元前一七六六——一一二三年）盛行的以甲骨受火龜裂的紋路占卜。這種裂紋千變萬化，如按固定圖像以論天象人事的吉凶自然十分困難。周初漸漸改用蓍草占卜，巫人在一束蓍草中，以兩株為一份，分置一旁；最後所剩，或為單數，或為雙數，便以乾（一橫）或坤（一橫分成兩短橫）為記。現代學者認為，八卦或六十四卦便是這種蓍草占卜的結果，然後對照《易經》，以解讀卦象所示的吉凶。

這大概是《易經》的起源。這部書被稱為《易》（意為「變易」），大概也是由此而來。後來，對《易》的補充解釋漸漸增多，有些是關於道德方面的箴言，有些是形而上領域的看法，有些則是對宇宙的看法。這些補充解釋直到周朝末期甚至漢朝初年才以「附錄」形式寫入《易經》後面，稱作「十翼」。

本章將只限於討論其中有關宇宙論的部分，其他部分將留待第十五章再討論。

在《易傳》中，除陰陽的觀念外，另一個重要的概念是「數」。古代人以占卜來探求宇宙的奧秘，用蓍草占卜又離不開數目的變化。因此，《易傳》的無名作者們相信宇宙的奧秘在數字之中，是毫不足怪的。首先，他們把「陽」看為單數；把「陰」看為偶數。因此，《易傳．繫辭傳上》說：「天一地二，天三地四，天五地六，天七地八，天九地十。天數五，地數五，五位相得而各有合。天數二十有五，地數三十。凡天地之數，五十有五。此所以成變化而行鬼神也。」

後來的陰陽家試圖用數字把五行與陰陽聯繫起來，於是稱：「天之數，一，生水；地之數，六，成之。地之數，二，生火；天之數，七，成之。天之數，三，生木；地之數，八，成之。地之數，四，生金；天之數，九，成之。天之數，五，生土；地之數，十，成之。」這樣，一、二、三、四、五，都是產生五行的數字，六、七、八、九、十，則是完成之數（見《禮記．月令》，孟春之月「其數八」，鄭玄注，孔穎達疏）。這個理論正好用於解釋前面《易．繫辭傳》的引文：「天數五，地數五，五位相得則各有合。」這與古希臘哲學中畢達哥拉斯學派的思想驚人地相似。據古希臘學者戴奧吉尼．萊修斯（Diogenes Laertius）所述，畢達哥拉斯認為，世上萬物全由火、水、土、風（空氣）四個元素構成，它們又都是由數字演化而來。

用數字把五行和陰陽聯繫起來，在中國是一個較晚出的學說，在《易傳》中，並沒有提五行。在《易傳》中，每一卦都象徵宇宙中的某個事物。《說卦傳》中的解釋是：

乾，☰，為天，為圜，為君，為父。
坤，☷，為地，為母。
震，☳，為雷。
巽，☴，為木，為風。
坎，☵，為水，為月。
離，☲，為火，為日。
艮，☶，為山。
兌，☱，為澤。

在每一卦中，沒有中斷的一橫代表陽，有中斷的一橫代表陰。乾卦由三個沒有中斷的三橫組成，代表純陽。坤卦由三個中斷的三橫組成，代表純陰。其他六卦則都是乾坤相交而成，因此，乾和坤被認為是父母，其他六卦是子女：

以乾的第一爻（由下端數起），與坤的第二、三爻結合，成為震☳，稱為「長男」。
以坤的第一爻，與乾的第二、三爻結合，成為巽☴，稱為「長女」。
以乾的第二爻，與坤的第一、三爻結合，成為坎☵，稱為「中男」。

以坤的第二爻，與乾的第一、三爻結合，成為離☲，稱為「中女」。

以乾的第三爻，與坤的第一、二爻結合，成為艮☶，稱為「少男」。

以坤的第三爻，以乾的第一、二爻結合，成為兌☱，稱為「少女」。

乾和坤的相交、結合，產生其他六卦，這象徵着天地萬物都由陰陽相交而成；亦如所有生物都由雌雄兩性結合而產生一樣，而陰則象徵雌性，陽則象徵雄性。

《繫辭傳下》說：「天地絪蘊，萬物化醇；男女媾精，萬物化生。」天和地是陰陽兩氣的物質表現；「乾」「坤」則是陰陽兩氣的象徵。《繫辭傳上》說：「乾知大始，坤作成物。」生命的起源來自雄性，而生命的完成則在於雌性。天地萬物的生成就如同生物界的兩性結合一樣。

考察中國的原始宗教，可以設想，最初有男性的神和女性的神，他們結合，由此產生世界萬物。這種擬人的原始宗教發展到後來，兩性由陰陽兩個力量代表，由此導致了論述陰陽兩氣相生相剋、相反相成的宇宙論哲學，這時，雌雄兩性轉化成為沒有人格的自然力量了。

第十三章

儒家的現實主義流派：荀子

荀子（公元前二九八 — 前二三八年）

先秦儒家中三個最重要的人物是孔子、孟子和荀子。荀子的生卒年代已無從查考，大概是在公元前二九八—前二三八年之間。

荀子本名況，又號荀卿，趙國（今河北、山西南部）人。《史記・孟子荀卿列傳》中說，荀子五十歲到齊國。當時齊國國君為廣攬學人，修建稷下學宮。荀子大概是稷下學宮的最後一位大思想家。《荀子》一書共三十二章，其中許多篇論述詳賅，邏輯周密，大概出自他自己筆下。

在儒家中間，荀子的思想與孟子的思想正好針鋒相對。有人認為，孟子代表儒家的左翼，荀子則代表儒家的右翼。這種說法雖能令人一新耳目，但不免過於簡單化。孟子強調個人自由，就這一點說，他可以被看為是「左」的，但孟子重視超越道德的價值，與宗教比較接近。荀子強調社會對個人的控制，就這一點說，他可以說是「右」的，但他重視自然主義，與任何宗教思想都不相容，就這一點說，又可以說是「左」的。

人的地位

荀子以主張「人性惡」而著名。這與孟子所主張的「人性本善」正好相反。表面看來，荀子對人性的評價很低，而事實上，恰恰相反，荀子的理論可以稱之為一種文化哲學。他的理論主旨是認為，一切良善和有價值的事物都是人所創造的。價值來自文化，而文化則是人的創造性成就。因此，在宇宙中，人和天地同等重要。荀子在著名的《天論》中說：「天有其時，地有其財，人有其治，夫是謂之能參。」

孟子說：「盡其心者，知其性也，知其性，則知天矣。」（《孟子．盡心上》）因此，在孟子看來，人要成聖，必須「知天」。荀子正相反，認為：「惟聖人為不求知天。」（《天論》）

荀子在《天論》中提出，天、地、人構成宇宙的三個力量，它們又各有自己的作用：「列星隨旋，日月遞照，四時代御，陰陽大化，風雨博施，萬物各得其和以生。」這是天和地的作用。至於人的作用，則是運用天時地利，以創造自身的文化。《天論》中問道：「大天而思之。孰與物蓄而制之？」這是說，與其頌讚蒼天，何若積聚財富、運用得當？他又接着說：「故錯（措）人而思天，則失萬物之情。」就是說，如果忽略人所當做的而去「思天」，就不可能懂得萬物的情性。人忘記自己的職責去「思天」，就是干犯天的職責。荀子稱，這是「舍其所以參，而願其所參，則惑矣」。人與天地合參，就應該克盡職責，如果人不盡自己的職責，而想與天地合參，那只是空想。

關於人性的學說

按照荀子的看法，人性也應當受到教養，沒有教養就不可能成善。在《性惡》篇中，荀子說：「人之性，惡；其善者，偽（人為）也。」在《禮論》中，探討了人的先天和後天的關係，他說：人「性者，本始材樸也；偽者，文理隆盛也。無性則偽之無所加；無偽則性不能自美」。這是說，先天和後天同等重要，在其中實際是強調了人的主觀能動性。

荀子的人性論雖然與孟子正相反，但是他同意孟子所說，人皆可以為堯舜。他自己也說過：「塗之人可以為禹。」（《性惡》）有的人由於看到孟子、荀子兩人的相同之點，於是認為這兩位儒家並無根本的不同；其實，他們之間的不同是不容抹煞的。

按孟子的看法，人生來就有仁、義、禮、智「四善端」，人只要充分發展這四善端，就可以成聖。而荀子的看法是：人生來不僅沒有善端，倒相反，生來就有惡端。在《性惡》篇中，荀子試圖證明，人生來就有貪圖利益和感官享受的慾望；但是人又生來就有智性，使人可以成善。在《性惡》篇中，荀子說：「塗之人也，皆有可以知仁、義、法、正之質，皆有可以能仁、義、法、正之具，然則其可以為禹，明矣。」孟子認為人皆可以為堯舜，因為人的本性是善的，荀子認為塗人皆可以為大禹，是因為人有智性。

道德的根源

由此勢必引導到下面的問題：人怎樣能夠在道德上達到善？如果按荀子所說，人生來就有惡端，那末，善又是從何而來呢？在回答這個問題時，荀子提出兩個論據。

首先，荀子指出，人的生存離不開社會組織。若沒有在社會組織中的合作和互相支持，人不可能改善自己的生活。在《富國》篇中，他說：「百技所成，所以養一人也。而人不能兼技，人不能兼官，離居不相待則窮。」這是從個人求生存的角度來說的。荀子還從人需要在競爭中求生存指出，人「力不若牛，走不若馬，而牛馬為用，何也？曰，人能群，彼不能群也。……一則多力，多力則強，強則勝物」（《荀子．王制》）。

為這兩項理由，人需要社會組織。為使社會組織起來，人們需要有共同的行為準則。因此而需要有禮（用禮來規範人和人之間的關係，如何相待，制訂日常生活的共同準則）。儒家一般說來，都重視儀禮，荀子對此更加強調。「禮」是由何而來的呢？荀子在《禮論》中說：「禮起於何也？曰，人生而有欲，欲而不得，則不能無求，求而無度量分界，則不能不爭，爭則亂，亂則窮。先王惡其亂也，故制禮義以分之，以養人之欲，給人之求，使欲必不窮於物，物必不曲於欲，兩者相持而長，是禮之所起也。」這是說，人生而有慾，有慾就有求，求滿足慾望而無節制，必定引起競爭，有爭就有亂。亂則一事無成。先王制定禮（個人行為準則）義（道德），就是為了杜絕社會和思想的混亂。

在《富國》篇中，荀子還說：「欲惡同物，欲多而物寡，寡則必爭矣。」這裡，荀子提出人類社會種種問題的根源，就在於人們所愛和所恨的都是同樣的東西。舉例來說，如果有一個人喜歡征服別人，而另一個人則喜歡被征服，這兩人和睦共處便不成問題。再假如人們所喜愛的東西十分豐富，如同空氣那麼多，那也就不成問題。或者，人們在生活中隔得很遠，互不相干，彼此之間的問題也會簡單得多。但是，世間不是那樣理想的地方，人們必須住在一起，又無法避免競爭，於是對每個人的慾望都不能不加以節制。「禮」的作用就是規定應有的節制。凡建立起「禮」的地方，就形成「道德」，按「禮」而行的人就是有道德的人，違反「禮」的人就是沒有道德的人。

這是荀子論述道德和善的起源的一個論點。它的思想基礎是功利主義，和墨子的思想很相近。

荀子還使用另一個論據。他在《非相》篇中說：「人之所以為人者，非特以其二足而無毛也，以其有辨也。夫禽獸有父子而無父子之親，有牝牡而無男女之別。故人道莫不有辨，辨莫大於分，分莫大於禮。」

這裡，荀子指出了自然和文化的區別，或用莊子的詞彙說，何為天，何為人。禽獸有父子、有雌雄，這是自然。在人類社會裡，有父子關係，夫妻關係，這是文化和文明的產物。這不是自然的恩賜，而是人類的精神成就。人應當有社會關係和「禮」，這是區別人與禽獸的標誌。按照這個論據，人的道德不是自然產生，而是由於人的需要，這個論點和孟子的論點比較接近。

在儒家思想中，「禮」的含義十分廣泛。它可以意味着儀式，禮節，或社會行為準則。「禮」可用以指所有這些內容，但在上面的論述中，「禮」的含義更多是指社會行為的準則。這時，禮所起的是規範作用。「禮」在人滿足慾望時，加以規範。但是在用於禮節、禮儀時，禮有另一種作用，就是文化教養。

在這個意義上，禮淨化人的感情，使它純潔、典雅。在這方面，荀子也作出了巨大的貢獻。

關於禮樂的學說

在儒家的儀禮中，最重要的是祭（祭神）祀（祀祖先）。在古代，這些儀禮十分普遍，其中自然摻雜有不少迷信和神話的色彩。在《荀子》和《禮記》中可以看到，儒家對祭祀提出了新的解釋，賦予它們新的意義。在儒家經典之中，有兩部書專談儀禮。一部是《儀禮》，敘述舉行祭祀時的儀式細節。另一部書是《禮記》，內容是對儀禮的解釋。據我看，《禮記》中的大部分是荀子門人所作。

人的頭腦有兩個方面的作用，一方面是智性的作用，另一方面是感情的作用。當我們的親人去世時，從智性上我們知道，人死不能復生，而且也沒有任何憑證表明靈魂永生不滅。如果純粹按理性來說，為死者舉行葬禮，並無需要。但是，人的頭腦還有感情的作用。這使我們在親人去世時，希望他再生，希望死者有一個靈魂，在另一個世界中繼續活下去。當我們讓這樣的幻想在腦中馳騁時，我們把迷信看作真理，而否定了理性的判斷。

這樣，人的知識和人的追求便分離了。知識是重要的，但人不是只靠知識活着。我們還有感情上的需要，要求滿足。在對待死者的態度上，我們需要同時顧及兩個方面。儒家所講的葬禮和祭祀便是為此而設的。前面講到，這些葬儀、祭禮，最初都不免帶有迷信和神話的色彩，經儒家的重新詮釋，剔除了那些迷信和神話色彩，宗教的因素轉變成為詩了。它們不再是宗教意味的行動，而成為詩意的了。

宗教和詩都是人在幻想的表現。它們都把想像和現實混合在一起。兩者的區別在於：宗教把它所說的看為真的，而詩歌知道它所說是虛幻的。詩歌所提供的不是現實，這是詩人自己知道的，因此，詩人在詩的想像中所作的只是欺騙自己。在這樣做時，詩人是自覺的，它不符合科學，但並不反對科學。在詩歌中，人們得到了感情的滿足，卻並不阻礙智性的發展和追求。

按照儒家的說法，當我們舉行喪葬和祀祖的儀式時，我們是在欺騙自己，卻又並未真正被欺騙。據《禮記．檀弓》篇所載，孔子曾說：「之死而致死之，不仁，而不可為也。之死而致生之，不智，而不可為也。」這就是說，對待死者，既不能完全照着所知道的去做，又不能完全照着所希望的去做。中道則是：既要照着所知道的去做，又要照着所希望的去做，對待已經去世的人就如同對待他們生時那樣。

荀子在《論禮》中說：「禮者，謹於治生死者也。生，人之始也；死，人之終也。終始俱善，人道畢矣。……夫厚其生而薄其死，是敬其有知而慢其無知也，是奸人之道而背叛之心也。……故死之為道也，一而不可得再復也。臣之所以致重其君，子之所以致重其親，於是盡矣。」「喪禮者，以生者飾死者也，大象其生，以送其死也。故如死如生，如亡如存，終始一也。……故喪禮者，無它焉，明死生之義，送以哀敬而終周藏也。」這是說，葬禮的作用是向生者表明人生和死亡的意義，以悲痛和尊敬來送別死者，是隆重表示人的一生的完成。

荀子在《禮論》中又說：「祭者，志意思慕之情也，忠信愛敬之至矣，禮節文貌之盛矣，苟非聖人，莫之能知也。聖人明知之，士君子安行之，官人以為守，百姓以成俗。其在君子，以為人道也；其在百姓，以為鬼事也。……事死如事生，事亡如事存，狀乎無形影，然而成文。」在這樣的解釋之中，葬儀和祭禮已不再有宗教的意味，而完全成為詩意的表現了。

除了祀祖之外，還有其他的祭儀。荀子對它們的解釋也出自與此相同的觀點。《天論》中有一段話說：「雲而雨，何也？曰。無何也，猶不雲而雨也。日月食而救之，天旱而雲，卜筮然後決大事，非以為得求也，以文之也。故君子以為文，而百姓以為神。以為文則吉，以為神則凶也。」

從這裡看荀子的思想，為降雨而祈禱，為作重大決定而占卜，是為了表示重視，不是為了求以得之。如果認為向神祈禱，便能感動神明，或卜筮便能知未來，那將成為迷信，造成迷信的後果。

荀子還曾著有《樂論》，其中說：「人不能不樂，樂則不能無形。形而不為道，則不能無亂。先王惡其亂也，故制《雅》《頌》之聲以道之，使其聲足以樂而不流，使其文足以辨而不諰，使其曲直、繁省、廉肉、節奏，足以感動人之善心，使夫邪污之氣無由得接焉，是先王立樂之方也。」由此看來，荀子是把音樂作為道德教育的工具，這是儒家對音樂的一般看法。

關於邏輯的理論

《荀子》書中有《正名》篇，這是儒家哲學的一個老題目，原本是孔子提出來的（本書第四章已經說到），《論語・顏淵》篇中說：「君君，臣臣，父父，子子。」孟子也說：「無父無君，是禽獸也。」（《孟子・滕文公下》）孔子和孟子兩位都關注倫理問題，因此，他們對正名的解釋也是就其倫理意義來立論的。荀子所生活的時代是名家十分活躍的時代，因此，他關於正名的理論不僅着眼在倫理，還反映了對邏輯的關注。

在《正名》篇裡，荀子首先闡述他對於知識的理論看法，與後期墨家的觀點比較接近。他說：「所以知之在人者謂知，知有所合謂之智。」這是說，人所賴以認知的功能稱作「知」，人所賴以判斷自身的認知與外部世界是否相合的功能稱作「智」。人所賴以認知的功能，又分成兩部分，一部分是荀子所稱的「天官」，如耳目；另一部分是心，即頭腦。天官接收印象，頭腦則對感官的印象作出解釋，說明它們的意義。在《正名》篇裡，荀子又說：「心有徵知。徵知，則緣耳而知聲可也，緣目而知形可也。……五官簿之而不知，心證之而無說，則人莫不然，謂之不知。」這是說，五官可以注意到某些感官收到的印象，但如果一個人不能對它們加以分類，如果頭腦不能辨認它們，並賦予意義，則只能說，這個人無知。

關於「名」的由來及其運用，《正名》篇裡說：「制名以指實，上以明貴賤，下以辨同異。」這是說，

「名」的由來，一部分是倫理（即社會）的需要，一部分是由於邏輯思辨的需要。

關於「名」的邏輯功用，荀子在《正名》篇中說：給事物命名，「同則同之，異則異之。……知異實者之異名也。故使異實者莫不異名也，不可亂也；猶使同實者莫不同名也。」這是說，萬物各有賦予它們的名字。凡相近的事物，名稱也相近；不同的事物，則名稱也不同。這樣可以使人知道，不同的現實有不同的名字，不致引起混淆。

關於「名」的邏輯分類，荀子說：「萬物雖眾，時而欲遍舉之，故謂之物。物也者，大共名也，推而共之，共則有共，至於無共然後止。有時而欲遍舉之，故謂之鳥獸。鳥獸也者，大別名也。推而別之，別則有別，至於無別然後止。」這是說，萬物雖多不勝數，有時我們想泛指它們的整體，就稱之謂「物」。「物」是最最一般性的詞語。如果繼續泛指外物，勢必陷於窮盡。有時，我們想說的是局部，例如，鳥獸。它是分類名詞。如果繼續這樣分類下去，又將陷於窮盡，不得不停止下來。這樣，荀子把「名」分為兩類：共名、別名。共名是人進行綜合思考的產物，別名則是人進行分析思考的產物。

所有的名稱都是人的創造。在為萬物命名時，何以這樣命名，其實都是強加給它們的。稱之為「狗」的動物，本來也可以稱之為「貓」。但等到一個名字被大眾所接受之後，這個「名」和這個「實」的關係便約定俗成了。這便是荀子在《正名》篇所說：「名無固宜，約之以命，約定俗成謂之宜。」

荀子還說：「若有王者起，必將有循於舊名，有作於新名。」（《正名》）這是說，當一個新的王朝興起，新的君王和他的政府的職責，首先就是制訂一套新的名字。荀子說：「故王者之制名，名定而實辨，道行而志通，則慎率民而一焉。故析辭擅作名以亂正名，使名疑惑，人多辨訟，則謂之大奸；其罪猶為符節，度量之罪也。」這是說，新的君王藉制訂事物名稱，推行他的意志；先為大眾所知，然後領導大眾達到統一。如果另立新名，惑亂人心，就是大奸；其罪如同偽造文件，使用假量器一樣。

論其他學派的謬誤

荀子認為，名家和後期墨家的思辨大部建立在邏輯詭辯上，因而是謬誤的。他就運用邏輯上「名」與「實」的關係，把這些謬誤分為三類。

第一類謬誤是他所稱的「惑於用名以亂名」。在這類謬誤中，包括後期墨家所稱：「殺盜非殺人也。」荀子認為，盜意味着他首先是人，「人」的概念，其外延大於「盜」的概念，而且包括「盜」的概念；因此，稱「盜」時，同時就指是一個人，殺盜也就是殺其人。

第二類謬誤是荀子所稱的「惑於用實以亂名」。在這類謬誤中包括「山淵平」的論點，這是根據惠施所說「山與澤平」而來。荀子認為，現實是個別的具體化，名則是抽象的一般範疇。用個別去否定一般，勢必以實亂名。如果一座高山上有湖澤，這湖澤實際可能和低地的山處在同一平面上。但是，不能以這個例外的個案而推論說，所有的高山和所有的湖澤都一般高。

第三類謬誤是荀子所稱的「惑於用名以亂實」。公孫龍曾說「白馬非馬」。墨辯的「牛馬非馬」和公孫龍的論辯實質上是一樣的。如果考察牛馬這個名，它確實不能相等於馬，但如果實際考察被稱為「牛馬」的動物，就會發現它們其實是馬。這就是荀子所稱的「以名亂實」。

荀子總結這三類謬誤所以興起，乃是由於沒有聖王。如果有聖王統治，聖王將會運用他的權威以統一大眾的思想，引導大眾走上人生的正道，那時就不再需要爭論和論辯。

荀子的思想反映了他所處的動亂時代。當時，人們渴望政治統一，結束動亂。這種統一在當時稱之為「統一天下」，實際上所指的就是統一中國。

在荀子的門生中，最著名的是李斯和韓非子兩人，他們兩人在中國歷史上都有巨大的影響。李斯後來成為秦朝始皇帝手下的宰相。秦始皇在公元前二二一年以武力統一了中國。李斯輔佐秦始皇，不僅在政治上統一中國，而且企圖在政治思想上也實行統一。這項方針的具體貫徹最後導致了公元前二一三年的焚書坑儒。荀子的另一個著名學生韓非子，是法家的領袖，他的理論為秦始皇在政治和思想上統一中國的政策提供了理論根據。下一章就介紹這一學派的思想。

第十四章

韓非子與法家

韓非子（公元前二八〇 — 前二三三年）

西周封建社會的運轉，所依靠的是兩項權力原則：禮和刑。禮包括儀文、禮節、舉止行為的規定以及社會習俗所構成的不成文法。它的應用範圍只限貴族，稱為「君子」（它的字面含義是君王之子，像君王那樣舉止的人，有文化教養的人）。刑即懲罰，它的應用範圍是普通百姓，即「庶人」，或稱「小人」（瑣小的人）。《禮記》稱：「禮不下庶人，刑不上大夫。」就說明了這兩項原則的不同應用範圍。

法家的社會背景

中國封建社會得以靠這兩條原則而運轉，因為西周封建社會的結構相對簡單。天子、諸侯、大夫之間，有血緣關係和聯姻關係把他們聯結在一起。理論上，每一個侯國都從屬於周天子，在侯國裡，小貴族又從屬於王侯大貴族。但實際上，大小諸侯從祖先那裡繼承領土和貴族特權，年代已久，並不覺得周天子和他們有什麼關係。因此，周天子只有名義，並無實權，各侯國事實上處於半獨立狀態；在這些侯國裡的大夫（統率的範圍稱「家」）也是處於半獨立狀態。這些王侯彼此都是親戚，按照大家的不成文法，保持着私人關係、外交關係、以至商業往來。這種「君子協定」式的關係便是「禮」。

天子、諸侯都生活在社會金字塔的頂尖上，和庶民大眾沒有直接的交道，如果需要打交道，也是由下級諸侯、小貴族去做。王公貴族各有自己的封地，由於這些封地都不大、人口也不多，因此，貴族通常可以實行個人統治，靠刑罰來迫使庶民服從。可以看出，在西周封建社會裡，各種社會關係主要是靠個人接觸和個人關係來維持的。

這種關係在此後若干世紀裡逐漸削弱，社會的瓦解帶來了影響深遠的社會、政治變化。公侯君子和庶民小人的社會分野，逐漸模糊。孔子的時代已經可以看到，有的貴族失去封地和稱號，有才能或運氣好的庶民百姓，也有的上升到顯貴的地位。社會各階層原有的僵硬界限逐漸被打破。與此同時，大國用侵略、兼併的手法，擴大統治的領土。在這形勢下，各國為準備戰爭或防禦入侵，都需要強化國家的統治，就是說，需要集中權力。這就使政府的結構和行使職權都日益複雜化了。

新的形勢帶來了新的問題，對各國都一樣。面對這樣的形勢，從孔子起的各派思想家都力求解決君王的各種問題。他們建議的解決辦法往往並不切合實際，各國君王所愛聽的不是勸他們怎樣謀求民眾的福祉，而是要能應付眼前難題的靈計妙策。

在謀士中也有少數是懂得現實政治的。各國君王通常也願聽聽他們有什麼看法。如果他們的建議行之有效，國王就待如上賓，甚至委以高位。這些謀士就是被稱為「方術之士」的一班人。他們以此得名，是因為他們為君王公侯出謀劃策，告訴統治者怎樣統治廣大的封地、怎樣把權力集中到自己的手裡。他們鼓吹，君王不需要是聖人或超人，只要實行他們提出的一套方略，一個僅具中人之資的人就可以把國家治理得井井有條。還有一些方術之士，為他們鼓吹的統治方略提出理論根據，這便構成了法家的思想主張。

因此，如果對「法家」望文生義，以為法家便是主張法學，這便錯了。法家的主張，用現代語言來說，乃是一套組織領導的理論和方法。一個人如果想走極權主義道路，組織大眾，充當領袖，就會認為法家的理論和方法頗有一點道理。

韓非子，法家的集大成者

在本章裡，便以韓非子作為法家的思想代表。他是韓國（今河南西部）皇室後裔，《史記・老子韓非列傳》稱他「與李斯俱事荀卿，斯自以為不如非」。韓非子以著書立說見長，著有《韓非子》五十五篇。具有歷史諷刺意味的是，戰爭時代，秦國採用了韓非子的主張，得以兼併六國，成就霸業。韓非子因而聲望日隆，由此遭到秦國宰相、他的舊日同窗李斯嫉妒，被陷害下獄，最終死於秦國獄中，時在公元前二三三年。

韓非子是法家的集大成者。在他之前，法家分三派。一派以慎到為首，慎到和孟子是同時代人，他主張在政治和治國方術中，「勢」，即權力與威勢，最為重要。第二派以申不害（死於公元前三三七年）為首，強調「術」，即政治權術。第三派以商鞅（又稱商君，死於公元前三三八年）為首，強調「法」，即法律和規章制度。

韓非子認為這三者都必不可少。他在《韓非子・八經》篇中說「明主之行制也天，其用人也鬼。天則不非，鬼則不困。勢行教嚴，逆而不違。……然後一行其法。」明君如天，執法公正，這是「法」的作用。他駕馭人時，神出鬼沒，令人無從捉摸，這是「術」。他擁有威嚴，令出如山，這是「勢」。三者「不可一無，皆帝王之具也。」（《韓非子‧定法》）

法家的歷史哲學

中國人辦事往往依循過去慣例，這可能與大多數民眾都是農民有關。農民為所耕種的土地所束縛，很少旅行。他們年復一年，按季節變化耕耘作物，憑過去的經驗就夠用了。因此，如果遇到新事，首先就想過去有什麼經驗可以遵循。

這個傳統思維方式對中國哲學有巨大的影響。從孔子的時代起，多數哲學家都要找古代的權威來支持自己的學說。孔子喜歡援引的古代權威是西周的文王、周公。墨子與儒家辯論時，援引比文王、周公更古老的夏禹。孟子為能凌駕墨家之上，往往援引堯舜，因為他們是傳說中比夏禹更早的聖王。最後，道家為勝過儒家和墨家，又請出伏羲、神農，據說他們比堯舜還要早幾百年。

這些哲學家在這樣做的時候，事實上是建立了一種歷史退化觀。這些哲學家，思想主張雖然各有不同，但是，他們的歷史觀卻有一個共同點：人類社會的黃金時代在過去，而不在將來。自古代的「黃金時代」以來，歷史是在日漸退化。因此，人的拯救不在於創立新的，而要靠退回到古代去。

先秦時期各主要思想流派中最後出現的法家，在這方面是一個鮮明的例外。法家深深懂得，每個時代的變化，都有它不得不變的原因，因此只能現實地對待世界。古代的人們比較純樸，就此而言，或許值得稱頌，但那是當時的物質條件造成的，並不是說，古代人們的品德就普遍比後代人高尚。韓非子認為，古者，「人民少而財有餘，故民不爭。……今人有五子不為多，子又有五子，大父未死而有二十五孫，是以人民眾而貨財寡，事力勞而供養薄，故民爭。」（《韓非子．五蠹》）

韓非子認為，由於這些全新的情況產生的新問題，只能用新的方法解決，只有蠢人才看不到事實的變化。而這類蠢人是的確存在的，韓非子曾說了一個關於蠢人的故事：「宋人有耕田者，田中有株，兔走，觸株折頸而死。因釋其耒而守株，冀復得兔。兔不可復得，而身為宋國笑。今欲以先王之政，治當世之民，皆守株之類也。」「是以聖人不期修古，不法常可，論世之事，因為之備。」（《五蠹》）

早在韓非子之前，商君便已說過類似的話：「民道弊而所重易也。世事變而行道異也。」（《商君書．開塞》）

在現代人看來，歷史不斷變化，這幾乎是眾所周知的。但在古代中國，和當時各派思想家的見解相較，這種看法實在是一種革命的觀點。

治國之道

法家為了適應新的政治情況，建議採用新的方法治理國家。照法家看來，這些是顛撲不破的治國方法，首先是制定法律。韓非子寫道：「法者，編著之圖籍，設之於官府，而布之於百姓者也。」（《韓非子．難三》）法的作用是告訴百姓，什麼應該去做，什麼不應該做。法律頒佈之後，君王必須鑒察百姓的行為。君王擁有權勢，可以懲罰違反王法的人，也可以獎賞順服王法的人。君王這樣做，就可以順利統治百姓，無論百姓如何為數眾多，都可以統治。

關於這一點，韓非子寫道：「夫聖人之治國，不恃人之為吾善也，而用其不得為非也。恃人之為吾善也，境內不什數；用人不得為非，一國可使齊。為治者，用眾而舍寡，故不務德而務法。」（《韓非子．顯學》）這是說，聖人治國，不是要使人人都自覺行善，而着眼於使大眾不能作惡。在一國之中，能自覺行善的，不會超過十個人。但只要民眾不作惡，國家就可以保持太平。君王治國，着眼在大多數，至於其他少數，無關宏旨；因此，要着力的是執法，而不是立德。

按照這個理論，君王統治百姓，靠的是法律和威勢，他不需要有特殊的才能或品德，也不需要像儒家所說，「為政以德，譬如北辰，而眾星拱之」，靠君王的品德和人格影響去感召百姓。

有人可以說，君王採取這樣的辦法治國，需要有能力制訂法律，還要監察為數眾多的百姓是否違反了法律，決不是輕而易舉的事情。法家對此的回答是：君王不用事必躬親，只要他有駕馭人的權術，就可以物色到適當的人去為統治者辦事。

「術」這個概念有什麼哲學意義呢？它也是「正名」這個古老學說中的一方面。法家對「正名」的解說是：「循名而責實。」（《韓非子．定法》）

這裡的「實」，按法家的學說是指在政府任職的官吏個人；「名」是指政府職務的名稱，是任職官吏應當完成的職責。因此，「循名而責實」意味着擔任一定職務的官吏有責任完成他的職務所要求的各項工作。君王的職責是把某項名義的職務授給某個人。這項職務所要求的工作已經在法律中明確規定，因此，君王只關心某個官吏是否恪盡職守，至於怎樣完成工作要求，這是官吏的事情，不需要君主具體指導；君主所要過問的只是：完成任務有賞，完不成任務受罰，僅此而已。

這樣，人們還會問：君王怎樣知道哪個人適合哪項工作呢？對此，法家的回答是：只要靠「術」，就可以知道。在《韓非子．二柄》中說：「為人臣者陳而言，君以其言授之事，專以其事責其功。功當其事，事當其言，則賞；功不當其事，事不當其言，則罰。」這樣認真實行，賞罰分明，經過幾次，無能之輩就不敢承擔他們力不能勝的職務，即便給他們，他們也不敢接受。這樣，沒有能力的人就被淘汰下去，只有能勝任的人在政府職務上任職了。

但是，還有問題：君王怎樣能夠知道，某個官吏這個「實」和他所擔負的「名」是否相稱呢？法家的回答是：這在於君王，如果他沒有把握，他就去考察結果，如同君王不知道他的廚子是否勝任，就去品嚐廚子燒出的菜餚。在監督官員方面，君王也可以委派別人去做。這些監察官員的人，自己也在君王監察之下。

按照法家的說法，治理國家並不是必須選賢任能，君王只需要把賞罰大權掌握在自己手裡就可以了，這樣，他就可以「無為而無不為」。

掌握賞罰兩項大權，就是韓非子所說的治國「兩柄」。它們之所以有效，是因為人性趨利而避害。韓非子說：「凡治天下，必因人情。人情者有好惡，故賞罰可用。賞罰可用，則禁令可立，而治道具矣。」這是說，君王治天下，行事要循人性。人性之中，有所愛，也有所憎，因此，賞罰便能發揮作用。賞罰能起作用，便能做到令行禁止，於是治世之道便已具備了。

韓非子是荀子的學生，深信人性惡。他與荀子不同的地方在於，他對通過文化教育，使人向善，不感興趣。韓非子和其他法家認為，正因為人性惡，所以法家的治國方針，全從實際出發，並不寄希望於把大眾改造成為新人。

法家與道家

「無為而無不為。」這是道家的思想，它也是法家的思想，在韓非子和法家看來，君王應當具備的一項品質便是「為無為」，自己表現出「無為而治」，君臣不應當親自動手做任何事情，一切需要辨的事情都應假手別人去做。韓非子說：君王應如「日月所照，四時所行，雲佈風動；不以智累心，不以私累己；寄治亂於法術，托是非於賞罰，屬輕重於權衡。」（《韓非子．大體》）換句話說，君王擁有政府運作的機制和工具，他自己不必做任何事情，而執政掌權所要辨的事情卻都辦了。

道家和法家代表中國思想傳統的兩個極端：道家認為，人本來是天真無邪的，法家則認為人生來性惡。道家鼓吹個人絕對自由，法家主張社會控制一切。但是在「無為」這一點上，兩個極端倒匯合了，就是說，它們兩個極端之間具有同一性。

後期道家對法家所主張的治國之道，也持同樣的看法，只是說法略有不同。《莊子．天道》篇中稱帝王之德在於「乘天地、馭萬物，而用人群」。在這一段裡講「無為則用天下而有餘，有為也，則為天下用而不足」。在區別「無為」和「有為」之後，又說：「上必無為而用天下，下必有為為天下用，此不易之道也。」君主的存在就是為統治天下。因此，他的作用和職責不在於做任何事情，而在於發號施令，讓別人為他做事。換句話說，他的統治方法就是：以無為而用天下。另一方面，屬下的職責和作用則是接受命令，按令行事。換句話說，屬下的作用便是被使用去做事。這就是同一段末後所說「上必無為而用天下，下必有為為天下用，此不易之道也」。

《莊子．天道》篇接下去又說：「故古之王天下者，知雖落天地，不自慮也；辨雖雕萬物，不自說也；能雖窮海內，不自為也。」統治者就應該如此，因為如果他一旦去思想任何事情，就表明還有他未曾想的事情，而他的職責本應該想到在他統治下的一切事情。因此，君王就應該不想、不說、不做；只命令別人替他去想、去說、去做。這樣，他便可以無為，而凡事都由別人辦好了。

至於君王用天下的具體步驟，《天道》篇中說：「是故，古之明大道者，先明天，而道德次之；道德已明，而仁義次之；仁義已明，而分守次之；分守已明，而形名次之；形名已明，而因任次之；因任已明，而原省次之；原省已明，而是非次之；是非已明，而賞罰次之；賞罰已明，而愚知處宜，貴賤履位，仁賢不肖襲情。必分其能，必由其名。以此事上，以此畜下，以此治物，以此修身；知謀不用，必歸其天，此之謂太平，治之至也。」

這些具體步驟的後半，顯然和法家的主張是一樣的。但是，《天道》篇接下去說：「古之語大道者，五變而形名可舉，九變而賞罰可言也。驟而語形名，不知其本也。驟而語賞罰，不知其始也。倒道而言，忤道而說者，人之所治也，安能治人！驟而語形名賞罰，此有知治之具，非知治之道；可用於天下，不足以用天下。此之謂辯士，一曲之人也。」

這是道家對法家的批判。法家的治國之道要求君王公正無私。他應當賞罰嚴明，即便當罰的是親人朋友，也不徇私；即便當賞的人是仇人，也不歧視。如果君王不能公正無私，哪怕只失誤幾次，整個機制便將崩潰。法家宣稱只要具有中人之資，便能治國，而實際上，只有聖人，才能具備君王的資質。

法家與儒家

儒家認為，要靠禮和道德，而不是靠法律與刑罰來治理百姓。他們主張沿用西周初期的體制，而沒有覺察到，社會情況已經變化，先前推行禮治的社會條件已經不復存在了。這時，他們還指望靠老辦法治國，就成為保守派了。但在另一方面，他們又是革命派，因為在他們的思想裡，反映了時代的變化，他們不再堅持以出身貴賤和財產多少來劃分社會階級。孔子和孟子還繼續強調君子和小人的分野，但這個分野，現在變成以道德來劃分，而不是以家世來劃分了。

本章開始時，我曾指出，先秦中國封建社會裡，「禮」是君王統治貴族的準繩，「刑」是君王統治百姓的工具。儒家堅持以禮治國，這樣，「禮」不僅是統治貴族的準繩，也成為統治庶民百姓的準繩；這是對庶民百姓提出了更高的要求。就這一點說，儒家是革命的。

法家的思想，也和儒家一樣，沒有社會階級高下的區別。人人在法律和統治者面前，地位都一樣。但是，法家所做的不是把庶民的地位提高，而是把貴族的地位降低，靠獎懲來統治一切人，這就把「禮」

拋到一邊去了。

儒家的主張是理想主義的；法家的主張是現實主義的。在中國歷史上，儒家一向指責法家卑鄙、粗野；而法家則總是指責儒家書生氣，不切實際。

第十五章

儒家的形而上學

梁武帝（公元四六四 — 五四九年）

在第十二章裡，我們看到，《易經》本來是一部占卜的書。後來，儒家賦予它以宇宙論、形而上學的意義，並且從宇宙論聯繫到倫理，進行闡釋，這便是現在附於《易經》之後的「易傳」。

在第十二章裡，已經討論了「易傳」的宇宙論解釋。本書第二十三章還將回到儒家賦予《易經》的宇宙論意義這問題上來，本章的探討則將限於「易傳」和《中庸》的形而上學的倫理學說方面。

《中庸》是《禮記》中的一章，按照傳統的說法，它是孔子的孫子子思所作。事實上，其中大部分是後來的著作。「易傳」和《中庸》代表了先秦儒家形而上學發展的最後階段。這一時期儒家對形而上學的興趣如此濃厚，以至公元三四世紀的新道家把《易經》和《道德經》《莊子》三部書列為「三玄」。公元六世紀上半葉，篤信佛教的梁武帝（公元五〇二—五四九年在位）親自為《中庸》寫注釋。公元十到十一世紀（宋朝）佛教禪宗的僧人也寫作這樣的注釋，由此開啟了「新儒家」的時代。

事物之「理」

道是「易傳」、也是道家認為最重要的形而上學概念。但是，「易傳」中的「道」的觀念和道家的「道」的觀念是不同的。道家的「道」的觀念是無名、不可名狀的；而在「易傳」的作者們心目中，道是可以名狀的，而且嚴格說來，也只有道是可以名狀的。

我們需要把道家所說的「道」和「易傳」所說的「道」加以區別。道家所說的「道」是宇宙萬物及其變化所由產生的那個「一」。「易傳」中的道則是「多」，是統轄宇宙萬物中每類事物的個別的「理」。就這一點來說，它有點像西方哲學中的「共相」。我們曾經看到，公孫龍認為「堅」就是使得宇宙間事物堅硬的那個「理」。「易傳」的作者們也同樣認為，使得物質堅硬的乃是堅硬之道。這個「堅硬之道」可以和個別物質的堅硬性分離出來，成為可以名狀的形而上學原理。

像這樣的「道」——形而上學原理——可以舉出很多，如君王之道、大臣之道、為父之道、為子之道，等等。這是作為君主、大臣、父親、兒子的規範。它們各有其名，每個人由於社會地位也就此有了自己的稱謂名字，而且應當按這種社會地位規定的名字去完滿完成它的內容。這令人想起孔子關於「正名」的古老學說，就孔子來說，這只是他的倫理學說，而在「易傳」裡，它還構成了形而上學的一部分。

如前所述，《易經》本是一部占卜之書。巫者取一把蓍草，每兩根一次，取出放在一旁，最後剩下的或是單數，或是雙數，記錄下來，這樣連續六次，所得結果就構成一卦。《易經》中對這一卦的卦辭就應是神對卜者所求問事項的指示。這些卦辭、爻辭要準備回答各種世俗事務、各種情況下的問題。「易傳」的作者們根據這種情況，需要制定各種標準答案，這些卦辭、爻辭就是回答求問事項的各種公式。每一卦都代表一種或幾種「道」，也就是事物的普遍性原理。對六十四卦和三百八十四爻的釋辭就被認為其中包括了宇宙所有的「道」。

這些卦和爻被看作是宇宙之道的圖像。這就是「易傳」中《繫辭傳下》所說：「易者，象也。」這些象徵和現代符號邏輯（symbolic logic）所稱的「變數」很相近。在這裡，變數的作用是作為某類或某些類具體事物的替代物。屬於某一類別、並且滿足某些條件的一個具體事物，可以納入某個公式和某個變數，因此也可以納入某個卦辭和爻辭所說的內容。在這裡，卦和爻就是這事物的符號或象徵。這個公式便代表着某種道，成為某類對象所應當遵循的指示。從占卜的觀點說，如果遵從卦辭、爻辭的指示，卜者就會得到好運。否則，就將遭到惡運。從倫理的觀點看，遵從這些卦辭和爻辭，就是「對」的，否則就是「錯」的。

以六十四卦的第一卦「乾」來說，它是雄性的代表，也是雄渾、雄勁；第二卦「坤」來說，它是雌性，溫良、馴順的代表；因此任何能滿足「雄渾」的條件的事物，都可以納入「乾」象，任何能滿足雌性、溫良條件的事物，都可以納入「坤」象。乾的卦辭和爻辭都可以認為是代表了宇宙萬物中雄性事物的「道」；坤的卦辭和爻辭則可以認為是代表了宇宙萬物中雌性事物的「道」。

因此，《易彖辭》論到「坤」卦說：「先，迷失道；後，順得常。」這是說，如果居先，將迷失道路；如果居後，則將順利而得常道。坤卦《文言》說：「陰雖有美，含之以從王事，弗敢成也。地道也，妻道也，臣道也。地道無成，而代有終也。」這是說，陰雖美，卻含蓄以事君，不敢居功。這是大地之道，為妻、為臣之道，大地從不居功，只代萬物以成其事。

乾卦則正相反。它是天的象徵，君王的象徵，夫婿的象徵。「乾」的卦辭、爻辭代表天道、君主之道、為夫之道。

因此，如果一個人要想知道為君之道、為夫之道，就應當讀《易經．乾文言》。如果一個人要想知道為臣之道、為妻之道，就應該讀坤卦的卦辭、爻辭。這就是「易傳」《繫辭上》所說：把卦辭「引而伸之，觸類而長之，天下之能事畢矣」。又說：「夫易，何為者也？夫易，開物成務（開啟物性，助人成就事務），冒（覆蓋）天下之道，如斯而已。」

《易緯．乾鑿度》說：「易，一名而含三義：所謂易也，變易也，不易也。」這是說，《易》既意味簡易，又意味着變化，又意味着不變。變化是指萬物而言，簡易不變是指其中之「道」而言。事物常變，但其中的道是不變的。萬物是複雜的，但道是簡單易明的。

萬物生成之「道」

各類事物各有自身的「道」以外，萬物又有其共同的「道」。換句話說，除了物各有殊的「道」之外，還有統攝萬物生成變化的一個總的「道」。《繫辭上》說：「一陰一陽之謂道。繼之者，善也，成之者，性也。」這是生成萬物的「道」。宇宙便以生成萬物作為它的最大成就。所以《繫辭下》說：「天地之大德曰生。」

世上有一物生成，必定有生成該物的物質，還有該物生成的依據；前者可以說是一物生成的被動因素，後者可以說是一物生成的主動因素。被動因素是陰，主動因素是陽。萬物生成需要陰、陽兩個因素的互相作用。因此，「一陰一陽之謂道」。

每一樣事物都可以從一個意義說是陰，從另一個意義說則是陽，這取決於它和其他事物的關係。例如，一個男子，對妻子說，他是陽；而作為父親的兒子，他是陰。但生成萬物的陽，就其形而上的意義說，只能是陽；萬物所由生的陰，就其形而上學的意義說，只能是陰。因此，《繫辭上》所說的「一陰一陽之謂道」，其中的「陰」和「陽」都是就其絕對意義而說的。

需要注意到，在「易傳」中有兩類不同的陳述句。一類是關於宇宙和其中包含的萬物，另一類則是關於「易經」本身抽象符號的體系。《繫辭上》說：「易有太極，是生兩儀，兩儀生四象，四象生八卦。」雖然後來新的儒家把這幾句話作為形而上學和宇宙論的基礎，這幾句話並不是指宇宙的生成，而是指《易經》中的符號系統。但是「易傳」中認為：「《易》與天地準。」這是說，在宇宙之中有些符號和公式的確切對應物。因此，這兩類陳述又能夠互相對換。以「一陰一陽之謂道」這句話來說，它是指宇宙而言。但它和《繫辭上》所說：「易有太極，是生兩儀」又是可以互換的。「道」和「太極」是相當的，而陰和陽則是它的兩種形式，即「兩儀」。

《繫辭下》又說：「天地之大德曰生。」它與《繫辭上》所說：「生生之謂易」是兩種不同性質的陳述句。

前者聯繫到宇宙，後者則聯繫到《易經》，但它們又是可以相互替換的。

萬物變易之道

《易》這個字的三重含義中有一重含義是「變化、變易」。「易傳」強調的一點是：宇宙萬物都處於不斷變化之中。泰卦九三爻辭說：「無平不陂，無往不復」。在「易傳」中，把這句爻辭看作是萬物變化的公式，是萬物變易之「道」。

如果一個事物要達到生長的頂點，並且保持在生長的頂點上，它的運行就必須在所發生的地點、時間和發生的方式上都恰到好處。在《易經》的卦辭、爻辭中，把這種「恰到好處」稱作「正」「中」。關於「正」，《易．家人卦》的《彖》辭說：「女正位乎內，男正位乎外。男女正，天地之大義也。……父父，子子，兄兄，弟弟，夫夫，婦婦，而家道正。正家而天下定矣。」

「中」的含義是既不過多，又不過少。人的天性傾向於過分。因此，「易傳」和《老子》都把過分看作大惡。《老子》書第四十章講「反」，第十六章講「復」；「易傳」也講「復」。在《易經》中，第二十四卦便是「復」。它的《彖》辭說：「復，其見天地之心乎！」這是說，復卦的卦象，體現了天地運行的規律。

「易傳」的《序卦》運用「復」的概念來解說六十四卦的排列順序。《易經》本來分《上經》《下經》兩部分。《序卦》認為：上經是講自然世界，下經則是講人間世界。關於上經，在《序卦》中說：「有天地，然後萬物生焉。盈天地之間者唯萬物，故受之以屯。屯者，盈也。」因此，在《易經》中，繼乾（天）卦坤（地）卦之後，第三卦便隨之以屯卦，屯的含義是滿足。《序卦》接下去指出，每一卦之後，往往隨之以性質相反的卦象，相反相成而相滿足。

關於下經，《序卦》中說：「有天地，然後有萬物；有萬物，然後有男女；有男女，然後有夫婦；有夫婦，然後有父子；有父子，然後有君臣；有君臣，然後有上下。有上下，然後禮義有所錯。」然後，如同上經說明一樣，「序卦」繼以說明，每卦之後，通常總是與它性質相反的一卦。

第六十三卦是「既濟」，含義是「事成」。《序卦》就此說道：「物不可窮也，故受之以未濟，終焉。」這是說，在「既濟」之後，繼以「未濟」，表明事雖成，而猶有未成。《易》到此結束。

這樣來解釋《易》六十四卦的排列，其中至少包含有三點意義：第一，宇宙中發生的一切，包括自然和人生，構成一種連綿不斷的自然順序鎖鏈。第二，在這樣的演化過程中，每一事物都處於向自我否定的運動之中。第三，在這樣的演化過程中，事物永無窮盡。

「易傳」和《老子》持守一樣的看法：人若想做成一點事情，就不要指望一帆風順，馬到成功；若想不失去已有的東西，就要從事物的反面多着想一些。這就是《繫辭下》所說：「危者，安其位者也。亡者，保其存者也。亂者，有其治者也。是故，君子安而不忘危，存而不忘亡，治而不忘亂，是以身安而國家可保也。」

「易傳」和《老子》持同樣看法的另一點是：謙虛、自居於下是重要的品德。《易．謙卦．彖》說：「天道虧盈而益謙，地道變盈而流謙，鬼道害盈而福謙，人道惡盈而好謙。謙，尊而光，卑而不可逾，君子之終也。」上天之道，凡自高的必降為卑；自卑的必升為高。為人之道，也是一樣。君子所求，便以自謙為終極的宗旨。

「中」與「和」

《中庸》對於「中」的意義作了充分發揮。「中」和古希臘亞里士多德所主張的「中道為貴」（the golden mean）頗為相近。有的人錯以為，主張中道就是凡事只應求其半，行其半。其實，「中」的真正含義是「恰如其分」「恰到好處」。如果一個人要從華盛頓到紐約，結果穿越紐約而到了波士頓，那就是過分；如果只到費城，那就是不及。公元前三世紀中國詩人宋玉曾經在《登徒子好色賦》中描繪一位美人說：「增之一分則太長，減之一分則太短；着粉則太白，施朱則太赤。」（見《文選》卷十九）這裡描繪的一位美女，身體和容貌都恰到好處。這就是儒家所謂的「中」。

在「中」這個概念裡，時間是個重要的組成部分。冬天穿皮大衣是「正好」，但如果在夏天，就成為可笑了。因此，儒家往往把「時」與「中」聯繫起來，如「時中」，含義是懂得「適當其時」、又「恰如其分」地行事。孟子稱孔子：「可以仕則仕，可以止則止。可以久則久，可以速則速。」正是因此，所以孟子稱頌說：「孔子，聖之時者也。」（《孟子．萬章下》）

《中庸》第一章上寫道：「喜怒哀樂之未發，謂之中；發而皆中節，謂之和。中也者，天下之大本也。和也者，天下之達道也。致中和，天地位焉，萬物育焉。」人的感情還未迸發出來時，內心裡無所謂「過分」或「不及」，這時稱為「中」。當人的感情傾瀉出來，而保持恰如其分，這時也仍然是「中」。「和」來自「中」，「中」又是調和各種心情所必需。

這個思想適用於人的感情，也同樣適用於人的慾望。個人的行為或人的社會關係中，都有一個中點，使人在表達感情和滿足慾望時，知乎所止。當人的感情和慾望都表現得合乎分寸，他內心便達到一種平衡，這是精神健康所必需的。對整個社會來說，也是如此。如果在一個社會裡，各種人都懂得對自己的慾望和感情適度地滿足，這時，社會便達到和諧、安定、秩序井然。

「和」便是協調分歧，達成和睦一致。《左傳》中曾經記載，昭公二十年（公元前五二二年），齊國大夫晏嬰（？—前五〇〇年）有一段話，分析「和」與「同」的區別說：「和，如羹焉。水、火、醯（音希，醋）、醢（音海，肉和魚製成的醬）、鹽、梅，以烹魚肉」，這些調料合在一起，產生一種新的味道，既不是醋、又不是醬的味道。「同」則如同以開水作調料，或一個樂曲，只准用一個聲音。並不引進任何新的味道。在中文裡，「同」意味着單調一律，不容許有任何不同。「和」則意味着和諧，它承認不同，而把不同聯合起來成為和諧一致。這種和諧需要一個條件，就是：各種不同成分之間，要有適當的比例，這就是「中」，「中」的作用則是達成「和」。

一個有組織的社會裡，有各種不同才能、不同行業的人，各有自己的地位，完成不同的作用，各得其所，彼此沒有衝突。一個理想的社會，也是這樣和諧的一體。如《中庸》所說：「萬物並育而不相害，道並行而不相悖，……此天地之所以為大也。」（見《中庸》第三十章）

這種和諧，不僅是指人類社會，它也滲透全宇宙，構成所謂「太和」。易乾卦《彖辭》說：「大哉乾元，……保合太和，乃利貞。」這是說，乾的生發能力多麼浩瀚，……聯成一氣，保有至高的和諧，這就是大吉大利。

「庸」與「常」

《中庸》第一章說：「天命之謂性，率性之謂道，修道之謂教。道也者，不可須臾離也；可離，非道也。」這裡提出了看似「普通」和「尋常」事物的重要性，這是《中庸》的另一個重要思想，它以「庸」來表示，意思就是「普通」和「尋常」。

人們每天都需要吃飯喝水，因此，吃飯喝水成為人類的日常活動。它們如此重要，又如此尋常，成為人人不能離開的事物。在人們的日常生活裡，人際關係和道德也同樣是不能須臾離開的。有的人覺得，人際關係和道德是十分尋常的事情，因此並不覺得它們有什麼價值。其實，任何人離開了它們便無法生活。吃飯、喝水、保持人際關係、道德價值，都無非是順乎人性，這便是「率性之謂道」。所謂精神文化、道德教育，其實就是培養「道」的意識。

既然「道」是人人每天生活所不能離開的，那末，何必再講精神文化呢？對這問題的回答是：雖然所有的人都在不同程度上遵循「道」來生活，並不是所有的人都充分認識這個事實，《中庸》第四章裡說：「人莫不飲食也，鮮能知味也。」精神文化的作用就在於使人懂得，它們其實是在循「道」而行，使人們懂得自己生活的意義和懵懂地生活，是不大一樣的。

進一步說，雖然人人都不得不遵循「道」來生活，並不是所有的人都能做得完美。人既然生活在社會裡，便不免有各種人際關係，在處理這些人際關係時，很少人能做得完美。精神文化的作用便是使人能夠成為一個高尚，以至完美的人。

這便是《中庸》第十二章所說：「君子之道，費而隱。夫婦之愚，可以與知焉。及其至也，雖聖人亦有所不知焉。夫婦之不肖，可以能行焉。及其至也，雖聖人亦有所不能焉。……君子之道，造端乎夫婦，及其至也，察乎天地。」因此，雖然所有的人，包括愚和不肖，都多少是在循道而行。為提高他們的覺悟，以「至善」作為自己的人生目標，精神文化是十分必要的。

從啟蒙到止於至善——明與誠

在《中庸》裡，至善被稱為「誠」（真誠、純真）和「明」是連在一起的。《中庸》第二十一章說：「自誠明，謂之性。自明誠，謂之教。誠則明矣，明則誠矣。」這是說，人如果真正懂得了普通、尋常生活中吃喝、人際關係的重要意義，他就已經是一個聖人了。一個人如果把他所領會的都付諸實踐，他也就是聖人了。人只有在自己的實踐中，才能懂得這些普通、尋常事的真正意義；也只有真正懂得了它們的意義，才能做得完美。

《中庸》第二十五章還說：「誠者，非自成己而已也，所以成物也。成己，仁也；成物，知也。性之德也。合內外之道也。」這是說，誠不是僅僅為了成全自己，它還是成全萬物的途徑。成全自己，這是仁德，成全萬物，這是智慧。誠是人天性中的品德，人內心和外部世界的道理都在其中結合起來了。這段話的意思應該是清楚的；但我設想，「仁」和「知」兩個字的位置或許應該調換一下。

《中庸》第二十二章還說：「唯天下至誠，為能盡其性。能盡其性，則能盡人之性。能盡人之性，則能盡物之性。能盡物之性，則可以讚天地之化育。可以讚天地之化育，則可以與天地參矣。」這是說，唯有天下至誠之人，才能充分發揮人的天性，能充分發揮自己天性的人，才能充分發揮別人的天性；

而後才能充分發揮萬物的本性，而後才能幫助天地化育萬物；而後才能與天地合為一體。

一個人如果力求完善自己，他就會看到，為此也必須同時完善他人。一個人如果不關心別人的完善，自己便不可能完善。這是因為，人要充分發展自己的天性，必須充分發展他的人際關係，也就是在社會之中。這就回到了孔子、孟子的傳統，人要想完善自己，必須實行忠恕、仁義，這就包含了幫助別人。人要想完善自己，就必須充分發展受自上蒼的天性，幫助別人就是參與天地化育萬物的工作。一個人如果真正懂得了這一切，他就與天地合參，成為一體了。《中庸》所講的「明」，便是這個意思：人做到與天地合參，便是完美。

為做到與天地合參，人是否需要做什麼特別的事情呢？並不需要，所需要的只是做那些普通、尋常的事情，完全懂得它們的意義，並把它們做得「恰到好處」。在這樣做時，人的內心和外部世界連接起來了，這不僅是人與天地合參，而是天人合一。這時，人雖在世界之中，卻又超越了世界。後來新的儒家便是以發展這個思想來批判佛家的出世哲學。

這便是儒家把人心提高到天人境界的途徑。它與道家所主張的棄絕知識，齊萬物，一死生的做法不同；儒家的途徑是通過愛的延伸，使人心得以超越我與他人的界限，也超越我與物的界限。

第十六章

治國平天下的哲學主張

秦始皇（公元前二五九 — 前二一〇年）

人們常說：「歷史不會重演。」人們又說，「陽光之下並無新事。」真理或者在於把兩者結合起來。在中國人看來，從近代到現代直到今天的世界政治歷史，很像是中國古代春秋戰國時代的重演。

秦朝統一中國前的中國政治情況

中國古代的春秋時期（公元前七二二—前四八一年）得名於這一時期的歷史載入稱為《春秋》的史書之中。繼春秋之後的戰國時期得名於這一時期列國之間戰爭加劇。前面說到，中國封建時期人們的行為受「禮」（儀式、禮制、行為規範等）的制約。不僅個人行為要受「禮」的制約，國家的行為也同樣受到「禮」的制約，其中有些是為和平時期的國際交往，有些則是對國際戰爭時期各國行動的約束。為和平時期國際交往和戰爭時期對交戰雙方的約束，就相當於今天的所謂「國際法」。

我們看到，在當今世界裡，國際法已經日益失去作用，一國不提出最後通牒而突然襲擊另一國，或一國的空軍轟炸敵對國家的醫院，推託說未曾看見醫院房頂的紅十字標誌，已經屢見不鮮。在中國古代的春秋戰國時期，不受國際關係中的「禮法」制約，也同樣可見。

本來，春秋時期還有人遵守國際關係中的禮法。《左傳》中記載公元前六三八年，楚、宋兩國的泓水之戰。宋國國君宋襄公親自指揮軍隊進行這場戰爭。當楚國軍隊渡河進擊時，宋襄公部將要求趁楚軍渡河時出擊。宋襄公回答說，敵軍未組成陣勢，不能進擊。結果，宋軍大敗，宋襄公本人也受傷。在這種情況下，宋襄公還是堅持自己的守則說：「君子不重傷（傷敵人兩次），不擒二毛（頭髮灰白之人）。」襄公手下武將怒問襄公：「若愛重傷，則如勿傷；愛其二毛，則如服焉。」（對受傷之敵不再加害，何若根本不去傷害敵人？不擒有灰白頭髮的敵兵，何不索性對敵投降！）宋襄公所奉行的戰爭時期禮法，體現的是封建武士的風度，而他的部將所說則是反映了時代的變化。

有趣卻又令人沮喪的是，現代政治家爭取國際和平的辦法都是中國古代政治家曾經使用過而都遭到失敗的辦法。例如，公元前五五一年（《左傳》襄公二十七年）曾舉行過一次國際會議，試圖限制各國的軍事擴張。後來，將當時的「天下」（即中國）劃分為東、西兩大勢力範圍，分由當時最強大的齊國、秦國控制。齊王稱「東帝」，秦王稱「西帝」（見《史記．田敬仲完世家》）。戰國時期，列國之間組織聯盟，一稱「合縱」，一稱「連横」。當時中國有七個比較強大的國家，稱為「七霸」，其中處於西端的秦國最為野心勃勃，「合縱」是六國聯合對秦的聯盟；秦國則採取聯合六國中的任何其他國家，攻擊與秦對抗的國家，這是由西向東的聯盟，稱為「連横」。

秦國以「遠交近攻」的策略擊破東方諸國「合縱」的聯盟。它依靠「耕戰」的優勢，還在六國內廣泛使用專事政治陰謀活動的「第五縱隊」，終於得以逐一戰敗六國，在公元前二二一年統一全中國。秦王自封「秦始皇帝」，在中國歷史上以此得名。他還廢除以領地分封皇室、諸侯的舊法，改在全國設郡縣，把政治權力集中，在中國創立了中央集權的龐大帝國。

中國的統一

始皇帝第一次真正實現了中國的統一，但是在他之前很久，中國人便久已期盼出現一個「天下」一統的中國。《孟子．梁惠王上》記載，梁惠王問孟子：「天下惡乎定？」孟子回答：「定於一。」梁惠王又問：「孰能一之？」孟子回答：「不嗜殺人者能一之。」孟子的話清楚反映了時代的願望。

本章使用的「世界」是譯自中文的「天下」一詞，它的字面意義是「普天之下」。有的英文譯著把「天下」譯成「帝國」，因為當時的所謂「天下」，實際上只是指周天子和諸侯的領地總和。這確是當時的現實情況。但是我們在使用一個詞語時，不能把它的內涵和外延混為一談。「天下」的定義應當是它內涵的意義；當時人們對它的理解和它本身應有的定義不是一回事。舉例來說，在中國古代，稱「人」時，所指的就是「中國人」；但我們不能把中國古文的「人」這個詞語翻譯解釋為「中國人」。中國古代文獻中的「人」，所指的乃是生物學意義的「人」，雖然當時人們對「人」的知識只限於對「中國人」的知識。同樣的道理，古代中國人說「天下」時，他們所指的是「世界」，不過他們當時所知道的「天下」只限於「中國」範圍。

從孔子的時代起，中國人雖然只生活在中國的地域之中，但他們的精神世界，特別是思想家的精神世界，卻自認是生活在世界之中，所考慮的政治問題也是從世界範圍來着眼。因此，秦統一的雖然只是中國全境，在當時人們看來，這就如同今日人們心目中的統一全世界了。從公元前二二一年起，此後兩千多年，除去其中很短的、被中國人認為不正常時期之外，中國人始終認為是生活在「普天之下」的世界裡，受一個中央政府管轄。因此，中國人慣以為，要有一個中央機構來實現世界和平，但是，現代世界的格局，很像中國古代的春秋戰國時代。在今日世界裡，中國人不得不被迫改變自己的傳統思維方式和行為方式，但在精神狀態上，卻覺得今日世界很像中國古代的春秋戰國時期，因此就容易有「歷史重演」的感覺。這種重演的歷史為中國人民帶來了現在的種種苦難。（請參閱本章末的注釋）

《大學》

為說明中國哲學的世界性質，在這裡可以略舉《大學》中的一些思想，從中可見一斑。《大學》和《中庸》一樣，都是《禮記》中的一章。宋代（公元九六〇—一二七九年）的道學家把《論語》《孟子》《大學》和《中庸》並列為「四書」，成為道學（西方稱為「新儒家」）的基本文獻。

道學家認為，《大學》是孔子的門生曾參所作（但還沒有文獻足以證明這一點），是學習「道學」的重要資料。它的第一章是這樣開頭的：

「大學之道，在明明德，在親民，在止於至善。……古之欲明明德於天下者，先治其國；欲治其國者，先齊其家；欲齊其家者，先修其身；欲修其身者，先正其心；欲正其心者，先誠其意；欲誠其意者，先致其知；致知在格物。

「物格，而後知至，知至，而後意誠；意誠，而後心正；心正，而後身修；身修，而後家齊；家齊，而後國治；國治，而後天下平。」

這段話被稱為《大學》的「三綱領」「八條目」。按照後來儒家的說法，「三綱領」其實歸結到一點，或稱它為一條綱領，就是「在明明德」。「仁者愛人」便是「明明德」的途徑；而「明明德」的終極完成便是「止於至善」。

「八條目」也同樣可以歸結為一條，便是「修身」。在上面所引的《大學》這段話中，「修身」之前的「格物」「致知」等，是修身的方式和途徑。繼「修身」之後的「齊家」「治國」「平天下」，是「修身」以至於「止善」的方式和途徑，目的是「止於至善」。人若不盡其所能去完成對社會的責任，便不能充分發揮自己的天賦才性，「自欲立而立人，自欲達而達人」，人若不幫助別人達到完美，自己也就不可能達到完美。

「明明德」和「修身」是一回事，「修身」的內容就是在「明明德」。由這裡可以看出：這幾個思想最後歸結為一個中心，這便是儒家的中心思想。

一個人不需要謀求擔當國家或世界的領導，才能對國家福祉、世界和平做出貢獻。作為國家一分子，盡責盡力，同樣可以對國家的福祉作出貢獻，作為世界一分子，盡責盡力，也一樣可以對世界作出貢獻。這樣真誠地竭盡己力，就是「止於至善」。

就本章來說，重要的是指出，《大學》的作者，是着眼於世界的治理與和平來考慮問題的，只要指出這一點就夠了。《大學》的作者並不是這樣考慮問題的第一人，但值得注意的是，他如此系統地思考了這問題，在他看來，無論是個人的「修身」，或本國的「修明之治」，都不是為政的最終目的。

這裡不準備討論格物致知怎樣成為心靈修養的方式和途徑；在後面討論道學的時候，這個問題還會再度出現的。

《荀子》的折中傾向

在中國古代哲學史上，公元前三世紀下半葉（秦漢之際）出現一種調和、折中的趨勢。折中學派的主要著作《呂氏春秋》便是這個歷史時期的作品。在《呂氏春秋》一書中，對當時各種思想流派都有所論述，但並沒有對折中主義思想的興起，從理論上來解釋清楚。這一時期的儒家和道家卻都流露出折中主義的傾向，表明它們儘管有各種不同的見解，但都反映了時代的折中主義精神。

這些思想家都承認有一個絕對真理，就是它們所稱的「道」。各種不同的思想流派，着重「道」的不同方面，對「道」的認識，都作出了貢獻。儒家認為，其他學派雖也有所貢獻，但只有孔子領會了全部真理，因此其他學派都只是儒家的支流。道家則認為，老子和莊子才是全面領會了「道」所包含的全部真理，因此，道家應當凌駕於其他學派之上。

在《荀子．解蔽》篇中，有一段話說：

> 昔賓孟之蔽者，亂家（周遊列國的學人）是也。墨子蔽於用而不知文，宋子蔽於欲而不知得，慎子蔽於法而不知賢，申子蔽於勢而不知知，惠子蔽於辭而不知實，莊子蔽於天而不知人。故由用謂之，道盡利矣；由欲謂之，道盡慊（疑惑）矣；由法謂之，道盡數矣；由勢謂之，道盡便矣；由辭謂之，道盡論矣；由天謂之，道盡因矣；此數具者，皆道之一隅也。
>
> 夫道者，體常而盡變，一隅不足以舉之。曲知之人，觀於道之一隅，而未之能識也。……孔子仁知且不蔽，故學亂術（深明道術）足以為先王者也。

荀子在《天論》中又說：「老子有見於詘（屈），無見於信（伸）；墨子有見於齊（共性），無見於畸（個性）；宋子有見於少（慾望不多的少數人），無見於多（慾望無窮的多數人）。」荀子以為，哲學家們的洞見和他們的短處常常糾結在一起，哲學家往往有自己的洞察力，而往往因此又自恃太甚，結果洞見之處又恰好成為他的盲點。他的哲學的長處又同時成為他的哲學中的短處。

《莊子》哲學中的折中傾向

《莊子》書中最後的一篇《天下》篇陳述了道家的調和觀點。《天下》篇其實是對中國古代哲學各流派的評述。我們不知道它的作者姓名，但這位作者實在是中國古代哲學史上一位傑出的哲學史家和評論家。

《天下》篇裡首先區別真理的總體和局部。真理的總體是內聖外王之「道」，對「道」的研究成為「道術」。局部真理是真理總體中的某一部分，對局部真理的研究稱為「方術」。《天下》篇中說：「天下之治方術者多矣，皆以其有為不可加矣。古之所謂道術者，果惡乎在？……聖有所生，王有所成，皆原於一。」

這個「一」就是「內聖外王之道」。《天下》篇接下去又區別道有本末、精粗之分。它說：「古之人其備乎？……明於本數，繫於末度，六通四辟，大小精粗，其運無乎不在。其明而在數度者，舊法世傳之史，尚多有之。其在於詩書禮樂者，鄒魯之士（儒家），縉紳先生，多能明之。《詩》以道志，《書》以道事，《禮》以道行，《樂》以道和，《易》以道陰陽，《春秋》以道名分。」

《天下》篇裡認為，儒家對道的闡述不無道理，但儒家所見只是「數」和「度」，對更根本的原理並無所知。這就是說，儒家所見只是「道」的「末端」和粗的方面，還不是「道」的根本和精微之處。

接下去，《天下》篇說：「天下大亂，賢聖不明（不得彰明），道德不一。天下多得一，察焉以自好，譬如耳目鼻口，皆有所明，不能相通。猶百家眾技也，皆有所長，時有所用。雖然，不該不遍，一曲之士也。……是故內聖外王之道，暗而不明，鬱（受壓）而不發。」

接下去，《天下》篇區分了學術思想的不同流派，各派雖也有所「聞」於道，但都不能免於偏蔽。老子和莊子雖受到稱頌，但這兩位道家的代表人物，也同被列為「古之道術有在於是者」，這是含蓄地批評他們所見也只是道術的一方面。

由上所述，《天下》篇似乎認為，儒家看到具體的器物、度數，而不知它們所依據的基本原理；道家看到了基本原理，卻不懂得器物和度數。換句話說，儒家知道「道」的枝幹，而不懂得它的根本；道家懂得「道」的根本，卻不知道它的枝幹。只有把兩者結合起來，才能構成真理的全部。

司馬談和劉歆的折中主義思想

這種折中主義的思想傾向一直繼續到漢朝。《淮南子》和《呂氏春秋》的根本性質是一樣的，只是更傾向於道家。除《淮南子》一書外，還有兩位歷史家——司馬談和劉歆也同樣表現出折中的思想傾向。其中的司馬談本人便是一位道家。在本書第三章曾加以援引的司馬談所著《論六家要旨》中曾說：「《易大傳》：『天下一致而百慮，同歸而殊涂。』夫陰陽、儒、墨、名、法、道德，此務為治者也；直所從言之異路，有省不省耳。」（《史記．太史公自序》）他接着指出六家之所長和所短。結束時認為，道家得各家之長，因此在其他五家之上。

劉歆和司馬談不同，他是一位儒家。在《漢書．藝文志》的《七略》裡，他列舉了十個思想流派。他也援引了司馬談所引的《易大傳》所說：「天下一致而百慮，同歸而殊涂。」然後總結說：「今異家者，各推所長，窮知究慮，以明其指。雖有蔽短，合其要歸，亦『六經』之支與流裔。……若能修六藝之術，而觀此九家（十家之中最後列入的小說家，在哲學上無關宏旨）之言，捨短取長，則可以通萬方之略矣。」

所有這些看法反映了當時思想界尋求共同點的強烈願望。公元前三世紀的人們疲於列國之間幾百年的戰爭，渴望政治上統一，哲學家們也一樣謀求思想上的一致。折中主義便是這樣的一個嘗試。但是，折中主義並不能構成一個自身的思想體系。折中主義者相信真理的總體，指望從各家思想中取其所長，而達到真理，也就是「道」。然而他們所稱的「道」，恐怕只是把許多不同的思想綴合在一起，並沒有一個有機統一的基本道理，因此，很難稱作真理。

【注】

對中國民族主義的一點說明（參閱本章「中國的統一」一節）

布德博士對於「中國的統一」一節最後的論斷提出質疑。他說：「中國從三世紀到六世紀的『六朝』、元朝（公元一二八〇—一三六七年）和清朝（公元一六四四—一九一一年）的統治時間都很長，使中國人已經適應了國家的分裂或被外族統治，儘管從理論上說，這種局面還被認為是『不正常』。再者，即便在『正常』的、國家統一的歷史時期中，也不斷出現政治動亂或針對外族（如匈奴）的戰爭、針對國內叛亂的軍事討伐。因此，似乎很難說目前（一九四七—一九四八年）中國的狀況是春秋戰國以後中國罕見的局面，儘管今日中國的內憂外患，由於國際因素而加重了。」

布德博士提出的歷史事實無疑是確實的。我在上述這一節所關注的不是歷史事實本身，而是中國人直到十九世紀末或二十世紀初對歷史的看法。把元朝和清朝看作是外族對中國的統治，這是從現代民族主義觀點出發的一種看法。從古代起，中國人的確十分強調中國（或華夏）與夷狄之分，但是，所着重的分野，不是種族的不同，而是文化的不同。傳統上，中國人把生靈分為三類：中國人、蠻族和禽獸，認為中國人是其中最有文化的，其次是蠻族，獸類則是全無文化的。

蒙古人和滿洲人征服漢族時，已經在很大程度上接受了中國漢族的文化。他們在政治上居於統治地位，而漢族則在文化上居於統治地位。因此，蒙古人和滿族人在中國的統治並未在中國文化或文明上造成斷裂或劇變，而這是中國人最關心的一點。因此，中國人歷來把元朝和清朝看作如同其他朝代一樣的改朝換代，這可以從中國官修史書的朝代排列順序看出來。例如，明朝推翻元朝，從另一角度說，也可以認為是一次民族革命。但是，明朝修元史時，只把元朝看作是接替宋朝的一個朝代。再如明末清初，被學術界尊崇為有民族氣節的學者黃宗羲（一六一〇—一六九五年）修《宋元學案》（宋元兩代儒家哲學家評傳）時，對在元朝政府任高官的漢人許衡（一二〇九—一二八一年）、吳澄（一二四九—一三三三年）並沒有提出道德上的抨擊或非議。中華民國官方在修《清史》時，也把清朝看作只是接替明朝的另一朝代，這部《清史》後來被禁出版，是因為它對一九一一年民國革命敘述不確。新的官修《清史》可能採取一種完全不同的寫法，但我在這裡所關心的只是傳統中國的看法。就傳統來説，元、清兩代在中國人心目中和其他漢人執掌政權的朝代一樣，完全是「正常」的兩個朝代。也許有人會説，中國人缺乏民族意識，我想着重説的正是這一點，中國人不着重民族意識，正是因為習慣於從「天下」來看問題。

至於中國在歷史上曾不得不對匈奴等外族進行戰爭，中國人的傳統看法認為，為了抵禦蠻族入侵騷擾而進行戰爭是必要的，就如對獸類入侵，必須抵禦一樣。中國人並不認為匈奴可以和漢族平分天下，正如美國人並不認可和美洲土著居民平分美洲一樣。

中國漢族歷來並不特別強調民族之間的分野，因此，在公元三四世紀間，許多外族移居進入中國。這種民族遷徙可以稱之為「內部殖民化」，它成為六朝時期（建都建康，即今南京的吳、東晉、宋、齊、梁、陳六朝，公元二二二—五八九年）中國政治動亂的一個主要原因。而這種「內部殖民化」正是希特勒在他的自傳《我的奮鬥》中，從超國家主義觀點加以批判的地方。

佛教傳入中國，使許多中國人認識到，在中國以外，還有其他民族也同樣擁有高度文明。但中國人對於印度，歷來有兩種看法，反對佛教的人士認為，印度無非是另一蠻族。信仰佛教的人士則認為，印度是「西方淨土」，把印度看作是超越現實世界的另一個世界。因此，儘管佛教傳入中國後，對中國社會產生了巨大的影響，但多數中國人還是認為，中國是現實世界裡擁有最高文化的民族。

由於上述的種種觀念，當十六、十七世紀，中國人開始與歐洲人接觸時，認為歐洲人也無非是新的蠻族，和先前的蠻族一樣；因此稱歐洲人為「夷人」，儘管在和歐洲人征戰中，屢戰屢敗，並沒有對歐洲人十分在意。一直到發現歐洲文明可以和中國文明相頡頏，才開始重視起來。這時所重視的不是在中國人以外還有歐洲人，而是歐洲人的文化所產生的力量和重要性。在中國歷史上，能夠與此相比的時代只有春秋戰國時代，當時，同樣擁有高度文明的各國彼此戰爭。這是何以許多中國人現在覺得，歷史在重演。

如果翻開十九世紀重要政治家如曾國藩（一八一一—一八七二）、李鴻章（一八二三—一九〇一）的著述，就可以發現，我們正是這樣感受西方對中國的影響。這一條注釋就是試圖解釋他們何以有這樣的思想和感受。

第十七章

漢帝國的理論家：董仲舒

董仲舒（公元前一七九 — 前一〇四年）

孟子在與梁惠王的對話中曾經說，唯有不嗜殺人的才能統一天下。可是幾百年後，秦國靠經濟和軍事的優勢，統一了全中國。當時秦國被稱為「虎狼之邦」，它以軍事力量以及法家的殘忍的統治理論，戰勝了對手。這樣看來，孟子似乎錯了。

陰陽家和儒家的合流

但是，孟子並沒有完全說錯。秦朝在公元前二二一年統一中國後，它的統治只維持了約十五年。始皇帝死後不久，秦國內部爆發了一系列反抗秦朝殘暴統治的起義，國家陷於分裂，最後被漢朝取而代之。漢王朝（公元前二〇六—公元二二〇年）繼承了秦朝中央集權的政治理念，繼續從事秦朝未竟的事業，建立起了一個新的政治、社會秩序。

漢朝建立中央集權國家的過程中，有一個重要的理論家便是董仲舒。他出生於今河北省南部。董仲舒在漢朝廢黜百家、獨尊儒術，統一全國思想的活動中起了重要的作用。為保證儒術成為統治思想，漢朝廢棄過去以貴族門第出身或家族富有作為選拔官員標準，改由政府主持，以儒術為標準，在全國同時舉行考試，讀書人都可以應試，從中選拔官員，以便從制度上確保儒家思想的統治地位。這是在董仲舒時期創始的，雖然在漢朝還只剛開始，要到幾百年後才得以普遍推行，但董仲舒堅持推行這樣的制度，並且堅持以儒家經書為正統，對此後歷代起了重要作用。

董仲舒青年時代潛心讀書，據說他曾在窗上垂帷，三年不曾向窗外眺望，最後終於完成了《春秋繁露》這部巨著。《漢書．董仲舒傳》還記載，他「下帷講誦」，自己在帷中授課，帷外門生，一個對一個口傳，以至有些學生，始終未得見他一面。

董仲舒所要做的是：從理論上論證新的政治社會制度的「存在的根據」。他的看法是：既然人是天的一部分，人的所作所為，自然應依據天的所作所為。他和陰陽家持同樣的見解，認為天人之間有一種密切的相互作用。從這個前提出發，他把陰陽家的形而上的宇宙觀和主要是儒家的政治社會哲學結合起來。

中文裡的「天」字在英文裡通常譯成「上天」（Heaven），也有時譯成「自然」（Nature）。這兩種譯法都有未全盡意的地方，用於翻譯董仲舒的哲學思想，更顯出這個問題。我的同事金岳霖教授曾在他的一份未定稿中說：「在中國哲學裡，『天』的含義既包括自然，又包括君臨自然的上蒼。人們使用這詞語時，有時着重在『自然』，有時則着重在『上蒼』。這樣來理解『天』的含義，可能較為恰當。」這個論斷，在某些情況下不一定適用，例如，在理解老、莊的哲學時就不能或此或彼，但在讀董仲舒的哲學著作時，就需要分辨他在各個特定場合下，使用「天」字時的含義。因此，在本章裡，當「天」字出現時，請讀者用金岳霖教授的這段話來理解董仲舒著作中「天」字的含義。

第十二章裡曾經指出：在古代中國，陰陽家和五行家代表兩種不同的思想。這兩家對宇宙的結構和起源都提出了正面的解釋。後來，這兩種思想逐漸合流，在董仲舒的思想裡，這種合流特別明顯，其中既有陰陽家的思想，又有五行家的思想。

對宇宙本體的理論

按照董仲舒在《春秋繁露．天地陰陽》篇的看法，宇宙是由十種成分組成，這十種成分是：天、地、陰、陽、木、火、土、金、水和人。他的陰陽觀念很具體。關於陰陽，他說：「天地之間，有陰陽之氣，常漸人者，若水常漸魚也。所以異於水者，可見與不可見耳。」（《春秋繁露．如天之為》）

董仲舒所定的五行次序和《書經．洪範》中的次序不同，他以木為第一，火為第二，土為第三，金為第四，水為第五。五行「比相生而間相勝」，這就是說，木生火，火生土，土生金，金生水，水生木，這是「比（鄰）相生」。木勝土，土勝水，水勝火，火勝金，金勝木，這是「間相勝」。

董仲舒也和陰陽家一樣，認為木、火、金、水，各主一個季節，又各主東西南北之中的一方。木主東方和春季；火主南方和夏季；金主西方和秋季；水主北方和冬季。土居中，助木、火、金、水。四季嬗替則以陰陽運行來解釋。

陰陽各有盛衰，有其一定軌道，循四方而運轉。陽氣初升時，它到東方扶木，從而春天來到。陽氣全盛時，它居南方，是為夏季。但是，按照老子和「易傳」中「反者道之用」、物極必反的道理，陽氣盛極而衰，這時，陰氣上升，陰氣初盛時，它又到東方（不是西方，因為董仲舒認為天是「任陽不任陰」的，見《春秋繁露・陰陽位》）扶植金而秋至；當陰極盛時，它移到北方扶水而冬至。這時陰由盛而衰，陽氣重又抬頭，開始另一次四季運行。

在董仲舒看來，一年四季的嬗替是陰陽二氣運行的結果。他說：「天道之常，一陰一陽。陽者，天之德也，陰者，天之刑也。……是故，天之道，以三時（春夏秋）成生，以一時（冬）喪死。」（《春秋繁露・陰陽義》）

董仲舒認為，這是「天之任陽不任陰，好德不好刑」。它也表明，「天亦有喜怒之氣，哀樂之心，與人相副。以類合之，天人一也。」（《陰陽義》）

董仲舒由「天人一體」進一步提出：人在身心兩方面都是天的複製品（《春秋繁露・為人者天》）。因此，人高於世上萬物。在《春秋繁露・立元神》篇中，董仲舒說：「天、地、人，萬物之本也，天生之，地養之，人成之。」（《立元神》）人怎樣「成」呢？董仲舒認為，是靠「禮」和「樂」，這就是靠教化和修養，如果沒有教化和修養，世界便如同一項未完成的工程，宇宙本身也因之而不完美。因此，董仲舒說：天、地、人「三者相為手足，合以成體，不可一無也。」（《立元神》）

人性的學說

天地既由陰陽二氣而成，人是天地的複製品，人心自然也有兩種因素，這就是「性」和「情」。董仲舒在說到「性」時，有時是就廣義而言，有時是就窄義而言。就窄義來說，「性」是有別於「情」，又是與「情」相對的。就廣義來說，董仲舒認為，「性者，質也。」人的質，就包括「性」（窄義）和「情」，人順其本性，能有仁德，順其情而有貪慾。董仲舒說到「性」時，就相當於天的「陽」，說到「情」時，就相當於天的「陰」。

董仲舒由此聯繫到儒家哲學中的老問題：人性究竟是善，抑或惡？他不同意孟子「人性善」的理論，認為：「善如米，性如禾。禾雖出米，而禾未可謂米也。性雖出善，而性未可謂善也。米與善，人之繼天而成於外也；非在天所為之內也。天所為，有所至於止。止之內謂之天，止之外謂之王教。王教在性外，而性不得不遂。」（《春秋繁露．實性》）這是說，天之所為，有其所止；在這範圍內是天的作為，超過這一範圍，則要靠聖王的教化；聖王的教化，在人性之外，但若沒有聖王的教化，人性便得不到充分的發展。

可以看到，董仲舒十分強調文化的價值，人之能夠與天地並列，所靠的是文化。在這方面，他的思想直追荀子而上。他不同於荀子的地方是：他不認為人性惡，而認為善是人性的發展，不是人性的悖逆。

因此，文化是人性的發展，就這一點來說，董仲舒又是繼續了孟子的理論。他說：「或曰，性有善端，心有善質，尚安非善？應之曰，非也。繭有絲而繭非絲也。卵有雛而卵非雛也。比類率然，有何疑焉？」（《春秋繁露．深察名號》）這裡提問的是孟子的一派，董仲舒在回答時，也闡明了他的思想與孟子不同的地方。

但是，他們之間的不同，其實更多是語言上的不同，董仲舒自己說過：「孟子下質於禽獸之所為，故曰性之已善。吾上質於聖人之所善，故謂性未善。」（《春秋繁露．深察名號》）這樣，董仲舒和孟子之間的不同，最後歸結為「未善」和「已善」的不同了。

社會倫理學說

董仲舒又以形而上學的陰陽學說作為論證社會秩序的根據。他寫道：「凡物必有合。合，必有上，必有下，必有左，必有右；必有前，必有後，必有表，必有裡。……有寒必有暑，有晝必有夜，此皆其合也。陰者，陽之合，妻者，夫之合，子者，父之合，臣者，君之合。物莫無合，而合各有陰陽。……君臣、父子、夫婦之義，皆與諸陰陽之道。君為陽，臣為陰，父為陽，子為陰，夫為陽，妻為陰。……王道之三綱，可求於天。」（《春秋繁露．基義》）

在此之前，儒家認為，社會是由五種倫常關係組成的：君臣、父子、夫婦、昆弟、朋友。董仲舒從中選出君臣、父子、夫婦三項，稱為「三綱」。「綱」的字義本是網上的大繩，網上其他的繩子都聯到「綱」上，因此，國君是臣民的綱，即臣民的主宰；同樣，夫為妻綱；父為子綱。

「三綱」之外，還有「五常」，這是所有儒家都主張遵奉的道德。「常」的字義是規範、恆常不變；因此，「五常」便用以表達儒家崇奉的五種德行，即：仁、義、禮、智、信。漢代的學者們還把「五常」和「五行」聯繫起來，仁和木、東方聯繫起來；義和金以及西方聯繫起來；禮與火和南方聯繫起來；智與水和北方聯繫起來；信與土則居中（見《白虎通義》卷八）。董仲舒本人倒並不十分重視「五常」和「五行」的這種聯繫。

五常是個人的品德，三綱則是社會倫理。在舊時的中國，綱常就用以泛指道德和道德規範。人的自然發展應當依循道德規範的方向，而這是文化和文明的主要內涵。

政治哲學

但是，常人靠自己往往不能做到這些要求，因此政府便有責任幫助大眾發展品德。董仲舒寫道：「天生民性，有善質而未能善，於是為之立王以善之，此天意也。」（《春秋繁露．深察名號》）

君王以慶、賞、罰、刑為「四政」，即統治的方法。這四種統治的方法是取法於四季。這便是董仲舒所說：「慶賞刑罰與春夏秋冬，以類相應也，如合符。故曰，王者配天，謂其道。天有四時，王有四政。四政若四時，通類也，天人所同有也。」（《春秋繁露．四時之副》）政府的組織也以四季為模式，按照一年分為四季，官員也分為四等，各級官員，每人下有三個助手，因每季有三個月。在考核官員時，也分為四等，因為人的能力、品德也天然分為四級。在這樣的原則下，政府「選賢」，而後「任能」，根據所選之人的品德、能力，分別任用。這便是董仲舒所說：「故天選四時、十二（月），而人變盡矣。盡人之變，合之天，唯聖人者能之。」（《春秋繁露．官制象天》）

由於天和人的關係如此密切，因此董仲舒認為，政府的失誤必然表現為自然界的異常現象。這個思想早在陰陽家時代便已存在，但董仲舒為它提供了一種目的論的、又是機械論的解釋。

從目的論的角度來看，為政而人事不臧，必定招致天怒。天怒便表現為自然災害如地震、日食、月食、旱災、水災等，這是上天警告君王，要他改正自己的錯誤。

從機械論的角度來看，董仲舒認為：「百物去其所與異，而從其所與同」；「物固以類相召也。」（《春秋繁露．同類相動》）所以人事上的不正常必然引起自然界的不正常。董仲舒認為這是自然規律，並不是什麼超自然現象；這個看法和他在其他地方所講的目的論其實是有矛盾的。

歷史哲學

在第十二章裡，我們看到鄒衍認為，歷史中的朝代更替是由於五德運行產生的影響。按照鄒衍的學說，每個朝代必須與五德之一相聯，因此，這個朝代就應當遵循這五德之一的要求來運轉。董仲舒修改了這個理論，認為朝代的更替不是依循五德運行的順序，而是依循「三統」，即黑統、白統、赤統的順序。他在《三代改制質文》中說：每個朝代都依循一統，每統又各有其為政的系統。

按董仲舒的說法，夏朝（歷來認為時在公元前二二〇五—前一七六六年）代表黑統，商朝（歷來認為時在公元前一七六六—前一一二二年）代表白統；周朝（公元前一一二二—前二五五年）則是赤統。夏、商、周三朝完成了歷史循環的一周。繼周之後，歷史又開始一次新的循環，新的朝代又應當代表黑統。

有趣的是，到了近代，顏色和世界政治又再次聯繫了起來，並且分為三統，法西斯主義尚黑（統），資本主義尚白（統），而共產主義則尚赤（統）。

這當然只是偶合。在董仲舒的理論中，這三統並沒有本質的不同；一個新君建立一個新的朝代，是由於承受天命。因此，他必須採取措施，表明承受天命。這些措施包括遷移國都，改國號，改紀元，改服色。董仲舒說：「若夫大綱、人倫、道德、政治、教化、習俗、文義，盡如故，亦何改哉？故王者

有改制之名，無改制之實。」（《楚莊王》）

董仲舒稱為政的基本原則為「道」。《漢書．董仲舒傳》引述他的話說：「道之大原出於天，天不變，道亦不變。」

王者受命於天，並不是一個新理論。在《書經》裡，已經有這個思想。孟子把它說得更清楚。董仲舒則更具體地把它納入了自己的天人一體論。

在封建時代，所有的君王都是從祖先承受君位，甚至秦始皇帝也不例外。只是到了漢朝，情況不同了。漢高祖劉邦，出身布衣，而君臨天下。這需要某種理論的支撐，董仲舒正是提供了這種理論的支撐。

董仲舒的理論認為，一個國君的統治是由於天命，這就為君王行使皇帝的權威有了合法的根據；但同時又對君王的權威施加了某種限制：皇帝必須時刻注意上天的喜怒表現，按照上天的意旨行事。漢朝的皇帝和此後歷朝的皇帝，每逢天災時，都程度不等地要省察自己執政的表現，刻責自身，謀求改進。

董仲舒關於「三統」的理論還有一層作用就是宣告，一個朝代不能企望無限期地統治下去。無論一個皇朝多麼好，它的統治仍然是有限期的。在大限來到時，它就必須讓位給另一個朝代。新皇朝的創立者將另外承受天命。這是儒家為約束絕對君權而提出的一種限制。

對《春秋》的解釋

照董仲舒的看法，繼承周朝統治的既不是秦朝，也不是漢朝，而是孔子，他承受天命，創立了黑統。孔子所受天命，不是一種「法統」，而是一種「道統」。

這是一種新穎的理論，但董仲舒和他的學派都追隨這個理論。《春秋》本是魯國的史書。按董仲舒一派的說法，《春秋》乃是孔子的一部重要著作，在其中，孔子樹立了他的道統的統治。孔子代表了黑統，並創建了黑統的各項制度。董仲舒對《春秋》的解釋十分著名，他的各項學說都可以從《春秋》中找到根據，換句話說，他的理論權威來自《春秋》，這是他把自己的著作稱為《春秋繁露》的緣故。

董仲舒把《春秋》所涵蓋的歷史時期（公元前七二二—前四八一年）分為三個段落，他稱之為「三世」，凡孔子僅從文獻記載得知的時期，稱為「所傳聞世」；孔子聽說的歷史時期稱為「所聞世」；孔子在世親見的歷史時期稱為「所見世」。董仲舒認為，孔子在敘述這三段歷史時，所用的語言和文字是不同的，體會孔子所用的語言不同之處，即所謂「春秋筆法」，人們可以從中找到《春秋》的「微言大義」。

社會進步的三個階段

對《春秋》一書，曾有三部重要的評注，它們自漢朝起，已被列為經書。這三部評注以其傳說的作者而命名為：《左（氏）傳》《公羊傳》《穀梁傳》。《左傳》大概原來不是全為評注《春秋》而作，後來才附加於《春秋》之後。《公羊傳》對《春秋》的解釋正好符合董仲舒的學說，其中有「三世說」。東漢何休（公元一二九—一八二年）又為《公羊傳》做注釋，對「三世說」作了進一步的發揮。

按照何休的說法，《春秋》所記述的是孔子以其理想，把「衰亂世」變為「昇平世」，再變為「太平世」的過程。他把《春秋》中孔子所傳聞世，稱為「衰亂世」；對這時期，孔子把注意力集中在魯國，以魯國作為他的政治改革的中心。第二階段是孔子由前人聽說到的歷史時期，即「所聞世」，何休稱之為「昇平世」（接近於太平）。在這時期，孔子已經把魯國的政治整頓好，並進一步，把他的理想推廣到中國境內的華夏族其他國家。第三階段即孔子親身經歷的歷史時期，何休稱之為「太平世」，在這時期裡，孔子又把他的理想推廣到中國以外的蠻荒地區，使周圍蠻族地區也得到了教化，這時候「天下遠近大小若一」（《公羊傳》隱公元年注）。何休並不是說，孔子真的成就了這些工作，而是說，如果孔子掌權的話，他將完成的工作。即使僅僅是荒誕的想像，這種學說也是驚人的，因為孔子事實上，只是生活在所謂春秋三世的後期。

何休描述孔子，從整頓魯國開始，逐步做到使天下得太平，和《大學》中所說的修身、齊家、治國、平天下的步驟次序很接近，就這一點來說，《春秋》儼然成了《大學》的示範。

這種社會進步三階段的學說也見之於《禮記》中的《禮運》篇。按《禮運》篇所述，第一階段時的世界是混亂的；第二階段達到「小康」；第三階段則是「大同世界」。《禮運》篇所描述的「大同世界」是：

大道之行也，天下為公。選賢與能，講信修睦。故人不獨親其親，不獨子其子。使老有所終，壯有所用，幼有所長，矜寡孤獨廢疾者，皆有所養；男有分，女有歸。貨惡其棄於地也，不必藏於己；力惡其不出於身也，不必為己。是故謀閉而不興，盜竊亂賊而不作，故外戶而不閉。是謂大同。

雖然《禮運》的作者把大同世界說成是過去的黃金時代，但它顯然反映了漢代人們的夢想，所嚮往的已不僅是國家的政治統一，而還期盼着更多的東西。

第十八章 儒家興盛和道家再起

王充（公元二七 — 約一〇〇年）

漢朝不僅在時序上是秦朝的後繼者，在許多方面，它都繼承了秦朝未竟的事業。秦朝完成了中國的統一，漢朝則鞏固了統一的中國。

思想的統一

秦朝為確保在它統治下中國的統一，採取了許多措施，其中最重要的一項是統一思想的政策。在秦國戰勝了其他六國之後，宰相李斯向始皇帝上書說：「古者，天下散亂，莫能相一。……人善其所私學，以非上所建立。今陛下併有天下，辨白黑而定一尊。而私學乃相與非法教之制。……如此不禁，則主勢降乎上，黨與成乎下。」（《史記．李斯列傳》）

然後，他提出了極嚴酷的建議，一切史書，除秦朝史書外，其他「百家」之說和其他文獻，除由博士官存檔保管者外，並除醫書、藥書、農牧、卜筮之書以外，都應上交政府，予以焚燬。任何個人若想讀書，都應「以吏為師」（見《史記．秦始皇本紀》）。

始皇帝採納了李斯的建議，並於公元前二一三年付諸實施。這些嚴酷的措施其實不過是法家一貫思想的合乎邏輯的應用而已。韓非子在他的書中早已說過：「明主之國，無書簡之文，以法為教，無先王之語，以吏為師。」（《韓非子．五蠹》）

李斯建議的目的十分明顯，他一心想確保一個天下（國家），一個政府，一部歷史，一種思想。醫書和其他實用書籍得免焚燬厄運，因為它們是技術性知識，無關「政治意識形態」。

結果，秦朝正是由於它的嚴酷統治而迅速滅亡。漢朝興起後，許多古代的文獻和「百家」著作又重見天日了。漢朝的皇帝同樣想實現全國思想統一，但是看到秦朝嚴酷到極端的做法不是好辦法，打算改而採取另一種做法。這便是董仲舒向漢武帝上書的由來。

公元前一三六年，董仲舒上書漢武帝（公元前一四〇—八七年在位），其中寫道：「《春秋》大一統者，天地之常經，古今之通誼也。今師異道，人異論，百家殊方，指意不同，是以上無以持一統。」他的建議是：「諸不在六藝之科，孔子之術者，皆絕其道，勿使並進。」（《漢書．董仲舒傳》）

漢武帝採納了董仲舒的建議，頒令以儒學為國家正統之學，其中「六經」又佔有統治地位。但是，儒學要取得「獨尊」的地位，不是僅靠一紙法令便能奏效的，還需要一段很長的時間；在這過程中，儒學吸收了不少其他各家的思想，由此樹立起來的儒學和東周時孔子自己的思想，兩者之間有了很大的差異。在上一章裡，我們已經看到這個折衷混合的過程是怎樣進行的。但自漢武帝以後，儒家由於政府的支持，在宣揚儒家思想上，到底是佔據了比其他學派都有利的地位。

董仲舒所鼓吹的「大一統」思想在《春秋．公羊傳》裡，也曾論及。《春秋》開卷第一句說：「元年，春，王正月。」《公羊傳》注：「何言乎『王正月』？大一統也。」按照董仲舒和公羊學派的看法，「大一統」是孔子作《春秋》時為他理想中的新朝代制定的綱領之一。

漢武帝和秦始皇都致力於從思想上統一中國，但武帝所採納董仲舒的建議比秦始皇所採納李斯的建議要溫和得多。秦朝對各種哲學思想流派的方針是一律禁絕，造成思想界的真空。漢武帝則是在百家中扶植儒家，使它成為正統。漢朝的做法與秦朝不同的另一點是：對私人傳授其他各家思想，沒有刑罰措施；只是任何人想從政做官，必須學習儒學和六經。官學以儒學為宗，這成為此後中國歷代開科取仕的基礎。從這裡看，漢朝的做法乃是秦朝廢黜百家和秦以前孔子開創私人辦學的折中。有趣的一點是：中國的第一位私人教師，到這時竟成了中國官方冊命的第一位教師。

孔子在漢代思想界的地位

由於官方的扶持，因此，到公元前一世紀中葉（西漢末年），孔子的地位已經被推崇得很高。這時候，「緯書」出現了。在織布時，有垂直的經線，有水平的緯線，兩者上下交織而成布。漢代尊崇孔子，把《詩》《書》《禮》《樂》《易》《春秋》奉為孔子所作，稱為「六經」，也有人認為，孔子在寫作「六經」之後，意猶未盡，於是又依「六經」作「緯書」，總共「六緯」，與「六經」相配，認為這是孔子著述思想的全部。事實上，緯書乃是漢朝的著作，假託為孔子所作。

在緯書中，孔子被抬到他在中國歷史上頂峰的地位。例如，《春秋緯》中《漢含孳》篇寫道：「孔子曰：丘覽史記，援引古圖，推集天變，為漢帝制法。」另一篇春秋緯，名為《演孔圖》，其中稱孔子是黑帝大神的兒子，曾經行了許多神蹟。在緯書中，孔子被推上了神的地位，認為他可以預知未來。如果這些看法果真得以流行的話，孔子將在中國享有如同耶穌在西方的地位，儒學將成為名副其實的一種宗教了。

但是此後不久，儒家中更現實和講理性思維的一派起而反對對孔子和儒學的荒誕不經之說。他們認為，孔子既不是神，也不是君王，而純然是一位聖人。他既未曾預見漢朝的出現，也沒有為任何朝代制定法制，他只是繼承了古代文化的偉大遺產，賦予它新的精神，使它得以流傳後代。

漢代經學中古文學派和今文學派之爭

這部分儒學家組成所謂「古文學派」，因為他們聲稱，找到了「秦燹」（燹，音顯，指兵火）之前的古籍，是以古文寫成，這種文字到西漢末年，已成絕響。與「古文學派」相對立的董仲舒追隨者，則尊崇以漢代通行文字寫成的經書，被稱為「今文學派」。

這兩派的爭論成為中國學術史上的一場大爭論。這裡不必詳述爭論中的各種細節，只要指出一點就夠了，即古文學派是對今文學派的一種抗議性反應，或者也可以看作是一場思想革命。在西漢末年，古文學派得到當時最著名的學者劉歆（約公元前四六—公元二三年）的支持。他以巨大的熱情支持古文學派，以致後來今文學派的追隨者指控他一手偽造了古文學派所依據的古文經書。

近年來，我對這兩派的爭論有一點新的看法，覺得這兩派對立可能要追溯到秦以前，儒家內部思想分歧的兩翼，今文學派實際是早期儒家中理想主義一翼的繼續；而古文學派則是早期儒家中現實主義一翼的繼續。換句話說，今文學派可能是源自以孟子為首的一派，而古文學派可能是源自以荀子為首的另一派。

在《荀子》一書中有一篇名為《非十二子》，其中說：「略法先王而不知其統，……案往舊造說，謂之五行，甚僻違而無類，幽隱而無說，閉約而無解，……子思唱之，孟軻和之。」

這段話曾令許多現代學者感到困惑不解，因為在《中庸》（歷來認為是子思所作）和《孟子》兩書中，都未曾提到過「五行」。但是在《中庸》書中有這樣一段話：「國家將興，必有禎祥；國家將亡，必有妖孽。」（見《中庸》第二十四章）《孟子》書中也曾說過有點類似的話：「五百年必有王者興。」這些話似乎表明，孟子和《中庸》的作者（如果不是子思，也是子思的追隨者）都相信，天人之間有某種相互的作用，而且歷史的運行是循環性的。這些學說在陰陽家和五行家的思想中都是十分突出的。

如果我們把董仲舒和孟子一派聯繫起來考慮，荀子對這一派的批判就更有意義。因為如果把董仲舒的思想溯源到孟子，就會看到從孟子引發到董仲舒一派對它的延伸發展，確實可以說孟子的思想是「僻違」「幽隱」了。

這個假說似乎從孟子一方也得到某種印證，因為孟子和董仲舒有共同的見解，認為《春秋》是孔子所作，他說：「孔子懼，作《春秋》，《春秋》，天子之事也。是故孔子曰：『知我者，其惟《春秋》乎？罪我者，其惟《春秋》乎？』」（《孟子．滕文公下》）孟子認為，孔子作《春秋》，是作了天子當作的事。循這個思路發展下去，很容易就引導董仲舒得出他的理論，認為孔子的確承受了天命，要他成為天子。

董仲舒在闡述他的人性學說時，還明確地把他的學說和孟子的學說相比較，在上一章裡已經指出，他們兩人在人性學說上的差別其實不大。

如果接受這種假說，以漢代今文學派為儒家中以孟子為首的理想主義一派的繼續，則古文學派源自儒家中以荀子為首的現實主義一派也就順理成章了。因此，我們可以看到：公元一世紀的古文學派學者在宇宙觀方面都與荀子和道家一樣，抱有一種自然主義的宇宙觀（前已述及，荀子在這方面也受到道家的影響）。

楊雄和王充

西漢末到東漢初的古文學派學者楊雄（公元前五三—公元一八年）就是這方面的一個例子。他所著的《太玄》在很大程度上受到《老子》和《易經》中「反者道之動」的思想影響。

他的另一篇著作《法言》表達了他反對陰陽家、稱頌孟子的思想。就這一點說，也並沒有推翻我的上述觀點，因為孟子雖然在某種程度上傾向於陰陽家，但決沒有達到像漢朝今文學派那樣極端的程度。

古文學派的最大思想家無疑應推王充（公元二七—約一〇〇年），他的主要著作《論衡》充滿對各種偶像的科學懷疑主義精神。在談到自己這部著作的精神時，王充寫道：「『詩三百，一言以蔽之，曰，思無邪。』《論衡》篇以十數，亦一言也，曰，『疾虛妄』。」（《論衡・佚文篇》）他又說：「事莫明於有效；論莫定於有證。」（《論衡・薄葬篇》）

本着這樣的精神，他猛烈攻擊陰陽家的學說，特別是陰陽家從目的論或機械論講天人感應的理論。對天人感應論的目的論方面，王充寫道：「夫天道，自然也，無為。如譴告人，是有為，非自然也。黃老之家，論說天道，得其實矣。」（《論衡・譴告篇》）

對天人感應論的機械論方面，王充寫道：「人在天地之間，猶蚤虱之在衣裳之內，螻蟻之在穴隙之

中；蚤蝨螻蟻為順逆橫從，能令衣裳穴隙之間氣變動乎？蚤蝨螻蟻不能，而獨謂人能，不達物氣之理也。」（《論衡．變動篇》）

道家與佛家

王充以他的思想為一百年後道家的復興準備了道路。說到道家，需要再一次強調指出「道家」和「道教」的區別。這裡所說「道家」的復興是指「道家」哲學思想的復興，我稱之為「新道家」。

有趣的是，道教也是在漢末興起，這種道家思想的普及形式也被有些人稱為「新道家」。古文學派把陰陽家的思想影響從儒家清除出去，陰陽家此後與道家思想結合而形成了道教。這個過程固然使孔子由神還原為人，卻又使老子成為道教的創始人。道教後來模仿佛教，發展出道觀（寺廟），道士（僧人）和道場法事（儀式）。這種有組織的宗教雖以老子為祖師，卻與早期的道家哲學毫無相似之處，因此而稱為「道教」。

在此之前，公元一世紀時，佛教已經從印度經中亞，傳入中國。正如道教和道家應當予以區別一樣，佛教和佛學也需要予以區別。上面說到，佛教對道教作為一種宗教的興起，有很大的推動作用。佛教作為一種外來的宗教，在中國竟受到民眾的歡迎，一些具有強烈民族情緒的中國人認為，佛教是蠻族的宗教，因而致力於發展中國土生土長的另一種宗教，這便是道教。道教從佛教借來了許多東西，包括宗教體制、儀式，以至其大部分經典的形式。

佛教不僅是一種宗教，它還是一種哲學，即佛學。道教儘管在宗教上和佛教針鋒相對，但在哲學上，卻和佛學結成了同盟。道教沒有佛教那樣強烈的出世精神，但是它們在宗教神秘主義這一點上卻有相似之處。道家稱「道無名」，佛家也認為「真如」或終極的真實是「不可說」的，它既不是「一」，又不是「多」；既不是「非一」，又不是「非多」。這種名詞術語正如中國漢語所說，是「想入非非」。

公元三、四世紀（兩晉時期）時的著名學者在思想上往往是道家，其中不少還和佛教高僧結為至交。這些學者對佛經非常熟悉，而佛教高僧對道家經典，尤其《莊子》也非常熟悉。他們相聚時，往往從事所謂「清談」。當談到精妙處，即「非非」處時，往往相視無言而會心微笑，這是一種心領神會的思想交流。

正是在這樣的時候，人體會到佛教「禪」的精神。禪宗是中國佛教的一個宗派，它實際是道家哲學和佛學兩家精妙之處的匯合，對此後中國的哲學、詩歌、繪畫產生了巨大的影響。這一點在後面第二十二章裡還會詳細論及。

政治和社會背景

漢朝在思想領域裡，儒家的高升和其後道家的復興不能看作僅是由於少數幾個思想家的鼓動，更不是儒家、道家交了什麼好運；而是在當時情勢下幾乎可以說是必然的發展。

秦國征服六國，靠的是一種嚴酷無情的對內政策和縱橫捭闔的對外政策，這些政策的理論基礎便是法家哲學。到秦朝滅亡後，人人都責怪法家的嚴酷寡恩和完全無視孔子的仁義之道。漢武帝除頒令以儒家為國學正統外，還頒佈了另一道詔令，這便是公元前一四一年下令，凡治申不害、商鞅、韓非（法家領袖）以及蘇秦、張儀（縱橫學領袖）之學的人，一律不准舉薦為官（見《漢書．武帝本紀》）。

這樣，法家便成了秦朝統治者失敗的替罪羊。在諸子百家中，思想距法家最遠的是儒家和道家，因此，很自然地，時代思潮便朝着儒家和道家的方向擺動。漢朝初年，道家思想在當時稱為「黃老之術」，曾一度盛行，武帝的祖父文帝（公元前一七九—前一五七年在位）便深愛「黃老術」。再如上章指出，歷史家司馬談在《論六家要旨》中，對道家的評價也比對其他各家都高。

在道家的政治哲學中，一個好的政府不需要做很多事情，相反地，做事越少越好。因此聖人如果執政，便要把前朝「苛政」的惡果予以消除。這正是漢初大眾的要求。漢高祖率領他的革命軍向秦國首都咸陽（長安）進發時，向民眾宣佈「約法三章」：殺人者死，傷人及盜抵罪。除此之外，秦朝一切苛法都予廢除（見《史記．高祖本紀》）。漢高祖這樣做時，實際是貫徹了「黃老之術」，雖然他並不是自覺的。

因此可以說，道家的政治哲學正迎合了漢初的政治需要，在多年戰亂之後，漢帝所想做的正是廢除秦朝的苛政，讓百姓得以休養生息。及至百姓經過一個時期休養生息之後，君王想的是要有一番作為，這時，道家哲學已經完成了任務，不再適應時代和統治者的需要了，於是，君王又回到了儒家哲學。

儒家的社會政治哲學，可以說既是保守的，同時又是革命的。就其實質說，它的政治主張是維護君主專制統治的；就社會主張看，它維護當時社會中君子和小人的分野，但同時，它又主張，君子與小人的分野，不按傳統的、以家庭出身貴賤來劃分，而以個人的德才來劃分。如果按孔子的主張，有德有才的人方是高貴的，以此作為劃分君子和小人標準，則君子、小人之分，並沒有什麼不對，倒是社會發展的需要。

在前面本書第二章裡曾經指出，儒家為中國社會以家庭為本位奠定了理論基礎。當封建制度瓦解時，民眾從封建主的統治下得到解放，但家庭制度並沒有改變。因此，社會制度依然是以儒家思想為根本。

廢除封建制度的主要結果是政治權力和經濟權力的分開。新興的地主在其本地社會裡確實擁有很大的社會勢力，甚至還有政治勢力；但至少他們已不再當政，只能以他們的財富和社會影響來左右政府官員，這終究是前進了一步。

新的專制統治者，按儒家的德才兼備要求來說，往往達不到理想的標準，因此，往往要尋求儒家的教化，其中首要的是社會的禮制。史書記載，漢初平定天下之後，高祖劉邦詔令儒生叔孫通率領一班人，擬定一套宮廷的禮儀。在首次舉行這樣的禮儀之後，劉邦躊躇滿志地說：「吾乃今日知為皇帝之貴也。」（《史記．劉敬、叔孫通列傳》）

叔孫通的作為也曾遭到其他儒生的抨擊，但他的成功表明新的專制統治者欣賞儒家，儘管還不懂得儒家思想是怎麼一回事，更不懂得儒家思想的真正精神將會導致對統治者無德無才的不滿。

最重要的一點是在本書第三章裡我所指出的，西方人所理解的「孔子學派」，實際是中國的「儒家」，他們不僅是思想者，而且諳習古代的文化遺產。這是當時其他各學派所不如儒家的地方。儒生講解古代的經典，傳授古代的文化傳統；為此而竭盡所能。在一個農業國家裡，人們慣於尊重傳統，因此儒生成為最有影響的社會群體，這是很自然的。

至於法家，雖然成為秦朝統治者失敗的替罪羊，但也還沒有完全被拋棄。在第十三章裡，我曾指出，法家是一批講求現實的政客。在新的政治情勢下，怎樣採用新的統治方法來應付局勢，這是法家之所長。因此，當中華帝國發展時，統治者還是不得不採用法家的思想。自漢以後，正統的儒家往往責備統治者是「外儒內法」。事實上，儒家和法家各有它們被運用的範圍。儒家思想佔統治地位的範圍是社會體制、精神道德教化和學術領域；法家思想佔統治地位的則是施政的原則和統治的方法。

道家也有它施展的機會。中國歷史中有許多段落陷於政治社會動亂之中，這時候的人民大眾傾向於批評現存政治社會制度，既沒有時間，也沒有興趣去從事古典學術的探討。這時，儒家思想自然被削弱；而道家思想則因對現存政治社會制度所抱的尖銳批判態度和為批判者提供了一個超脫現實、逃避政治迫害的思想體系而聲勢壯大起來，這正迎合了處於社會動亂之中的民眾的需要。

公元二二〇年，漢朝滅亡；隨之而來的政治分裂和動亂一直拖延到公元五八九年隋朝統一全國，其間四個世紀，中國分裂成南北兩部分，南部戰亂連綿。另一個特點是在北部一些外族興起，有的通過戰爭而在中國北部立國，有的則以和平遷徙的方式移居中國北方。在北方的幾個朝代居統治地位的都是漢族之外的外族，但是它們的統治範圍始終未曾達到長江流域。這四個世紀在中國歷史上稱為六朝或南北朝。

這段時期裡，政治黑暗，社會動亂，悲觀思想瀰漫。在某些方面，和大體同時期的中世紀歐洲頗為相似。在歐洲中世紀，基督教成為社會中堅力量；在中國的南北朝時期，佛教迅速發展。有人認為，這時期的中國文化低落，這是完全錯誤的看法。如果把文化的定義作狹義的理解，可以說，這時期中國文化在繪畫、書法、詩歌、哲學等許多方面都是處於發展的高峰時期。

下面兩章所要介紹的便是這個時期裡居主導地位的哲學，我把這種哲學稱作「新道家」。

第十九章

新道家：崇尚理性的玄學

郭象（公元二五二 — 三一二年）

公元三、四世紀盛行的思潮，歷來稱為「玄學」；「玄」字原出《老子》第一章，末句形容「道」是「玄之又玄，眾妙之門」，意思是指它深遠神秘，變化莫測。「玄學」的名字表明它是道家的繼續，因此，我稱它為「新道家」，這是我起的新名字。

名家再次引起人們的興趣

在前面第八、九、十章裡，我們已經看到，名家向道家提供了「超乎形象」這個概念。在公元三、四世紀裡，隨着道家的再起，對名家的興趣也再次抬頭了。新道家對惠施和公孫龍的理論再次鑽研，在「玄學」中提出了「辨名析理」觀念。首創這個觀念的是郭象，他在《莊子注》的《天下篇注》裡，把「玄學」和「辨名析理」結合起來。在本書第八章裡，我們看到公孫龍也曾這樣做過。

在《世說新語》（下章裡，我們還將更多參閱這本書）裡，《文學》篇中說到一個故事，「客問樂令『指不至』者，樂亦不復剖析文句，直以麈尾柄觸几曰：『至不？』客曰：『至。』樂又舉麈尾曰：『若至者，哪得去？』於是客乃悅服。」樂令名樂廣，是當時一位名士。『指不至』是戰國時名家公孫龍分析，一個名詞的內涵就是概念，是不變的；名詞的外延與其內涵是兩回事，它是可以轉化的。人指向一個事物時，不等於就已到達那裡，這便是「指不至」所要爭論之點，也就是「名」與「實」的道理。到魏晉時，還有人以這一點問樂廣，樂廣以一個拂塵來說明理論問題，當他用麈尾柄觸茶几時問「至不？」時，這個「至」是指「至」的共相，它是概念，是不變的，既「到」了就不能「不到」；但拂塵在拂拭几上時又至又去，樂廣說：「若至者哪得去？」，這時，他所用的「至」乃是指具體的「抵達」，名詞的概念內涵是不能變的，「至」不能轉化為「去」，但名詞的外延是能轉化的。一個具體的、「至」的東西，又可以轉化為「去」。樂廣的一系列表示，是辨「至」之名，析「至」之實，這就是「辨名析理」。

用手指指向一張桌子，通常就被認為是已經在概念上到了桌子，但是樂廣認為，若以概念而論，到了桌子，就不能離開，這才是「至」；但拂塵卻又至又去，因此他反問「若至者，哪得去？」，意思是說，拂塵表面上已到桌子，實際並未到。因此，樂廣從「至」之名分析「至」之實，這是「辨名析理」的一個例子。

對孔子的重新詮釋

新道家中，至少有大部分還以孔子為聖人，究其原因，一部分是因為到魏晉時，以孔子為國家崇奉的先師，這思想已經確立。還有一個原因是，新道家對儒家經書中的重要部分也趨於接受，只是在接受中又按老莊的精神予以重新詮釋。

舉例來說，《論語・先進》篇裡，孔子曾說過：「回也，其庶乎，屢空。」孔子的意思大概是說，顏回雖然很窮（「空」），但在精神上卻是快樂的，由此表明他的道德已接近於完美。在《莊子・大宗師》

篇裡則衍生出一個顏回「坐忘」——在冥想中與大化合一，以至忘記自我存在——的故事。後來的太史叔明（公元四七六—五四六年）注釋《論語》這一段時，心裡還想到《莊子．大宗師》裡的故事，因此他說：「顏子……遺仁義，忘禮樂，隳肢體，黜聰明，坐忘大通，此忘有之義也。忘有頓盡，非空如何？若以聖人驗之，聖人忘忘，大賢不能忘忘。不能忘忘，心復為未盡。一未一空，故屢名生也焉。」（皇侃《論語義疏》卷六）這是說，顏回還是未能全忘自己，因此才意識到自己的「坐忘」，否則，連「坐忘」也應忘記才是。顏回頭腦裡還未完全虛靜，因此他才說自己「常」空。

另一位注釋家顧歡（四五三年卒）在注釋《論語》的同一段時說：「夫無欲於無欲者，聖人之常也，有欲於無欲者，賢人之分也。二欲同無，故全空以目聖，一有一無，故每虛以稱賢。賢人自『有』觀之，則無欲於有欲，自『無』觀之，則有欲於無欲。虛而未盡，非屢如何？」

新道家儘管是道家，卻認為孔子比老子、莊子更高明。他們認為，孔子不講坐忘，因為他已經忘記了「坐忘」這樁事。孔子也不講「無欲」，因為他已經修養到這地步，已經沒有了「無欲」的欲望。正因此，《世說新語》中記載了裴徽和王弼的一段「清談」。王弼是玄學大師，他對於《老子》和《易經》的注釋都已成為經典著作。王弼和裴徽的對話是這樣的：

「王輔嗣弱冠詣裴徽，徽問曰：『夫無者，誠萬物之所資。聖人莫肯致言，而老子申之無已。何耶？』弼曰：『聖人體無，無又不可以訓，故言必及有。老莊未免於有，恆訓其所不足。』」（《世說新語．

文學》篇）這個解釋正反映了《老子》第五十六章「知者不言，言者不知」的看法。

向秀和郭象

在這一時期裡，郭象（死於約公元三一二年）所著《莊子注》即便不是其中最重要的哲學著述，也是最重要著作之一。這裡有一個史實問題即：《莊子注》這部書究竟是否郭象所著？郭象的同時代人曾經指控郭象的《莊子注》是剽竊了與他同時而稍早的另一學者向秀（約公元二二一－三〇〇年）的著作。看來，他們兩人都著有《莊子注》，思想也十分接近。因此，隨時間推移，他們的兩部著作漸難分辨，而成為一部著作。《世說新語．文學》篇曾提到對《莊子．逍遙遊》篇的向郭注，以此和僧支遁的釋義相對應。因此，現在流傳的《莊子注》，雖然署名是郭象注，其實多半是向秀和郭象兩人合著。《晉書．向秀傳》中稱，向秀著《莊子注》，郭象予以「增衍」，這看來較接近於事實。

據《晉書》記載，向秀和郭象都是河南人，都擅玄學，以清淡著稱。在本章裡，我把這兩位哲學家作為新道學中主張理性的流派的代表，在徵引《莊子注》一書時，援《世說新語》例，稱「向－郭《注》」。

道是「無」

向—郭《注》對老莊的早期道家思想作了重要的修訂。首先，它把「道」解釋為「無」。老子和莊子也主張「道」是「無」，但他們所講的「無」，意思是說：「無以名之」。這是說，他們認為：「道」不是一樣東西，因此，無從為它命名。而向—郭《注》則以「道」為「無」。道「無所不在，而所在皆無也。」（《大宗師》「在太極之先而不為高……」注）

向—郭《注》中又說：「誰得先物者乎哉？吾以陰陽為先物，而陰陽者，即所謂物耳。誰又先陰陽者乎？吾以自然為先之，而自然即物之自爾耳。吾以至道為先之矣，而至道乃至無也。既以無矣，又奚為先？然則，先物者誰乎哉？而猶有物，無已，明物之自然，非有使然也。」（《知北遊》「有先天地生者物耶……」注）

向—郭《注》還說：「世或謂，罔兩待景，景待形，形待造物者。請問：夫造物者，有耶？無耶？無也，則胡能造成哉？有也，則不足以物眾形。……故造物者無主，而物各自造。物各自造而無所待焉，此天地之正也。」（《齊物論》「惡識所以然……」注）

老莊否認有一位具有人格的造物主，而代之以沒有人格的「道」。它是萬物之所由生。向、郭兩人更進一步，認為道即「無」。他們還把早期道家主張萬物來自「道」解釋為萬物自然而在。因此，向—

郭《注》寫道：「道，無能也。此言『得之於道』，乃所以明其自得耳。」（《大宗師》「傳說得之，以相武丁……」注）

同樣，先秦道家說，萬物生於有，有生於無，也只是說，有是自在的。向—郭《注》中有一處說：「非唯無不得化而為有也，有亦不得化而為無矣。是以夫有之為物，雖千變萬化，而不得一為無也。不得一為無，故自古無未有之時而常存也。」（《知北遊》「無古無今……」注）

萬物的「獨化」

萬物自生，這是向—郭《注》裡稱之為「獨化」的理論。按照這個理論，萬物不是由一位造物主所造，但萬物之間相互關聯，這種種關聯不僅存在，而且是必要的。向—郭《注》中說：「人之生也，形雖七尺而五常必具。故雖區區之身，乃舉天地以奉之。故天地萬物，凡所有者，不可一日而相無也。一物不具，則生者無由得生；一理不至，則天年無緣得終。」（《大宗師》「知人之所為者……」注）

每一物需要每一個「它物」。但每一物仍然是獨立自為地存在的。向—郭《注》說：「天下莫不相與為彼我，而彼我皆欲自為，斯東西之相反也。然彼我相與為脣齒，脣齒未嘗相為，而脣亡則齒寒。故彼之自為，濟我之功弘矣。斯相反而不可相無者也。」（《秋水》「以功觀之……」注）照向—郭《注》的說法，事物之間的關聯就像兩支國際同盟軍，每支軍隊都是為本國而戰，但是兩支軍隊互相支援；

一支軍隊的勝負，必定對它的同盟軍產生影響。

宇宙間存在的每一事物都需要整個宇宙作為它存在的必要條件，而它的存在又並不是由某一個特定事物所產生的。當某些條件具備、在某種情況下，某些事物就必然會發生。這並不意味着，萬物是由一位創世主或某個人所創造。換句話說，事物是由一般性條件所產生，而不是由於其他某個特定的事物。舉例來說，社會主義是一定經濟條件的產物，而不是馬克思或恩格斯所製造出來的，更不是馬克思的《共產主義宣言》所造出來的。就這一層意義來看，我們可以說，事物是自己生出來，而不是由別的事物產生的。

正因為如此，每一事物只能是它自己。向—郭《注》中說：「故人之生也，非誤生也；生之所有，非妄有也。天地雖大，萬物雖多，然吾之所遇，適在於是。」「故凡所不遇，弗能遇也。其所遇，弗能不遇也。凡所不為，弗能為也。其所為，弗能不為也。故付之而自當矣。」（《德充符》「死生存亡……」注）

這個道理也同樣適用於社會現象領域。向—郭《注》又說：「物無非天也，天也者，自然者也。……治亂成敗……非人為也，皆自然耳。」（《大宗師》「庸詎知吾所謂天之非人乎？……」注）這裡所說「皆自然耳」是指它們都是一定條件和情況下的產物。《莊子．天運》篇講到聖人亂天下，向—郭《注》對此評論說：「承百代之流，而會乎當今之變，其弊至於斯者，非禹也，故曰天下耳。言聖知之跡非

亂天下，而天下必有斯亂。」（《莊子．天運》篇「人自為種而天下耳」注）

典制與道德

向、郭認為，宇宙是在流動不居之中，在向－郭《注》中寫道：「夫無力之力，莫大於變化者也。故乃揭天地以趨新，負山嶽以捨故。故不暫停，忽已涉新，則天地萬物無時而不移也。……今交一臂而失之，皆在冥中去矣。故向者之我，非復今我也。我與今俱往，豈常守故哉！」（《大宗師》「然而夜半有力者負之而走……」注）

社會也是在不斷變動之中。人的需要同樣是在不斷變化之中。典制和道德適應一時，不可能適用於永久。向－郭《注》中說：「夫先王典禮，所以適時用也。時過而不棄，即為民妖，所以興矯效之端也。」（《莊子．天運》「圍於陳蔡之間……」注）

向－郭《注》中還說：「法聖人者，法其跡耳。夫跡者，已去之物，非應變之具也，奚足尚而執之哉？執成跡以御乎無方，無方至而跡滯矣。」（《莊子．胠篋》「然而田成子一旦殺齊君而盜其國」注）

社會隨情況而變化，情況變了，典制和道德也應作相應的改變。如果不隨之而變，就將扞格不入，（「即為民妖」）變成人為的桎梏。新的典制和道德應運而生是自然的事。新的與舊的扞格不入，因為他們所處的時代變了。兩者都是應時而生，因此不能說，哪個比另一個就一定高明或不如。向、郭並不像老子、莊子那樣一般地反對典制和道德，他們所反對的是在現實世界中已經過時、已經背乎自然的典制和道德。

有為與無為

向、郭就是這樣，對先秦道家思想中的天、人、有為、無為都賦予了新的詮釋。在社會情況變動中，新的典制和道德自然應時而生，在這時候，順應天、順應自然就要順應新的典制道德，這就是「天」，就是無為。反對新的典制道德，極力維護舊的典制道德，這便是「人」，便是有為。向—郭《注》中有一段話：「夫高下相受，不可逆之流也。小大相群，不得已之勢也；曠然無情，群知之府也。承百流之會，居師人之極者，奚為哉？任時世之知，委必然之事，付之天下而已。」（《大宗師》「以知為時者……」注）

一個人，在他的活動中讓天賦的才能發揮出來，這在他就是無為。反之，就是有為。向—郭《注》中說：「夫善御者，將以盡其能也。盡能在於自任。若乃任駑驥之力，適遲疾之分，雖則足跡接乎八荒之表，而眾馬之性全矣。而惑者聞任馬之性，乃謂放而不乘，聞無為之風，遂云行不如臥；何其往而不返哉？斯失乎莊生之旨遠矣。」（《馬蹄》「飢之渴之……」注）儘管向、郭作出這樣的批評，就這些人對莊子的理解來說，其實錯誤並不十分嚴重。而向、郭兩人的見解則確是十分有創見的。

向、郭對先秦道家的「純素之道」思想也作了新的詮釋。在向－郭《注》中說：「苟以不虧為純，則雖百行同舉，萬變參備，乃至純也。苟以不雜為素，則雖龍章鳳姿，倩乎有非常之觀，乃至素也。若不能保其自然之質，而雜乎外飾，則雖犬羊之鞹，庸得謂之純素哉？」（《刻意》「故素也者，……」注）

知識與模仿

老莊都反對通常被社會推崇為聖人的那種人。在先秦道家著述中，「聖人」這個詞有兩重含義，一重含義是道家推崇的真人，另一重含義是擁有各種知識的飽學之士。老子和莊子都蔑視知識，因此也蔑視那些飽學之士。但是，從下面所述，向、郭並不反對有些人成為聖人；他們所反對的是有些人力圖模仿聖人。柏拉圖就是柏拉圖，莊子就是莊子。他們質樸純真，他們的天才是龍章鳳姿，天質自然。柏拉圖寫《理想國》，莊子寫《逍遙遊》都是一片冰心，直道而行，只是順乎自己的天性。

這個看法可以舉向－郭《注》下列一段話為證：「故知之為名，生於失當；而滅於冥極。冥極者，任其至分，而無毫銖之加。是故，雖負萬鈞，苟當其所能，則忽然不知重之在身。」（《養生主》「而知也無涯……」注）這是說，知識聰明的由來是由於人的欲求超過了人的才智所能。如果人在自己的才智範圍之內行事，也就無需於知識聰明了。人只要按自己的天生才智行事為人，志無盈求，事毋過用，如果能夠力負萬鈞，他這樣負重，也不會覺得力不能勝；一個人如果能日理萬機，他這樣做時也不會叫苦連天。如果這樣來理解知識聰明，則柏拉圖和莊子都不算是有任何知識聰明的人了。

照向、郭的看法，唯有東施效顰的人才需要知識聰明。向、郭把模仿看為謬誤，大概有三個原因。其一是它無用，在向—郭《注》中他們寫道：「當古之事，已滅於古矣，雖或傳之，豈能使古在今哉？古不在今，今事已變，故絕學任性，與時變化而後至焉。」（《天道》「古之人與其不可傳也死矣……」注）在道家看來，「學」就是模仿。這段話的意思是說，古代的事情已經不復存在，雖然載入了史籍，卻不能使它們在今日再現。古今不同，今世已變，只能拋棄戀古、仿古的念頭，按照人的本性，與時代同變，才能臻於完善。萬物都流動，人們每天都遇到新問題，新情況，感到新需要。對付新情況、新問題和新需要，要採取新的方法。即使在同一個時候，不同人的處境、情況和問題也有所不同，解決問題的方法也不可能盡同。一個人如果只知一味模仿，那有什麼用?!

其次，模仿是徒勞的。向—郭《注》裡有一段說：「有情於為離、曠而弗能也。然離、曠以無情而聰明矣。有情於為賢聖而弗能也，然賢聖以無情而賢聖矣，豈直賢聖絕遠而離、曠難慕哉？雖下愚聾瞽及雞鳴狗吠，豈有情於為之，亦終不能也。」（《德充符》「莊子曰，道與之貌，……」注）離朱是古代傳說中的「明目者」，師曠是春秋晉國的樂師。他們的特殊才能是天生的。其他人想成為離朱、師曠而不能，離朱、師曠並無心成為精工巧匠，卻取得了成就。常人想當聖賢而不能，聖賢順其本性而成為聖賢。如果說，模仿聖賢太遠，模仿離、曠太難，常人想成為下愚聾瞽、成為雞狗，也不可能。每個事物之成為它自己，是身不由己的，它想變為其他事物，是不可能的。

其三，模仿是有害的。向—郭《注》中還說：有些人「不能止乎本性，而求外無已。夫外不可求而求之，譬猶以圓學方，以魚慕鳥耳」。「此愈近，彼愈遠；實學彌得，而性彌失。」（《齊物論》「五者圓而幾向方矣……」注）這是說，有些人不知足於自己的天賦，硬勉強自己做不可能達到的事情，如同一個圓形，要模仿成為方形，魚要想成為飛鳥。他們的目標定得越高，自己走得越遠；知識越多，戕賊本性也愈甚。

不僅如此，「愛生有分，而以所貴引之，則性命喪矣。若乃毀其所貴，棄彼任我，則聰明各全，人含其真也。」（《胠篋》「擢亂六律……」注）事物的本性都有它的局限性。人如果力圖超越本性，結果就將喪失本性；只有不顧外面的引誘，順乎自己的本性，才能保持自己內心的完整。一意模仿別人，不僅不可能成功，還陷入喪失自己的危險。這是刻意模仿帶來的危險。

這表明，模仿不僅無用，毫無結果，還將戕賊自己。因此，人的唯一明智的生活方式是：「棄彼任我」，這便是在生活中實踐「無為」。

齊萬物

如果一個人能夠真正「任我」地生活，不顧外來的壓力或引誘，這意味着他已經能夠祛除向、郭在《齊物論》注中所說的「偏尚之累」（《齊物論》「五者圓而幾向方矣」注），時刻苦於選此捨彼的煩惱。這也就是說，他已經能夠從一個超越的觀點，看到萬物在本質上並無差別，已經登上「無差別」「混沌一體」的康莊大道了。

在《齊物論》裡，莊子強調事物本質上並無差別的理論觀點，其中又特別強調：像儒墨兩家那樣是己非彼並無意義。向、郭在《莊子注》書中對此也特別着力。對莊子所說「天地一指也，萬物一馬也」，向—郭《注》說：「將明無是無非，莫若反覆相喻；反覆相喻，則彼之與我，既同於自是，又均於相非。均於相非則天下無是，同於自是，則天下無非。」能夠最好地表明事物的是非本無區別，便是把事物拿來比較。這樣做時，人們就會發現：所有事物的共同之處就在於都以自己為是，而以別的事物為非。既然它們都確定地認為，一切其他事物都不對，那就是說，天下沒有一樣東西是對的；既然它們都確定地認為自己是對的，那就表明，世上沒有錯的東西。

向—郭《注》又說：「何以明其然耶？是若果是，則天下不得復有非之者也。非若果非，則天下亦不得復有是之者也。今是非無主，紛然淆亂。明此區區者，各信其偏見而同於一致也。仰觀俯察，莫不皆然。是以至人知天地一指也，萬物一馬也，故浩然大宇，而天地萬物，各當其分；同於自得，而無是無非也。」這是說，如果自認為「對」的果真絕對正確，則世上便沒有「不對」的東西了；如果被指為「錯」的東西果真都錯，則世上也就沒有能自認為「對」的東西了。事實是，在事物的是非上難以確定，分辨是非的界限陷於混亂，這表明，是非之分，無非是一種偏執之見，而在偏執這一點上，萬物倒是一致的。仰觀俯察，到處都如此。至人有鑒於此，從中知道天地如同一指，萬物如同一馬，因而得以心平氣和。懂得齊萬物，萬物都順性「任我」，就都怡然自得了。

終極的自由與快樂

如果人能夠超越事物之間的差別，就能夠享受像《莊子》第一篇《逍遙遊》中提出的絕對自由和絕對快樂。在《逍遙遊》裡，莊子講了許多故事，其中提到大鵬、小鳥、蟬等等。朝生暮死的朝菌只有「小知」，千年古樹（「大椿」）則有「大知」；小官僚才德有限，而列子則「馭風而行」。對此，向秀、郭象《注》說「苟足於其性，則雖大鵬無以自貴於小鳥；小鳥無羨於天池，而榮願有餘矣。故大小雖殊，逍遙一也。」（《逍遙遊》「蜩與學鳩笑之曰……」注）

但這種快樂只是相對的快樂。如果萬物只是在自身有限的領域中自得其樂，它們的樂也只是極其有限的。針對這一點，莊子在《逍遙遊》的故事裡提出了一個獨立的人（大鵬），超越有限而融入無限、享受到無限所給與的絕對快樂。他因超越了有限、融入無限而「無我」。他順乎萬物本性，與萬物一起得其所哉，因此，在世人眼中，他「一無所成」。他與道成為一體，道無名，依同樣的道理，至人也無名。

向、郭在《莊子注》裡，把這思想發揮得淋漓盡致說：「物各有性，性各有極，皆如年知，……歷舉年知之大小，各信其一方，未有足以相傾者也。」這是說，事物各有其性，事物本性又各有局限。事物之間的差別往往只是數量上的差別，例如大知和小知，長壽和短壽，改變不了人的知識有限、生命有限這個本質。莊子在列舉這方面的許多例證之後，舉出了他心目中的獨立的人，既忘記了自己，又忘記了和自己對立的一方，因此達到了「無差別」境界。因此，萬物在各自的範圍內自得其樂。獨立無待的人既無功，也無名。向—郭《注》中說：「是故，統小大者，無小無大者也。苟有乎大小，則雖大鵬之與斥鴳，宰官之與御風，同為累物耳。齊死生者，無死無生者也。苟有乎死生，則雖大椿之與蟪蛄，彭祖之與朝菌，均於短折耳。故遊於無小無大者，無窮者也。冥乎不死不生者，無極者也。若夫逍遙而繫於有方，則雖放之使遊而有所窮矣，未能無待也。」（《逍遙遊》「小知不及大知，小年不及大年」注）

莊子在《逍遙遊》中描寫獨立無待的人有如「乘天地之正，而御六氣之變，以遊無窮。」向—郭《注》說：「天地者，萬物之總名也。天地以萬物為體，而萬物必以自然為正。自然者，不為而自然者也。故大鵬之能高，斥鴳之能下，椿木之能長，朝菌之能短，凡此皆自然之所能，非為之所能也。不為而自能，所以為正也。故乘天地之正者，即是順萬物之性也；御六氣之變者，即是遊變化之塗也。如斯以往，則何往而有窮哉？所遇斯乘，又將惡乎待哉？此乃至德之人玄同彼我者之逍遙也。」「苟有待焉，則雖列子之輕妙，猶不能以無風而行，故必得其所待，然後逍遙耳，而況大鵬乎？夫唯與物冥而循大變者，為能無待而常通，豈獨自通而已哉？又順有待者，使不失其所待，所待不失，則同於大通矣。」在這裡，「通」就是自由。

在向、郭的思想裡，「道」即是「無」，「天」或「天地」成為他們的最重要的思想。「天」是萬物的總稱，因此也就是萬物的整體，從「天」的觀點看萬物，把自身融入「天」，就是超越萬物和萬物的差別性，或如新道家所說：「超乎形象」。

因此，向秀和郭象不僅對先秦道家的思想作了重要的修正，還把莊子在思想上的暗示用具體透徹的語言表達出來。如果有人覺得，任何話語都不宜說得太透，暗示比明確更堪玩味，就會同意從前一個禪宗和尚所說：「曾見郭象注莊子，識者云：卻是莊子注郭象。」（請參看本書第一章）

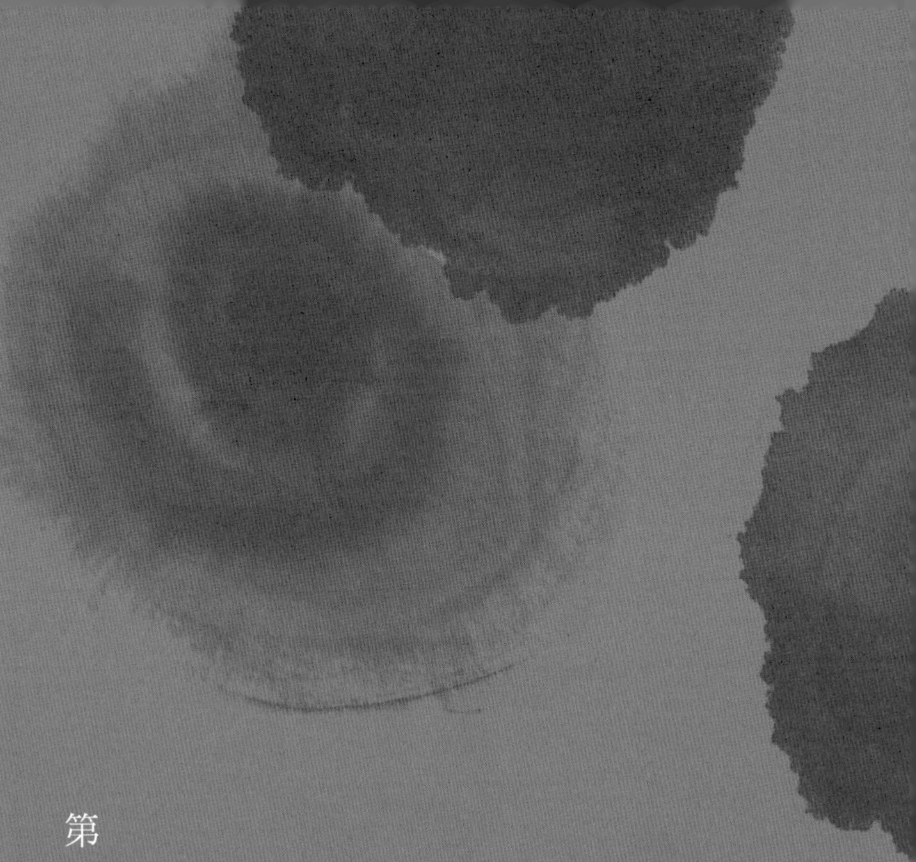

第二十章

新道家：豁達率性的風格

劉伶（公元二二二 — 三〇〇年）

向秀和郭象在《莊子注》裡從理論上闡述了一個人超越事物差別之後，得以不再依循別人的意旨生活，而率性任情地過自己的生活（「棄彼任我」）。這種思想和生活方式乃是中國古人稱為「風流」的實質。

風流與浪漫精神

為理解「風流」的含義，需要讀《世說新語》（簡稱《世說》），這是晉朝劉義慶（公元四〇三—四四四年）的著作，劉峻（公元四六三—五二一年）注。晉朝的新道家和他們的佛僧友人以當時所盛稱的「清談」著名，從字面含義說，「清談」是清新、精妙的談話。它的藝術性在於運用精妙而又簡練的語言，表達（往往是道家的）創意清新的思想。由於它的精微思想和含蓄而富妙趣的語言，因此只能在智力較高、又互相熟悉、旗鼓相當的朋友之間進行，而被認為是一種「陽春白雪」式的高水平智力活動。《世說》就是當時名士間清談的一部輯錄，從中可以看到三、四世紀間風流自賞的名士們的生動形象。因此，《世說》一書問世後，便成為探索「風流」傳統的一部主要資料書。

究竟「風流」是什麼意思？這是一個含意豐富而又難以確切說明的語詞。從字面上說，「風流」是蕩漾着的「風」和「流水」，和人沒有直接的聯繫，但它似乎暗示了有些人放浪形骸、自由自在的一種生活風格。

我對英語中「浪漫」（romantic）和「浪漫主義」（romanticism）兩個詞的含義還未能充分領略。但我大致感覺到，這兩個詞和「風流」的意思頗為接近。在中國思想史上，「風流」主要是和道家思想相連的。這是在本書第二章裡，我說中國歷史上，儒家和道家的地位和作用有點類似西方歷史上的古典主義和浪漫主義的原因之一。

在中國歷史上，漢朝（公元前二〇六—公元二二〇年）和晉朝（公元二六五—四二〇年）不僅是兩個不同的朝代，它們的社會、政治、文化都十分不同，以致成為兩種文學、藝術和生活方式的代表，漢代的風格是莊嚴、雄渾；晉代的風格則是俊雅和曠達疏放。俊雅也是「風流」的一個特徵。

「楊朱的樂園」

在這裡，先要說一下道家著作中《列子》一書（古本已佚失）今本八篇中的第七篇《楊朱》篇（Anton Forke 的英譯本把它譯作「楊朱的樂園」）。在本書第六章裡已經指出，它並不真正代表中國古代哲學家楊朱的思想。現代中國學者考證，今本《列子》（內容多為民間故事、寓言和神話傳說）是公元三世紀的一部著述，因此，其中的《楊朱》篇也應是公元三世紀間的著作。它與三世紀的思潮十分吻合，實際上反映了「風流」的一個方面。

在《楊朱》篇裡，把「外」和「內」加以區別。這位假托的楊朱說：「生民之不得休息，為四事故。一為壽；二為名；三為位；四為貨。有此四者，畏鬼畏人；畏威畏刑。此謂之遁人也。可殺可活，制命在外。不逆命，何羨壽？不矜貴，何羨名？不要勢，何羨位？不貪富，何羨貨？此之謂順民也，天下無對，制命在內。」

《楊朱》篇裡有一段虛構了公元前六世紀鄭國著名政治家子產和他的哥哥、弟弟的談話。子產治國三年，成績斐然；但是他的哥哥和弟弟，一個酗酒，一個好色，子產也莫能奈他們何。一天，子產和他的哥哥、弟弟談話，對他們說：「人之所以貴於禽獸者智慮，智慮之所將者禮義。禮義成則名位至矣。若觸情而動，耽於嗜慾，則性命危矣。」

他的兄、弟回答說：「夫善治外者，物未必治而身交苦；善治內者，物未必亂而性交逸。以若之治外，其法可暫行於一國，未合於人心；以我之治內，可推之於天下，君臣之道息矣。」

《楊朱》篇所說的「治內」相當於郭象所說的「任我」而活，所說的「治外」相當於郭象所說的「從人」而活。人活着，應當聽從自己內心，而不是矯情迎合別人。也就是說，人活着，或循理或順情，都應當出自純真的內心，而不是為了迎合時尚。用三、四世紀時通用的語言來說，就是任「自然」，而不是循「名教」。這是所有新道家人士都一致的認識，但其間還有區別，以郭象為代表的理性派強調要按理性的要求來生活，而另一批任情派則主張要率性任情地生活，這是下面所要講的。

《楊朱》篇所代表的就是率性任情一派思想的極端形式。其中有一段是晏平仲（晏嬰）問養生於管夷吾（管仲）的故事（晏嬰和管仲都是春秋時代齊國的政治家，但並不同時）。管仲回答說：「肆之而已，勿壅勿閼。」晏嬰問：「其目奈何？」（「具體內容是什麼？」）

管仲回答說：「恣耳之所欲聽，恣目之所欲視，恣鼻之所欲向，恣口之所欲言，恣體之所欲安，恣意之所欲行。」

「夫耳之所欲聞者音聲，而不得聽，謂之閼聰。目之所欲見者美色，而不得視，謂之閼明。鼻之所欲向者椒蘭，而不得嗅，謂之閼膻。口之所欲道者是非，而不得言，謂之閼智。體之所欲安者美厚，而不得從，謂之閼適。意之所欲為者放逸，而不得行，謂之閼往。」

「凡引諸閼，廢虐之主。去廢虐之主，熙熙然以俟死，一日一月，一年十年：吾所謂養。拘此廢虐之主，錄而不捨，戚戚然以至久生，百年千年萬年：非吾所謂養。」這是說，凡以上所引乃是人生煩惱的主要原因，把它們除去，以享天年，無論是一天、一月、一年、十年——這便是養生。若死死抓住令人煩惱的事情，在憂戚中生活而不能自拔，縱使長壽，活到百年、千年、以至萬年，這不是我所說的養生。

接下去，「管夷吾曰：『吾既告子養生矣，送死奈何？』晏平仲曰：『送死略矣。……既死，豈在我哉？焚之亦可，沉之亦可，瘞之亦可，露之亦可，衣薪而棄諸溝壑亦可，衮衣繡裳而納諸石槨亦可，唯所遇焉。』」

「管夷吾顧謂鮑叔、黃子曰：『生死之道，吾二人進之矣。』」（進一步領悟了）

率性的生活

《楊朱》篇這裡所描述的可以認為是代表了晉朝的一種精神，但不是全部，也不能說是其中最好的。在這一篇裡上面所引述的，《楊朱》所感興趣的只是一種粗鄙的享樂。在新道家看來，這種享樂也不是必定要予以鄙視，但如果一個人刻意追求這種享樂，那並不是「風流」的真意所在。

《世說》中有一個關於劉伶的故事，劉伶（約公元二二一—約三〇〇年）是竹林七賢之一。故事中說，劉伶在家裡喜歡一絲不掛，為此受到別人批評。劉伶回答批評他的人說：「我以天地為棟宇，屋室為褌衣（有襠褲），諸君何為入我褌中！」（《世說．任誕》）劉伶在家裡一絲不掛，誠然是以此為樂，但他還從中感受到自在於天地宇宙之中。這種感覺正是「風流」的實質所在。

有這種超世感覺和追隨道家修身養生的人對「快樂」有一種比對具體物慾享樂更高的需要，也具有更敏銳的感覺。《世說》中紀錄了當時一些著名學者的脫俗舉止。他們率性純真地行動，卻全然無意於物慾的享樂。例如，王羲之的兒子王徽之（字子猷，約公元三八八年卒）住在山陰（離現杭州不遠），「夜大雪，眠覺，開室，命酌酒。四望皎然，因起彷徨，詠左思《招隱》詩。忽憶戴安道。時戴在剡。即便夜乘小船就之。經宿方至，造門，不前而返。人問其故，王曰：『吾本乘興而行，興盡而返，何必見戴。』」（《世說．任誕》）朋友之間有真情，不在於見面親熱一番與否，因此，王徽之去探視戴安道，卻又不前而返。

《世說》中另一則說：「鍾士季（名會，公元二二五—二六四年，是政治家、將軍，又是一位文人。）精有才理，先不識嵇康。鍾要於時賢儁之士，俱往尋康。康方大樹下鍛。向子期（向秀）為佐鼓排。康揚槌不輟，旁若無人，移時不交一言。鍾起去。康曰：『何所聞而來，何所見而去？』鍾曰：『聞所聞而來，見所見而去。』」（《世說．簡傲》）

晉朝人喜歡稱頌名人的體態和精神美。嵇康被時人比作「松下風」，稱頌他「若孤松」「若玉山」（《世說．容止》）。大概鍾會也聽到這些稱頌嵇康的話，他約一些顯要朋友一起去拜訪嵇康，也看到了嵇康令人羡慕的容止。嵇康則並不在意別人的評論，也不以顯要來訪為意，因此並不理會鍾，鍾也不需要嵇康的曲意逢迎。兩人互相會面，都以孤高自賞，心照可以不宣，因此便有了上面的對話。

《世說》中另一則故事說：「王子猷出都，尚在渚下，舊聞桓子野善吹笛，而不相識。遇桓於岸上過，王在船中，客有識之者云，是桓子野。王便令人與相聞曰：『聞君善吹笛，試為我一奏。』桓時已貴顯，素聞王名，即便回，下車，踞胡牀，為作三調。弄畢，便上車去，客主不交一言。」（《世

說．任誕》）

兩人沒有交談，因為他們共同醉心的是音樂的純美和心靈在音樂中的交流。王徽之請桓伊為他吹一曲，是為了欣賞音樂。桓伊知道難得遇到知音，而王徽之精於音樂，於是折回來為王吹了三曲，然後登車而去。兩人都從對方得到了藝術的滿足，這時，彼此還需要說什麼呢？

《世說》中還有一段故事記名僧支遁（公元三一四—三六六年）喜歡仙鶴。一次，一位朋友送他一對小鶴。這一對小鶴逐漸長大，支遁怕它們飛走，於是把它們的翅膀剪短。仙鶴展翅想飛時，卻飛不起來，垂頭喪氣地看自己的翅膀。支遁也感到仙鶴懊喪，說道：「既有凌霄之志，何肯為人作耳目近玩！」於是等仙鶴翅膀再次長大時，讓它們自行飛去了。

《世說》中還有一則故事是講阮籍（哲學家、詩人；公元二一〇—二六三年）和他的姪子阮咸，兩人都名列竹林七賢之中。「諸阮皆能飲酒。仲容至宗人間共集，不復用常杯斟酌。以大甕盛酒，圍坐，相向大酌。時有群豬來飲，直接上去，便共飲之。」（《世說．任誕》）

支遁對鶴的同情以及阮氏一家對豬趨近就甕飲酒不以為意，表明他們看自己和宇宙萬物是同等的，沒有高下之分，也沒有異類之別。這種「同於萬物」的感覺正是「風流」的重要思想基礎，也是一個人成為藝術家所必須有的品質，因為一個真正的藝術家必須要能夠把自己的思想感情注入所要表現的對象，然後通過自身這個中介再表現出來。支遁不願成為別人的玩物，他把自己的性情注入了仙鶴。雖然人們並不認為他是一個藝術家，其實，就這個意義說，他是一個真正的藝術家。

感情

在第十章裡我們看到，莊子心目中的聖人能夠超脫於常人的感情，他對外物的本性了解得如此透徹，對它們的流動不居和形態變化已經習以為常，而「以理化情」了。《世說》中記載了許多這樣的事例，其中十分著名的一個例子是東晉謝安（公元三二〇—三八五年）的故事。他在晉國任丞相時，北方秦國大舉攻晉。秦帝親自率軍並吹噓說，秦軍將士，鋪天蓋地，投鞭長江，可使長江斷流。當時晉人十分驚恐，謝安派他的姪兒謝玄率軍迎戰。公元三八三年，兩軍在淝水一線決戰，謝玄大勝，秦軍敗退。當戰勝的消息報來時，謝安正與友人下棋。他拆信看後，把信放在一旁，繼續與客人下棋。客人問，前方有什麼消息，謝安悠靜回答說：「小兒輩大破賊。」（《世說·雅量》）

《三國志·魏書》中卷二十八《鍾會傳》引何劭《王弼傳》，記載了何晏（公元二四九年卒）與王弼（著名的《老子》注釋家，公元二二六—二四九年）兩人關於感情的一次談話。何晏沿襲莊子「以理化情」的看法，「以為『聖人無喜怒哀樂』，其論甚精，鍾會等述之。弼與不同，以為『聖人茂於人者，神明也；同於人者，五情也。神明茂，故能體充和以通無；五情同，故不能無哀樂以應物。然則聖人之情，應物而無累於物者也。今以其無累，便謂不復應物，失之多矣』。」

漢代的讖緯經學家以孔子為神，魏晉玄學家認為孔子也是人，但乃是「聖人」，與常人不同之處在於聖人「與無同體」，沒有喜、怒、哀、樂等感情。王弼獨持己見，認為聖人「有情而無累」。這話究竟是什麼意思，王弼沒有更多發揮。後來隔了許久，新的儒家——本書第二十四章將加以討論——對此加以發揮。在這裡，我們只需要指出一點即：雖然許多新道家注重理性，但也還有許多是重情的。

如前所述，新道家強調含蓄的敏感。由於這種敏感再加上前述重情派的「自我表現」理論，這就無怪乎其中許多人在動情時，不拘時間、地點，便宣泄出來。

這方面的一個實例是《世說》引述竹林七賢之一的王戎（公元二三四—三〇五年）的故事。王戎的孩子夭折，「山簡往省之，王悲不自勝。簡曰『孩抱中物，何至於此！』王曰：『聖人忘情，最下不及情；情之所鍾，正在我輩。』簡服其言，更為之慟。」（《世說・傷逝》）

王戎的這番話正好說明，為什麼新道家中有許多人如此多情善感。使他們動情的不是個人得失，而是對人生或宇宙的某個方面的領悟和由此而來的感觸。《世說》中有一則關於衛玠（公元二八六—三一二年；當時傳誦的美男子）的故事說：「衛洗馬初欲渡江，形神慘悴，語左右云：『見此茫茫，不覺百端交集。苟未免有情，亦復誰能遣此？』」（《世說・言語》）

《世說》中講到前述工於奏笛的桓伊，還說：「桓子野每聞清歌，輒喚：『奈何！』謝公聞之曰：『子野

可謂一往有深情。』」（《世說・任誕》）

這些「風流」倜儻的名士，既富於深沉的敏感，胸中塊壘自然與常人不同，在別人無動於衷的地方常會怵然於心。他們對人生和宇宙有情，也就包括了對自己有情，以至不能自已。《世說》中記載：「王長史登茅山，大慟，哭曰：『琅琊王伯輿終當為情死。』」（《世說・任誕》）琅琊人王伯輿就是指自己。

情愛

在西方，浪漫主義往往包含有性的因素在其中。在中文裡，「風流」的含意也同樣有那重意思，特別是到了後來，「風流」這個詞在中文裡，性的味道顯得更多。就晉代新道家來說，他們對性的態度，與其說是注意肉體慾望，不如說是從純粹審美的角度來對待異性。舉例來說，《世說》中有關於阮籍的一則故事。「阮公（籍）鄰家婦，有美色，當壚酤酒。阮與王安豐常從婦飲酒。阮醉，便眠婦側。夫始殊疑之，伺察，終無他意。」（《世說・任誕》）

《世說》還記載山濤（政治家、將軍；公元二〇五—二八三年）、嵇康和阮籍「契若金蘭。山妻韓氏，覺公與二人異於常交，問公。公曰：『我當年可以為友者，唯此二生耳。』」當時中國的風俗，婦道人家和丈夫的朋友是不能交往的。因此韓氏對山濤說，下次這兩位朋友來時，容她在暗處看看這兩位。下次嵇、阮兩人來訪時，韓氏便置酒餚，要丈夫留兩人過夜，她在隔壁牆孔偷窺了一夜。第二天，山濤到夫人房間問道：「他們兩人如何？」夫人回答：「論才華，你不如他們，但你的學識足以與他們相交。」山濤說：「他們也認為我的學識在他們之上。」（《世說．賢媛》）

上面兩則故事使我們看到，阮籍和韓氏欣賞異性美，卻沒有更多的要求；或者可以說，他們對美的欣賞使他們忘記了性的因素。

這些可以說是晉代新道家風格的特點，和當時所謂「風流」的實質。在他們的思想裡，風流來自「自然」，而自然與儒家倡導的名教（道德規範制度等）則是對立的。這是儒家衰微的時期，而當時的著名學者樂廣（公元三〇四年卒）還說：「名教中自有樂地。」（《世說．德行》）本書第二十四章將會講到，新的儒家便是到「名教」中尋找樂地的一種努力。

第二十一章
中國佛學的基礎

玄奘（公元五九六 — 六六四年）

佛教傳入中國是中國歷史上的一個重大事件。它自傳入後，成為中國文明的一個重要因素，對宗教、哲學、藝術和文學都產生了巨大的影響。

佛教的傳入及其在中國的發展

佛教傳入中國，究竟是在什麼時候？對這個問題，中國史學界還沒有確切的結論，大致可以說是在公元一世紀前半葉。傳統的說法是：東漢明帝（公元五八—七五年在位）時，佛教傳入中國。但現在有史料可以證明，在此之前，中原的漢族已經接觸到佛教。它此後在中國的傳播是一個漫長、緩慢的進程。從中國文獻中可以知道，在東漢（公元第一、二世紀）時，中國人把佛教看作方術中的一種，與陰陽家及後來的道教方術並沒有根本的不同。

公元二世紀時，甚至有一種理論認為，釋迦牟尼是老子的一個弟子。這種說法可能淵源於《史記·老子列傳》說，老子最後「莫知其所終」。熱心的道家由此發展出一個故事：老子最後西行，到了印度，教了釋迦和另二十八位弟子。由此又衍生出佛經源自老子《道德經》的說法。

公元三、四世紀間，佛經譯成中文的漸多，人們對佛家的形而上學思想了解較多。這時又出現一種看法，認為佛家的思想和道家，特別是莊子的思想相近，而與道教則不相干。解釋佛經的著作往往援引道家思想，這類著作在當時稱為「格義」，即從類比中求得它的含義。

這種方法難免帶來不準確和曲解的毛病。因此到五世紀，佛經漢譯如潮湧現時，「格義」的方法被擯棄了。但是，五世紀時來自印度的佛教著譯大師鳩摩羅什（Kumarajiva）還繼續使用道家的名詞術語如「有」「無」「有為」「無為」等來表達佛家的思想。釋義法和「格義」的不同在於：「格義」只使用讀者看到外貌的形似，而釋義則令人看到思想的內在聯繫。它實際是對印度佛教思想和中國道家思想進行一種綜合的努力，由此而為中國佛學奠定了基礎。

在這裡需要指出一點：「中國佛學」和「佛學在中國」的含意是不同的。佛教的某些宗派始終堅守印度佛教的宗教和哲學傳統，和中國思想不相關聯，例如唐代玄奘法師（公元五九六—六六四年）由印度介紹到中國的法相宗（着重一切東西都是「識」所變，亦稱「唯識宗」），可以稱之為「佛學在中國」。它們在中國的影響僅限於某個圈子裡，並僅限於某個時期。它們沒有試圖去接觸中國思想界，因此，對中國人的思想發展也沒有產生任何作用。

「中國佛學」則是佛學傳入中國後，與中國哲學思想接觸後的發展。下面我們將會看到例如「中道宗」，與道家思想便有某些相似之處。中道宗與道家思想的相互作用導致「禪宗」的興起，它是佛家，而在思想上又是中國的，並形成中國佛教的一個宗派。它雖是佛教的一個宗派，卻對中國哲學、文學、藝術產生了深遠的影響。

佛學的一般概念

佛教傳入中國後，佛經也大量譯成中文；其中包括小乘（Hinayana）經典和大乘（Mahayana）經典。在中國佛教中流傳的則只限於大乘經典。

總的說來，大乘佛教對中國思想影響最大的有兩端，一是它提出的「宇宙為心」；另一是它在形而上學中使用的「負的方法」。在對此進行討論之前，需要先對佛學的一般概念有一個總體的了解。

佛教雖然分為許多宗派，各有自己的思想特色，但各派也有一些共同信奉的基本觀念，其中主要是「業」（梵文 karma）的理論。「業」通常解釋為人的行動作為，而實際上，它的含意比「行為」要廣闊得多，一切有情物（生靈）的思念和言語也都包括在內。按照佛家的看法，宇宙的一切現象，或者更確切地說，任何一個有情物所看出去的世界，都是他內心自造的景象。每當他有所動作，或只是說話、或心裡動念，都是心的作為。這個作為必然產生它的後果，不論這後果要等多久才顯現出來。這個後果便是「業」的報應。「業」是因，果是「報」。每一個人都是因與果，業與報的連環套。

每一個有情物的今生只是這個無窮鎖鏈中的一環。死並不是生命的終結，而只是這個因果循環的一個中轉站。人的今生只是他前生的「業」的果報。他在今生的作為（「業」）又決定他來世成為什壓，他將來的作為又結成更後世的果報，以至於無窮。這個因果的鎖鏈構成「生死輪迴」（梵文稱 samsara）。一切有情物的「眾生皆苦」，其主要來源便由於此。

按佛家的看法，所有這些苦難的根源在於人不認識事物的本性。宇宙萬物乃是各人自己內心所造的景象，因此它是「幻相」，只是曇花一現。但是，人出於自己的無知（「無明」）而執著地追求（「執迷不悟」），這種根本的無知，在梵文裡稱為「Avidya」，中文譯為「無明」。由「無明」導致「貪慾」，又「執迷不悟」。這便把人緊緊縛在生死輪迴的巨輪上，無法逃脫。

人從生死輪迴中解脫出來的唯一辦法便是「覺悟」（梵文作 bodhi）。佛教各派的種種教義和修行都是為啟發人對世界和自己的「覺悟」。人覺悟之後，經過多次再世，所積的「業」，不再是貪戀世界、執迷不悟，而是無貪慾、無執著；這樣，人便能從生死輪迴之苦中解脫出來，這個解脫便稱為「涅槃」（梵文作 Nivarna）。

對「涅槃」這個境界怎樣進一步領會呢？可以說，這就是個人和宇宙的心融合為一（宇宙的心又即「佛性」）。個人本來與宇宙本性是一體，他就是宇宙本性的表現，只是人先前不認識這一點，或說，不曾意識到這一點。大乘佛教中的性宗闡發了這個理論（性宗認為，心和性是一回事）。性宗在闡發這個理論時，也就把「宇宙心」（即宇宙本體）的觀念帶進了中國哲學思想。

大乘佛教還有其他宗派，例如：空宗（也稱「中道宗」）。它對「涅槃」有不同的解釋。這一派解決問題的方法就是我所稱的「負面的方法」。

二諦義

中道宗（佛學中稱三論宗）倡導真諦有兩重，把佛教的道理分作供普通人受用的「俗諦」（亦稱「世諦」）和更高意義的佛法即「真諦」。由此更進一步，認為在二諦中還各分層次，因此，在俗諦中被認為是真諦的，從真諦看又被認為是俗諦。三論宗的大師吉藏（公元五四九—六二三年）闡述二諦論包括有三個層次的真諦：

（一）普通人看萬物為「實有」，而不知「無」。為此，諸佛教導說，萬物實際是「無」和「空」。在普通人的層次上，以萬物為「有」，就是俗諦；以萬物為「無」，就是真諦。

（二）以萬物為「有」是偏頗之見；以萬物為「無」，也是偏頗之見。這是因為它給人一個錯誤的印象，以為「無」或「非有」只是由於從存在中把「有」移去，其實，「有」即是「無」。舉例來說，我們面前的一張桌子，要表明它不存在時，並不需要把桌子毀掉。事實上，它從來就不存在，因為在人實際拆毀桌子前，他所想拆毀的桌子在他心裡已經不存在了。在這剎那間，桌子已不是原來那樣子了。它只是「看似」原來那樣子。因此，在第二層次上看，說「萬物皆有」，和說「萬物皆無」，都是俗諦。只有當人認識到,「事物非有非無」;這才是真諦。

(三)但如果說,中道真諦意味着沒有偏頗之見(即非有非無),這就意味着要區別「有」和「無」,而一切區別本身就是偏頗之見。因此,在第三層次上,說事物非有非無,這乃是沒有偏頗的看法,又只不過是俗諦;真諦是指:事物非「有」非「無」,非「非有」、非「非無」;中道既不是「偏頗」,又不是「不偏頗」。(參看吉藏《二諦章》卷上,載《大藏經》卷四十五)

在這段裡,我有意識保留了「有」「無」兩個字,以顯示當時的思想家看到(或感覺到)佛家和道家討論的中心問題多麼相似。更進一步分析便可看出,這種相似在某些方面只是表面性的。儘管如此,當道家以「無」來表達超越的形象時,它與佛家用「無」表達「非非」,兩者之間確有相似之處。

在佛家的三論宗和道家之間,還有更深一層的相似之處在於他們的思想方法、他們從哪裡入手來探討問題和所得到的最後結果。這種方法便是運用談話的不同層次,在一個層次作出的論斷,到下一更高的層次又予以否定。在本書前面第二章論到《齊物論》時,可以看到莊子也是使用這個方法。

當一切都被否定,包括否定先前的否定時,人便會發現自己處於莊子哲學中的那種地位:一切都被忘記,包括「忘記一切」這一點也已忘記。這便是莊子所說的「坐忘」,也就是佛家所說的「涅槃」。我們不能問這一派佛家:你所說的「涅槃」究竟是什麼意思?因為按照三論宗的理論,人到了第三層真諦時，便什麼都無可言說了。

僧肇的哲學

五世紀中國佛教三論宗出了一位大師即鳩摩羅什，他本是印度人，但出生於安息國（在今日中國的新疆）。公元四〇一年，他到長安，此後一直住在長安，直到公元四一三年他去世。在這十三年裡，他翻譯了許多佛教文獻、教導了許多弟子。在他的弟子中，有些十分傑出，成為著名的佛教思想家。本章只舉其中兩位：僧肇和道生。

僧肇（公元三八四—四一四年）出生於長安附近。他本來研讀老莊，後來成為鳩摩羅什弟子。他曾撰寫了幾篇文章，後匯集成《肇論》，意思指僧肇的論著。其中有一篇《不真空論》（意為「空不真」），文中說：「然則萬物果有其所以不有，有其所以不無。有其所以不有，故雖有而非有；有其所以不無，故雖無而非無。……所以然者，夫有若真有，有自常有；豈待緣而後有哉？譬彼真無，無自常無，豈待緣而後無也？若有不能自有，待緣而後有者，故知有非真有。……萬物若無，則不應起。起則非無。……欲言其有，有非真生；欲言其無，事象既形。象形不即無，非真非實有。然則不真空義，顯於茲矣。」（見《大藏經》卷四十五）

《肇論》的第一論題是《物不遷論》，其中說：「夫人之所謂動者，以昔物不至今，故曰動而非靜。

我之所謂靜者，亦以昔物不至今，故曰靜而非動。動而非靜，以其不來，靜而非動，以其不去。……求向物於向，於向未嘗無；責向物於今，於今未嘗有。……是謂昔物自在昔，不從今以至昔；今物自在今，不從昔以至今。……果不俱因，因因而果。因因而果，因不昔滅；果不俱因，因不來今。不滅不來，則不遷之致明矣。」（《大藏經》卷四十五）這是說，人們通常所講萬物變化，意在指出過去之物，已經過去；今日之物，不是過去之物，而是當今的新事物。僧肇在《物不遷論》中又說：「梵志出家，白首而歸，鄰人見之曰：『昔人尚存乎？』梵志曰：『吾猶昔人，非昔人也。』」這是說，每一剎那都有梵志，但現在這一剎那的梵志不是過去來的；過去的梵志也不是從現在倒退回過去的梵志。從事物時刻在變來說，我們只見有變，不見有恆；然而就每一剎那來說，在那一剎那，事物和時間是結合在一起的，因此可以說，有恆常而無變化。

這是僧肇為充分闡述二諦義中的第二層次所提出的理論。在這層次上，說事物是「有而恆常」與說事物是「無而恆變」都是「俗諦」。說事物既非有，又非無，既非恆常又非恆變，則是高一層的真諦。

僧肇還在《般若無知論》裡對二諦論的最高層次——第三層次——補充闡述。「般若」（梵文作Prajna）的含義是「佛的智慧」，「般若無知論」的意思是說：佛的智慧並非知識。般若可以勉強解釋為「聖智」，它其實並不是知識。人們通常所說對於事物的知識是舉出事物的一項品質，以此作為知識的對象。「聖智」則是指：懂得何謂「無」，而且知道「無」超乎形象，沒有任何特性，因此它不可能成為知識的對象。要懂得「無」，只有與「無」一體，這便是「涅槃」。「涅槃」和「般若」是一而二，又二而一的。正如「涅槃」並非知識的對象，「般若」是懂得那並非知識的奧義。因此，進入第三層次的真諦時，人只能緘默，什麼也無法說。

道生的哲學

僧肇去世時才三十歲，不然，他將會有更大的思想影響。道生和僧肇同為鳩摩羅什的弟子。道生（公元三七四？－四三四年卒）河北鉅鹿人，寓居彭城（今江蘇省北部）。他以知識淵博、聰穎過人、能言善辯，聞名於時。據說，當他講經時，甚至頑石也不禁點頭。晚年在江西廬山、當時的佛學中心講學，在他之前的高僧如道安（公元三八五年卒）、慧遠（公元四一六年卒）都曾在此講經。道生在講學中提出了許多新的理論，這些理論被認為是對佛學傳統的「革命」，以致他在南京講經時曾被當地僧人中的守舊派攻擊，把他逐出南京。

他所創立的理論包括「善不受報」論，原文現已佚失。在僧佑（公元五一八年卒）編纂的《弘明集》中輯有慧遠所著《明報應論》，也是講善不受報，可能反映了道生的某些思想，但我們對此無法斷定。這篇文章的總的意思是從形而上學進一步發揮道家「無為」和「無心」的思想。「無為」的字面含義是「無所作為」；但它的真正含義是「無心」而行。一個人順其自然地行事，不因人、因時、因地而厚此薄彼、先此後彼或有為有不為，這就是無為。按慧遠的看法，一個人如果「無為」

「無心」，他的人生就無求、無待，而不在於他從事了這項或那項活動。按佛家的看法，人有求就有所執著，於是就有「業」，有「業」就有「報應」。因此，人若「無求」「無執著」，他的「業」就不招致「果報」（參閱《弘明集》卷五，載《大藏經》卷五十二）。慧遠的這個理論，無論是否是道生的原意，它把道家思想中有社會倫理影響的部分，引進了佛家的形而上學中去。這是中國佛學的一個重要發展，後來禪宗又把這個思想接了過去，並繼續加以發展。

道生的另一項理論是「頓悟成佛」義。他在這方面的論著也已佚失。但在謝靈運（公元四三三年卒）的《辯宗論》（辨明宗義論）裡保存了道生的這個思想。它是在與「漸悟論」的辯論中闡明的。道生和謝靈運並不是反對學佛和修行的重要性，他們的意思是說，學佛和修行只是成佛的預備，僅靠這樣的漸進積累遠不足以成佛。成佛還要有一個突變的心靈經驗，使人跳過深淵，由此岸達到彼岸，在一瞬間完全成佛。人在跳越深淵時，也可能跳不過去，結果還是留在此岸；在此岸和彼岸之間，並無其他中間步驟。

頓悟論的立論依據是：成佛在於與「無」成為一體，或者可以說，和「宇宙心」（Universal mind）成為一體。「無」既超乎形體，便不是「物」。既不是「物」，便不能分割成多少塊。因此，人不能今天與這塊「無」合一，明天與那塊「無」合一。「一體」只能是一個整體，合一只能是與整體合一。凡不是與整體合而為一，便不是一體。

《辯宗論》裡記載了謝靈運和別人在這題目上的許多辯論。有一位僧人名叫僧維，他辯論說，如果一個學僧已經與「無」一體，他就再無可說。如果一個人還在學「無」以去「有」，這個「學無以去有」的過程便是漸悟的過程。謝靈運對此回答說，如果一個學僧還處在「有」的領域，則他的努力只是「學」，而不是「悟」。「悟」所指的是超越「有」，一個人學「悟」，並不就是「悟」。

僧維又問：如果一個學僧獻身於學，期望與「無」成為一體，是否能有所進步呢？如果不能進步，則何必學？如果能進步，那豈不就是漸悟？謝靈運對此回答說，獻身於學，可以達到排除雜念。但排除雜念不等於消滅雜念，人還是不能免於對雜念的執著，只有經歷頓悟，人才消除了雜念。

僧維又問：如果一個學僧學佛修行，能不能與「無」暫成一體？如果能夠這樣，它比完全不能融入「無」終究稍好一些，這豈不就是「漸悟」？謝靈運回答說。暫時與「無」一體，乃是幻象；真正與「無」一體，必定是持久的，而不是短暫的。這和上面所說，排除雜念不等於消滅雜念的道理是一樣的。

謝靈運在和僧維論辯中所持的觀點，道生都表示贊同。在《辯宗論》裡收錄的道生《答王衛軍書》，就是一個明證。後來道宣（公元五九六－六六七年）編纂《廣弘明集》，其中輯錄了《辯宗論》（見《廣弘明集》卷十八；載《大藏經》卷五十二）。

道生的另一項理論主張是：「一切眾生，莫不是佛，亦皆涅槃。」（見《法華經疏》）這是說，一切有情都有佛性，或說都有梵心。他關於這個問題的論文也已佚失，但他在這問題上的觀點散見於他對幾部佛經的注疏中。從中可以看出道生的主張，認為一切有情都有佛性，而不自知。這種「無明」（梵文 Avidya）是人被縛在生死輪迴之中的緣由。因此，人首先應當知道自己裡面有佛性；然後經過學佛和修行，得「見」自己內有的佛性。這個「見」只能來自一種「頓悟」，因為「佛性」是一個不能分割的整體，人若「見」，所見的必定是那整體，若未見整體，就是未見。佛性又是從外面無法見到的，人若「見」到自己裡面的佛性，只能經過與佛性融為一體的體驗。這便是道生所說：「返迷歸極，歸極得本。」（《涅槃經集解》卷一）「極」和「本」就是佛性，歸極得本所經驗的境界便是涅槃。

但是，涅槃並不是全然外在於生死輪迴，與生死輪迴迥然相異；這道理也適用於佛性，它不是完全外在於生死輪迴、和現象世界全然相異。人若一旦「頓悟」，現象世界就成了佛的世界。所以道生說：「夫大乘之悟，本不近捨生死，遠更求之也。斯在生死事中，即用其實為悟矣。」（僧肇《維摩經注》卷七）佛家以「登彼岸」的比喻來表示得涅槃。道生說：「言到彼岸：若到彼岸，便是未到。未到，非未到，方是真到。此岸生死，彼岸涅槃。」（見同上，卷九）他還說：「若見佛者，未見佛也；不見有佛，乃為見佛耳。」（見同上）

這大概也就是道生所主張的另一項理論，即「佛無淨土」論，認為佛的世界就在現實世界之中。

《大藏經》卷四十五有一篇《寶藏論》，傳說是僧肇所作，實際大概是別人假託之作。其中說：「譬如有人於金器藏中，常觀於金體，不睹眾相。雖睹眾相，亦是一金。既不為相所感，即離分別。常觀金體，無有虛謬。喻彼真人，亦復如是。」這是說，如果有一個人常在金器庫裡，目睹各種金器，而不注意它們的形象，或雖看見它們的形象，但注意的是器物的質地，則他所見乃是器物的真金質地，而不被器物的不同外表所惑。一個聖人所見世界，亦復如此。

這段話雖不一定是來自僧肇，但後來卻常被佛家引用。意思是說，除現象世界之外，別無其他實在。因此，佛性的實在性也就在現象世界之中，正如在金器庫裡，除金器外，別無它物。有的人由於「無明」，在現象世界裡，只見世界的諸相，卻不見佛性的實在。另有些人，在現象世界中因悟而見到佛性，但所見佛性並未脫出現象世界。這兩種人，所看見的現象世界是相同的，但覺悟了的人所見，其意義和未曾覺悟的人（處於「無明」之中）所見卻完全不同。這便是在中國佛教裡常說的：「迷則為凡，悟則為聖。」

道生的另一項理論見解是認為，「一闡提人（不信因果報應，斷絕善根，極惡之人），皆得成佛。」這是前述「一切有情都有佛性」的自然結論。但是，這和當時所傳的《涅槃經》是相悖的。道生因此而被逐出當時的都城，即今南京。一直到多年以後，《涅槃經》的全文譯成漢文，人們才發現，道生的主張與《涅槃經》是相合的。慧皎（公元五五四年卒）在為道生寫傳時說：「時人以（道）生推闡提得佛，此語有據；頓悟，不受報等，時亦憲章。」（《高僧傳》卷七）

慧皎還輯錄了道生所說的另一段話：「夫象以盡意，得意則象忘；言以詮理，入理則言息。……若忘筌取魚，始可與言道矣。」（見同上）這個譬喻取自《莊子．外物》篇，原文是：「筌者所以在魚，得魚而忘筌；蹄者所以在兔，得兔而忘蹄。」在中國哲學傳統裡，把詞語稱作「言筌」，依循這個傳統，最好的論說是「不落言筌」的論說，就是說，表達的思想不因所用言詞而被誤導、束縛。

前面已經說到，吉藏把二諦義分為三層，到第三層真諦時，它是「不可言說」的。到第三層真諦時，人不再會「落入言筌」。道生論述佛性時，幾乎落入言筌，因為他把佛性幾乎說成是「心」；若果真如此，則任何定義的局限性也可應用於佛性了。在這一點上，他受了《涅槃經》強調佛性的影響，因而接近於性宗。

在下一章裡，我們將會看到，禪宗的理論基礎，到道生的時候已經具備了。禪宗大師們所作的只是把本章所說的內容，予以更加突出。

從本章所述，我們也可以感到若干世紀後新儒家興起的先聲。道生的「人人皆可以成佛」的理論令人想起孟子「人皆可以為堯舜」的主張（《孟子．告子下》）。孟子也說：「盡其心者，知其性也。知其性，則知天矣。」（《孟子．盡心上》）但是，孟子所說的「心」和「性」，都是在心理學範疇之內，而不是在形而上學範疇之內。如果像道生所做的那樣，把「心」「性」都賦予形而上學的詮釋，那便成為新儒家了。

「宇宙心」是印度對中國哲學的一大貢獻。在佛教傳入中國以前，中國哲學只講「人心」，卻沒有「宇宙心」。道家所講的「道」按老子給它的解釋，說它「玄而又玄」，也還不成為宇宙之心。在佛教傳入中國，經歷了本章所論述的這個時期以後，中國哲學不僅有了「心」的理論，而且還有了「宇宙心」的理論。

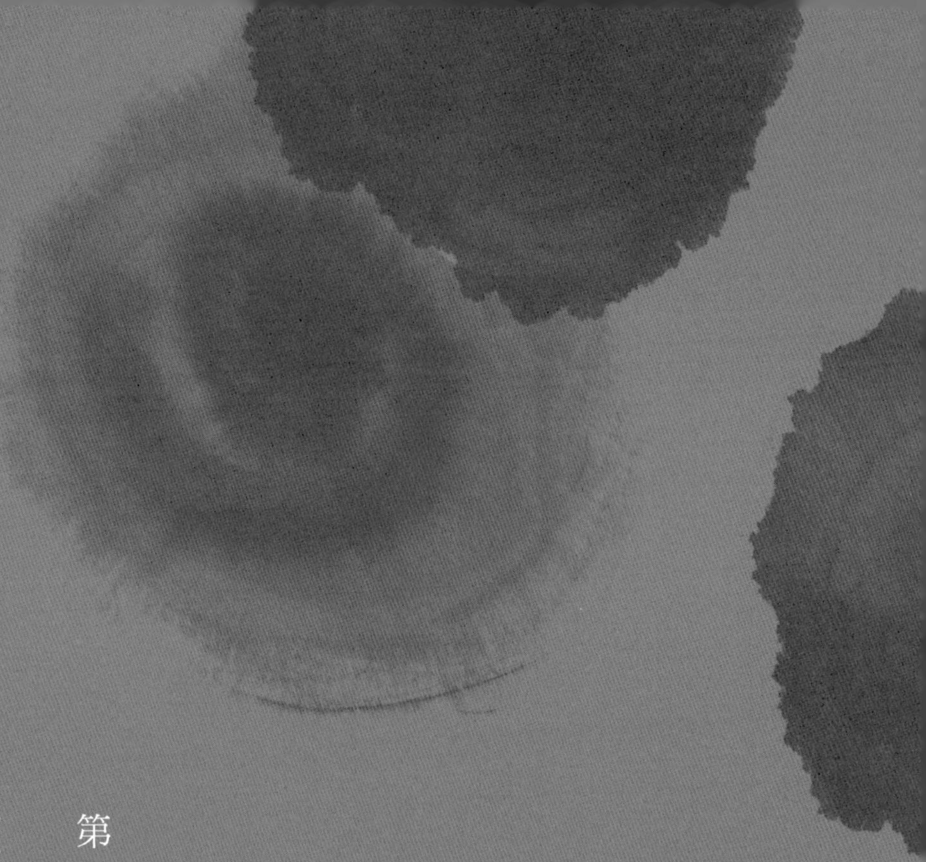

第二十二章

禪宗：潛默的哲學

慧能（公元六三八 — 七一三年）

中文的「禪」或「禪那」是梵文「Dhyana」的音譯，英文通常把它譯為「沉思」或「冥想」（Meditation）。它的起源，按照傳統的說法是：釋迦所傳授的佛法，除見諸佛經的教義之外，還有「以心傳心，不立文字；直指人心，見性成佛」的「教外別傳」。釋迦只傳授了一個弟子，這個弟子又傳授給一個弟子。這樣在印度傳了二十八世，到菩提達摩（Bodhidharma）。菩提達摩於南朝宋末、公元五二〇—五二六年間到中國，成為禪宗在中國的始祖。

禪宗起源的舊說

按照傳統的說法，菩提達摩來到中國後，把釋迦的心法傳授給慧可（公元四八六—五九三年），是為中國禪宗的二祖，又經僧璨（？—六〇六年）、道信（公元五八〇—六五一年），傳到五祖弘忍（公元六〇五—六七五年）。他的弟子神秀（公元七〇六年卒）創北派；弟子慧能（公元六三八—七一三年）創南派。南派在傳播中壓倒北派，後來禪宗有勢力，各派都祖述慧能的弟子；推崇慧能為六祖（見道原《傳燈錄》卷一）。

這個傳統說法中涉及中國禪宗早期歷史的部分，可信程度如何曾受到懷疑，因為在十一世紀之前的文獻裡，找不到支持這種說法的根據。這個歷史考證問題也不是本章所要解決的問題。在這裡，只要指出，當代學者對此說多半持懷疑態度，已經夠了。在上章裡，我們看到，禪宗的理論基礎在僧肇和道生的時代就已產生。有了這個基礎，禪宗的興起可以說是順流而下，勢所必然，無需再求助於傳說中的菩提達摩來充當中國禪宗的創始人。

禪宗由於神秀和慧能而分裂成南、北兩派，乃是歷史事實。兩派的分歧可以看為上一章所說性宗與空宗分歧的繼續。從慧能的自傳《壇經・自序品》中我們知道，慧能是廣東人，被弘忍收為弟子。弘忍知道自己大限將到，召集所有弟子各以一首詩偈來概括禪宗信仰要義，體認最好的就繼承他的衣缽。神秀的詩偈說：

身如菩提樹，心如明鏡台；
時時勤拂拭，莫使染塵埃。

慧能則針對神秀的詩偈，寫了以下這首詩偈：

菩提本無樹，明鏡亦非台；
本來無一物，何處染塵埃！

據說弘忍讚許慧能的詩偈，把衣缽傳給了慧能（見《六祖壇經》卷一）。

神秀的詩偈所強調的是道生所說的宇宙心或佛性。慧能所強調的則是僧肇所說的「無」。在禪宗裡，有兩句常說的話：「即心即佛」，「非心非佛」。神秀的詩偈表達的是前面一句；慧能的詩偈表達的則是後一句。

第一義不可說

禪宗後來依循慧能的路線而發展，正是禪宗的發展使空宗和道家思想的結合達到了頂峰。空宗尊為第三層次真諦的道理，禪宗稱之為「第一義」。在上一章裡，我們已經看到，關於第三層次的真諦，人無可言說。因此，「第一義」的本性便是「不可說」。據《文益禪師語錄》記載，有人問文益禪師（公元九五八年卒）：「『如何是第一義？』師云：『我向爾道，是第二義。』」

禪師教導弟子的原則是個人接觸。為使其他弟子也能受益，禪師的教導被記錄下來，成為《語錄》（後來新的儒家也採用了這種辦法）。從《語錄》中可以看到，有的學僧向禪師提出關於禪的根本問題，禪師或者答非所問，如回答說，「白菜三分錢一斤」。或甚至把徒弟打一頓。不明個中道理的人，會覺得禪師對徒弟的反應，令人莫名其妙，難以理喻。其實，禪師正是藉此告訴徒弟，這問題是不能回答的（凡對第一義所擬說者作肯定陳述，都是所謂死語，禪宗認為，說死語的人該打的），只有靠自己去「悟」，一旦領會，便得徹悟。

第一義不可說，因為「無」不是任何「物」，因此無可說。如果稱之為「心」，就是強加給它一個定義，就是對它施加了限制。禪師和道家都稱之為落入「言筌」，即掉進了語言的網羅。慧能有一個再傳弟子馬祖（公元七八八年卒），曾有人問他：「和尚為什麼說『即心即佛』？」馬祖回答：「為止小兒啼。」問：「啼止時將如何？」曰：「非心非佛。」（《古尊宿語錄》卷一）

另一個徒弟龐居士問馬祖：「不與萬法為侶者（與萬物都無關係者）是什麼人？」馬祖云：「待汝一口吸盡西江水，即向汝道。」一口吸盡西江水，是無人能做的，因此馬祖實際是回答說，不回答這個問題。為什麼不回答呢？因為這個問題是無法回答的。人若和萬物都無聯繫，他便是超越了萬物；既已超越萬物，又怎能問，他是什麼樣的人呢？

還有些禪師以靜默來表示「無」，或第一義。例如《傳燈錄》第五卷記載，慧忠國師（公元七七五年卒）「與紫璘供奉論議。既升座，供奉曰：『請師立義，某甲破。』師曰：『立義竟。』供奉曰：『是什麼義？』曰：『果然不見，非公境界。』便下座。」慧忠立的義是不可說的第一義，因此他便以緘默來立義，這是紫璘供奉無法破的。

由這一點來看，任何佛經也無法和第一義掛鈎。因此，建立臨濟宗的義玄禪師（公元八六六年卒）曾說：「你如欲得如法所見，但莫授人惑。向裡向外，逢着便殺。逢佛殺佛，逢祖殺祖，……始得解脫。」（《古尊宿語錄》卷四）

修禪的方法

要識得「無」這個第一義的真諦，就是對「無」的意識，這是「識」。因此，修行的方法也只能是「不修之修」。《古尊宿語錄》卷一記載，傳說馬祖在成為懷讓（公元七四四年卒）禪師的弟子之前，住在湖南衡山。「獨處一庵，惟習坐禪，凡有來訪者都不顧」。懷讓「一日將磚於庵前磨，馬祖亦不顧。時既久，乃問曰：『作什麼？』師云：『磨作鏡。』馬祖云：『磨磚豈能成鏡？』師云：『磨磚既不成鏡，坐禪豈能成佛？』馬祖由此而悟，乃拜懷讓為師。」

因此，按禪宗的看法，修禪成佛的最好方法便是「不修之修」。這是什麼意思呢？它是說由修禪的人照信佛的人通常理解的那樣去修行，這其實是「有為」的修行。這種有為的修行也能產生一些功效，但不能持久。黃檗（希運）禪師（公元八四七年卒）說：「設使恆沙劫數，行六度萬行，得佛菩提，亦非究竟。何以故？為屬因緣造作故。因緣若盡，還歸無常。」（《古尊宿語錄》卷三）

他又說：「諸行盡歸無常，勢力皆有盡期。猶如箭射於空，力盡還墜。都歸生死輪迴。如斯修行，不解佛意，虛受辛苦，豈非大錯？」（見同上）

他還說：「若未會無心，著相皆屬魔業。……所以菩提等法，本不是有。如來所說，皆是化人。猶如黃葉為金錢，權止小兒啼。……但隨緣消舊業，莫更造新殃。」（見同上）

因此，最好的修禪便是盡力做眼前當作的事，而無所用心。這正是道家所講的「無為」和「無心」。這也就是慧遠、或者也是道生所說「善不受報」義。實行這樣的修持，不是為了達到某種目標，無論這個目標多麼崇高。修持不是為了任何目的。這樣，當人前世積累的業報已經耗盡，就不會再生出新的業，他便能從生死輪迴中解脫出來，達到涅槃。

行事為人，無所用心，就是說，一切順其自然。義玄禪師曾說：「道流佛法，無用功處。只是平常無事，屙屎送尿，着衣吃飯，困來即臥。愚人笑我，智乃知焉。」（《古尊宿語錄》卷四）許多一心修持的人，不能照這個樣子去做，是因為他們對這種做法沒有信心。義玄禪師說：「如今學者不得，病在甚處？病在不自信處。你若自信不及，便茫茫地徇一切境轉。被它萬境回換，不得自由。你若歇得念念馳求心，便與祖佛不別。你欲識得祖佛麼？只你面前聽法的是。」（見同上）

這樣說來，修行需要對自己有足夠的自信心，而拋棄其他一切得失考慮。人需要去做的是以平常心做平常事，如此而已。這是禪師所說的「不修之修」。

由此產生一個問題。如果修行的途徑就是如此，那末這樣進行修持的人和不從事修持的人還有什麼區別呢？如果沒有區別，那末不從事修持的人豈不一樣達到涅槃嗎？果真如此，大家都能從生死輪迴中解脫，豈非就不再有生死輪迴了？

對這問題的回答是：儘管吃飯穿衣是尋常事，要在做時無求無心，並不是一件容易事。舉例來說，人們通常喜歡漂亮衣着，當衣着受到別人稱讚時，心底便不禁顧盼生姿、得意起來。這些都是由穿衣引起的滯着。禪師們所着重的是內心修持，而不需要做任何特殊的事情，諸如宗教組織裡的儀式祈禱之類。人只要澄心凝思，一無滯着，這時，以平常心做平常事，自然便是修持。在開始時，或許要用一番心，才能做到無心無待，正如人若要想忘記一件事情，開始時需要提醒自己去忘記。到了後來，漸漸可以「做而無所為」，這時，就需要脫去那一層對自己的勉強，正如人最後忘記了他需要忘記。

因此，不修之修乃是一種修持，正如「不知之知」仍是一種知一樣。「不知之知」並非人本來的「無知」，修持得來的自然與人天生的自然也是不同的。人本來的無知和自然是一種天賦；而「不知之知」和「不修之修」則是內心修持的結果。

頓悟

按佛家的看法，人的修行，不論多久，就其性質說，都只是心靈的準備。要想成佛，必須經歷如上章所說的頓悟，這是一種類似跳過懸崖的內心經驗。人只有經過這樣的內心經驗，才可以成佛。

禪師們往往把這種「悟」稱作「見道」。南泉禪師普願（公元八三〇年卒）曾對弟子說：「道不屬知不知，知是妄覺，不知是無記。若真達不疑之道，猶如太虛廓然，豈可強是非也！」（見《古尊宿語錄》卷十三）人悟道也就是與道合而為一。這時，廣漠無垠的「道」不再是「無」，而是一種「無差別境界」。

這種境界按禪師的經驗乃是「智與理冥，境與神會，如人飲水，冷暖自知」（見《古尊宿語錄》卷三十二）。「如人飲水，冷暖自知」，最初見於《六祖壇經》，後來的禪師往往援引這兩句話，以示人與外部世界的「無差別境界」不是言語所能表達，只有靠人自己經驗才能體會。

在這種境界裡，人已經拋棄了通常意義的知識，因為這種知識首先就把「人」這個認識主體和「世界」這個認識客體分開了。但正如南泉禪師上述前兩句話所示，「不知之知」把禪僧帶入一種知識與真理不分、人的心靈與它的對象合為一體，以至認識的主體和認識的客體不再有任何區別。這不是沒有知識，它與盲目的無知是全然不同的。這是「不知之知」，是南泉禪師所要表達的意思。

當禪僧處在頓悟前夕時，他特別需要師傅的幫助。當學僧要在心靈中跳過那道懸崖時，師傅給與的些許幫助，就意味着極大的幫助。在這時候，禪師採用的方法往往是「一聲棒喝」。禪宗的文獻裡記載了許多這樣的例子。師傅向徒弟提出許多問題後，會突然用棒或竹篾打他幾下。如果時間正好，徒弟往往因此而得到頓悟。怎樣解釋這一點呢？看來，師傅打徒弟，正是藉這樣的行動，把徒弟推入在懸崖上向前一躍的那種心理狀態，而這是徒弟在精神上早已等待着的一刻。

為形容「頓悟」，禪師們用一個比喻說：「如桶底子脫」。當桶底忽然脫落時，桶裡的東西，在剎那間都掉出去了。人在修禪的過程中，到一個時候，心裡的種種負擔，會像是忽然沒有了，各種問題都自行解決了。這不是通常人們理解的解決了思想問題，而是所有原來的問題，都不再成其為問題了。這就是何以稱「道」為「不疑之道」的緣故。

無成之功

人經歷「頓悟」之後，並不是由此得到了另一樣東西。舒州禪師清遠（公元一一二〇年卒）曾說：「如今明得了，向前明不得的，在什麼處？所以道，向前迷的，便是即今悟的；即今悟的，便是向前迷的。」（《古尊宿語錄》卷三十二）這是說，人在「悟」了之後，先前的「迷」豈還在嗎？先前的「迷」已被今日的「悟」所替代。今日的「悟」便是先前的「迷」。在上一章裡，我們看到，僧肇和道生指出：真實只是一個現象。禪宗有一句慣用語「山是山，水是水」。當人在迷霧中時，看山是山，看水是水；在人頓悟之後，山還是山，水還是水。

禪師還有另一句常用的話：「騎驢覓驢」，它被用來指人想在現象之外找真實，或人想在生死輪迴之外找涅槃。舒州禪師說：「只有兩種病：一是騎驢覓驢，一是騎驢不肯下。你道騎卻驢了，更覓驢，可殺，是大病；山僧向你道，不要覓。靈利人當下識得，除卻覓驢病，狂心遂息。」

「即識得驢了，騎了不肯下，此一病最難醫。山僧向你道：不要驢。你便是驢！盡山河大地是個驢！你怎麼生騎？你若騎，管取病不去。若不騎，十方世界廓落地。此二病一時去，心下無一事，名為道人，復有什麼事？」（見《古尊宿語錄》卷三十二）人在頓悟之後，如還堅持要得到別的什麼東西，就如同騎驢覓驢和騎驢不肯下一樣。

黃檗禪師說：「語默動靜，一切聲色，盡是佛事。何處覓佛？不可更頭上安頭，嘴上安嘴。」（見《古尊宿語錄》卷三）如果達到頓悟，這時候一切都是佛事，處處都見佛陀。據說，有一個禪僧進入廟裡，向佛像身上吐痰。廟裡人批評他，他說：「請告我，何處無菩薩？」（見《傳燈錄》卷二十七）

因此，禪師像尋常人那樣生活，做尋常人所做的事情；經過從迷到悟的過程，他已把肉體的性情放下，而進入了禪定的境界。而在此之後，他還要離開禪定的境界，重返世俗人間。這便是禪師所說的「百尺竿頭，更進一步」。到了百尺竿頭，便是象徵着頓悟，「更進一步」是表明到了頓悟，已經到了悟的頂峰，但前面還有事情要做。還要做的無非還是尋常生活中的尋常事情。正如南泉禪師所說，「直向那邊會了，卻來這裡行履。」（見《古尊宿語錄》卷十二）

聖人雖然仍舊生活在此岸世界之中，但他對彼岸世界的領悟並不是白費了功夫。他所作的事情雖然還和普通人一樣，但這些事情對聖人卻有不同的意義。百丈禪師懷海（公元八一四年卒）曾說：「未悟未解時名貪嗔，悟了喚作佛慧。故云：『不異舊時人，異舊時行履處。』」（見《古尊宿語錄》卷一）此處末句文字可能有誤，懷海法師想說的顯然是「不異舊時行履處，只異舊時人」。

人和舊時不同了，因為他的所作所為雖然和別人一樣，但他對任何事物都沒有滯着。這就是禪語常說的「終日吃飯，未曾咬着一粒米，終日着衣，未曾掛着一縷絲」（見《古尊宿語錄》卷三，卷十六）。

禪僧還有另一句常說的話：「擔水砍柴，無非妙道。」（見《傳燈錄》卷八）人們或許會問：如果擔水砍柴皆是妙道，那末，「事父事君」，難道就沒有妙道在其中嗎？如果從禪宗教義裡尋找這個問題的邏輯結論，回答只能是肯定的。但是，禪師們並沒有正面回答這個問題。這個問題只有留待新的儒家去回答。這是在下面幾章裡將要討論的問題。

第二十三章

更新的儒家：宇宙論者

韓愈（公元七六八 — 八二四年）

公元五八九年，中國在經歷幾世紀分裂之後，又統一在隋朝（公元五九〇—六一七年）統治之下。但是不久之後，隋朝又被比它更強大、更加中央集權化的唐朝所取代。從文化和政治上看，唐朝是中國漫長歷史中的黃金時代；可以與漢代相媲美，甚至在某些方面還超過了漢朝。

公元六二二年，以儒家經典為主要標準開科取仕的制度，開始建立。公元六二八年，唐太宗（六二七—六四九年在位）下令，太廟中修建孔廟，公元六三〇年又下詔，命碩學大儒審定儒家經典標準文本，然後從當時流行的各種注釋文本中選出標準文本，再據以作出官方審定的注疏。經過這樣的程序，選出的經書標準文本和注釋文本與新編寫的注疏，都由皇帝頒佈，在太學中講授。這樣，儒家思想再次成為國家確認的官學，通行全國。

但是這時的儒學已經喪失了過去在孟子、荀子、董仲舒時代所擁有的活力，雖然經書文獻都照舊存在，注釋之類比過去更多，但它們既不能滿足時代的需要，也引不起人們的興趣。在道家思想再起和佛教傳入中國之後，人們對形而上學的問題和我稱之為「超道德」的價值，在當時人稱為「性命之學」，實際是人的本性和命運的問題，感到更大的興趣。本書前面第四章、第七章和第十五章裡都曾指出，在《論語》《孟子》《中庸》尤其是在《易經》裡，並不乏對這些問題的探討。但是，新的時代、新的問題，使人們感到，舊的思想傳統已不足以應付時代的挑戰，儘管皇帝手下的官方學者已經作了巨大的努力。

韓愈和李翺

一直到唐中葉以後，韓愈（公元七六八—八二四年）和李翺（公元八四四年卒）才對《大學》和《中庸》作出新的解釋來回應時代提出的新問題。韓愈在所著《原道》篇裡說：「斯吾所謂道也，非向所謂老與佛之道也。堯以是傳之舜，舜以是傳之禹，禹以是傳之湯，湯以是傳之文、武、周公，文、武、周公傳之孔子，孔子傳之孟軻，軻之死，不得其傳焉。荀與揚也，擇焉而不精，語焉而不詳。」（《昌黎先生文集》卷十一）

李翺在《復性書》中也發表了類似的見解說：「昔者，聖人以之傳於顏子。……子思，仲尼之孫，得其祖之道，述《中庸》四十七篇，以傳於孟軻。……嗚呼！性命之書雖存，學者莫能明，是故皆入於莊、列、老、釋。不知者謂夫子之徒不足以窮性命之道，信之者皆是也。有問於我，我以吾之所知而傳焉，……而缺絕廢棄不揚之道幾可以傳於時。」（《李文公集》卷二）

關於「道」世代相傳的「道統說」，孟子已大略提及（見《孟子．盡心下》），到了韓愈和李翺又再次興起。這顯然是由於佛教禪宗提出：它的師承關係來自釋迦以教外別傳的心法傳授弟子，經過列祖，直到弘忍和慧能。後來，程氏兄弟中有一位（參閱本書第二十四章）更明確說，《中庸》或中庸之道「乃孔門別傳心法」（朱熹在《中庸章句》前言中引）。後世許多人認為，道統的傳承到孟軻而中斷。只是李翺顯然認為自己對於道統有所了解，並相信自己的教化活動是繼承了孟子的統緒。自此以後，經過更新的儒家都接受韓愈的「道統說」，並以繼承了道統自詡。他們這樣說也並非沒有理由，因為在本章後文和以下各章裡可以看到：更新了的儒家確實是繼承了孔子學派中的理想主義支派，特別是孟子的神秘主義傾向。因此，這些人被稱為「道學家」，他們的哲學被稱為「道學」，即研究「道」、也就是「真理」的學問。西方曾把宋、明「道學」（亦被稱「宋明理學」）這種經過更新的儒學稱作「新儒學」。（現在，國內外有些學者則稱二十世紀的儒學為「新儒學」，這是容易混淆的地方。）

宋代經過更新的儒學有三個思想來源。第一個思想來源當然是儒家本身的思想。第二個思想來源是佛家思想、連同經由禪宗的中介而來的道家思想。在更新的儒學形成的時期，佛教各宗派以禪宗為最盛，以致更新的儒家認為，禪宗和佛教是同義詞。如前所述，就某種意義說，更新的儒學可以認作是禪宗思想合乎邏輯的發展。更新的儒學還有第三個思想來源便是道教，在其中陰陽學家的宇宙論觀點佔有重要地位。更新的儒家所持的宇宙論觀點，主要便是由來於此。

這三種思想成分混雜在一起，有不少地方還互相矛盾。當時的哲學家要把這些思想結合，構成一個統一的思想體系，自然需要相當時間。因此，雖然更新的儒家，其思想可以上溯到唐代的韓愈和李翺，但它的思想體系明晰形成則要等到十一世紀的宋朝（公元九六〇——一二七九年）。唐代經過鼎盛時期之後，自九世紀後期，經過半個多世紀由混亂走向崩潰，於公元九〇七年滅亡；直到十世紀後半葉，中國才在宋初恢復統一。更新的儒學形成初期，它所關注的主要是宇宙論問題。

周敦頤的宇宙論

第一個講宇宙論的哲學家是周敦頤（公元一〇一七——一〇七三年），以他的別號濂溪先生更為人所知。他是道州（在今湖南省）人；晚年居廬山，也就是本書第二十一章述及慧遠和道生講授佛學的地方。早在周敦頤之前，一些道教僧人便已用圖像來解說他們秘傳的、令人可以長生不老的道術。據說，周敦頤得到了一張這樣的圖像。他把這張圖像改畫，用以說明宇宙演進的過程。也可以說，周敦頤從《易經·大傳》的一些段落中得到啟發，把其中思想加以發展，而用道教的圖錄來闡述他的思想。他用以說明自己思想的圖像名為「太極圖」，他對太極圖的說明則被稱為《太極圖說》，僅讀《太極圖說》，便足以說明周敦頤的宇宙論思想。

《太極圖說》的內容如下：

> 無極而太極，太極動而生陽，動極而靜，靜而生陰。靜極復動。一動一靜，互為其根；分陰分陽，兩儀立焉。
>
> 陽變陰合，而生水、火、木、金、土；五氣順佈，四時行焉。
>
> 五行，一陰陽也；陰陽，一太極也。太極，本無極也。五行之生也，各一其性。
>
> 無極之真，二五之精，妙合而凝。「乾道成男，坤道成女。」二氣交感，化生萬物。萬物生生而變化無窮焉。

唯人也，得其秀而最靈。形既生矣，神發知矣，五性感動而善惡分，萬事出矣。聖人定之以中正仁義而主靜（自注：無慾故靜。），立人極焉。……（《周濂溪集》卷一）

「易傳」的《繫辭傳．上》說：「易有太極，是生兩儀。」周敦頤的《太極圖說》便是這個思想的發展。它的文字雖然簡短，卻已經為後來朱熹（公元一一三〇—一二〇〇年）的宇宙論提供了基本的輪廓。在更新的儒學大師中，朱熹是最重要的一位，在後面第二十五章裡，將對他進一步加以討論。

精神修養的方法

佛教的最終目的是引人成佛，這是當時人們最關切的一個問題。更新的儒學也有一個最終目的，便是引人成聖。成佛和成聖的區別在於：佛所提倡的修行是在社會之外，而修養成聖則需要在人海之中。與印度佛教相比較，中國佛教最重要的發展便是把原始佛教的出世性質大大減少。禪宗主張「擔水砍柴，無非妙道」，正說明這種努力已接近於成功。可是，正如我在上一章末尾所指出的，禪師們並未把他們的思想推到邏輯的極致，而宣告「事父事君，亦是妙道」；其原因是，如果走到這一步，他們的教化便不再是佛教了。

對更新的儒家來說，如何成聖同樣是他們的一個主要問題。周敦頤對這個問題的回答是「主靜」，「主靜」的含義就是「無慾」。繼《太極圖說》之後，周敦頤的第二篇重要著作是《通書》（內容是「《易經》

原理」），在其中，周敦頤解釋「無慾」，和道家所講的「無為」，以及禪宗對「無心」的解釋是差不多的。他不用「無為」「無心」的提法，而用「無慾」的提法，正表明他力求區別於佛教的出世性質，因為「無慾」的內涵比較明確，不像「無心」那樣無所不包。

在《通書》中，周敦頤寫道：「無慾則靜虛動直。靜虛則明，明則通（通達、貫通，《易．繫辭傳上》：「一闔一闢謂之變，往來不窮謂之通。」）。動直則公，公則溥（音樸，義廣大）。明通公溥，庶矣乎！」（《周濂溪集》卷五）

新的儒家所用的「慾」字，往往指自私的慾望，或直指自私，有時前面冠以「私」字，使意思更加明確。周敦頤這段話的意思可以用新的儒家常常援引的《孟子．公孫丑上》一段話來說明，這段話是：「今人乍見孺子將入於井，皆有怵惕惻隱之心，非所以納交於孺子之父母也，非所以要譽於鄉黨朋友也，非惡其聲而然也。」

照新的儒家的解釋，孟子在這裡所說的是任何人處在這情況下的自然反應。人的本性基本上是善的。因此，就人的內心狀態來說，他的腦子裡本來沒有自私的慾望。用周敦頤的話來說，就是「靜虛」。從「靜虛」狀態出發，人處於上述狀況下，他的自然衝動便是要立刻搶救這個孩子。這種直覺的行動便是周敦頤所說的「動直」。但是，如果人不是憑自己的本能衝動去行事，而是停下來左右思量，他也許會想，這個孩子的父親是我的仇人，所以不必理睬這事，或者想，這是我的朋友的孩子，所以我一定要去搭救。無論出於哪一種考慮，他是受自私的再思考所驅使。這樣，他便失去了原來的「靜虛之心」，也不會有「動直之心」。

照新的儒家的說法，如果人沒有私慾，他的內心便如同一面明鏡，能夠時刻反照鏡前的事物。這時，鏡子的明亮就如同人內心的清明，時刻準備反照心裡洞察的眼前局面。當人心裡沒有自私的慾望時，它對外界刺激的自然反應是直截了當的，就是所謂「動直」。人在「動直」時，內心是正而又直的，由於大公無私，因此，不會畸輕畸重，厚此薄彼。這便是人天生的「公」性，就是所謂「溥」。這便是周敦頤提出的成聖之方，它接近禪僧所倡導的「率性而活，率性而行」。

邵雍的宇宙論

在這裡還應提到另一位講宇宙論的哲學家邵雍（公元一〇一一－一〇七七年），號康節先生，出生河南。他也從《易經》發展出宇宙論，並且也用圖解來說明他的原理。

在本書第十八章裡，我們看到漢朝出現一批緯書，假託是六經注疏。在《易緯》裡，提出「卦氣說」，主張六十四卦中每一卦，都影響每年的一段時候。按照「卦氣說」，一年十二個月，每個月都處於幾個卦象的統治之下，其中有一卦是當月的「主卦」，因此，全年有十二「主卦」，它們是：復䷗，臨䷒，泰䷊，大壯䷡，夬䷪，乾䷀，姤䷫，遁䷠，否䷋，觀䷓，剝䷖，坤䷁。它們之所以重要是因為從中反映了一年裡陰陽二氣的消長。

在前面第十二章裡曾經講過，在卦象中，直線貫底代表陽，與熱相聯；直線中斷代表陰，與寒冷相聯。在復卦䷗中，一爻為陽，隨後五爻都是陰，表明寒氣已到極盛，陰極而陽生，這是中國陰曆十一月的主卦；冬至就在此月。再看乾卦六爻都是陽䷀，陽極而陰生；是陰曆四月的主卦。繼它之後的姤卦䷫，一爻為陰，以上五爻為陽，表明夏至以後陰氣再來，這是陰曆五月的主卦。再看坤卦䷁，六爻都是陰，表明陰氣盛極，下個月就冬至而陽生。其他各卦則是表示陰陽消長的中間階段。

這十二卦合在一起，表明陰陽消長，周而復始。陰極則陽生，此後陽氣逐月上升，以至於極；這時，陰氣再現，繼以陰氣逐月上升。陰氣升到極點，陽氣再現。於是，新的陰陽消長的循環又再開始，這是自然界不可避免的往復進程。

這裡需要注意的一點是，邵雍的宇宙論使得十二個主卦象的理論更加清楚了。邵雍也如同周敦頤那樣，從《易．繫辭傳》上的一段話開始，這段話說：「易有太極，是生兩儀；兩儀生四象；四象生八卦；八卦是吉凶；吉凶生大業。」為闡明這個過程，邵雍畫出下圖：

這個圖的最左面第一層是兩儀，在邵雍的體系中，它們不是陰陽，而是動靜。上到第二層與第一層相聯而得四象。如果把第二層的「陽」和第一層的「動」結合，乃是兩根橫貫到底的直線，象徵「陽」。這就是說，在邵雍看來，四象中，「陽」不是以一根直線來代表，而是以兩根直線來代表。依同例，如果把第二層的「陰」和第一層的「動」結合，所得到的是四象中的「陰」，它的符號不是一根中斷的線⚋，而是兩根線⚍。

依同例，把第三層和第一、二層連結起來看，也構成八卦。例中，把太陽下的乾爻與第二層的「陽」和第一層的「動」聯起來，便構成乾卦☰。如果把第三層的「太陰」與第二層的「陽」和第一層的「動」連結起來，便得到兌卦☱。把第三層的「少陽」與第二層的「陰」和第一層的「動」連結起來，這就是離卦☲。按同樣的方法可以得到全部八卦，其順序是：乾☰，兌☱，離☲，震☳，巽☴，坎☵，艮☶，坤☷。八個卦象各代表一定的原則和影響力。

這些原則便具體化為天地和宇宙萬物。邵雍說：「天生於動者也，地生於靜者也。一動一靜交而天地之道盡之矣。動之始則陽生焉，動之極則陰生焉。一陰一陽交而天之用盡之矣。靜之始則柔生焉，靜之極則剛生焉，一剛一柔交而地之用盡之矣。」（《皇極經世．觀物內篇》）邵雍所用的「剛」和「柔」，也像他用的其他術語一樣，是來自《易傳》，其上是這樣說的：「立天之道，曰陰與陽；立地之道，曰柔與剛；立人之道，曰仁與義。」（《易傳．說卦傳》）

邵雍繼續寫道：「太陽為日，太陰為月；少陽為星，少陰為辰；日月星辰交而天之體盡之矣。……太柔為水，太剛為火；少柔為土，少剛為石，水火土石交而地之體盡之矣。」（同上）

這是邵雍關於宇宙來源的理論，完全是從他的圖中演化出來的。在他的圖裡，並沒有把太極畫出來，但是看的人可以領會到，太極是在第一層以下的空白之中。對此，邵雍寫道：「太極一也，不動；生二，二則神也。神生數，數生象，象生器。」（《皇極經世．觀物外篇》）這些數和象都在圖中表現出來。

事物演化的規律

在上述圖的基礎上，再加上第四、第五、第六層，還是採用上述的聯結辦法，就可以從最初的八卦互相聯結中演化出全部六十四卦。如果把包括六十四卦的圖切為兩半，每半彎成半圓；再把兩個半圓合在一起，就構成邵雍的另一幅圓圖，名為《六十四卦圓圖方位圖》。

如果我們考察這個圓圖（為簡化起見，把六十四卦象簡化為十二主卦象），就會看到這十二個主卦象的順序如下（處在中心，按順時針方向看）：

這個順序可用所謂「加一倍法」自動顯現出來。因為在圓圖裡，每一層符號的數目比在它之下的一層，數目要多一倍。因此，最上層、即第六層的符號數目剛好是六十四，六層就組成六十四卦。這個簡單的級數既十分自然，又顯得十分奧秘。在更新的儒家中間，絕大多數都認為這是邵雍的一大發現，從中可以找到萬物演化的普遍規律和揭示宇宙奧秘的鑰匙。

這個規律不僅能夠說明一年四季的變化，還能夠說明一天十二時辰的晝夜交替。按照邵雍和其他新的儒家的理論，陰可以解釋為僅是陽的否定。因此，如果陽是宇宙中的積極建設性力量，陰便是宇宙中的消極破壞性力量。從這樣的角度來看陰陽原理，圓圖顯示的演化規律便可用以說明宇宙萬物的生滅過程。這樣來看復卦䷗，它的第一爻表明生的開端，到乾卦䷀，表明生的完成，然後，姤卦䷫，表明處於滅的開始；到坤卦䷁，表明滅的完成。這個圓圖形象地表明了「一切事物都包含有對它自身的否定」這樣一個普遍定律。這是老子和「易傳」都強調的一個原理。

整個世界也逃不脫這個普遍法則。邵雍由此認為，復卦的初爻表明世界的出現；演進到泰卦，表明個

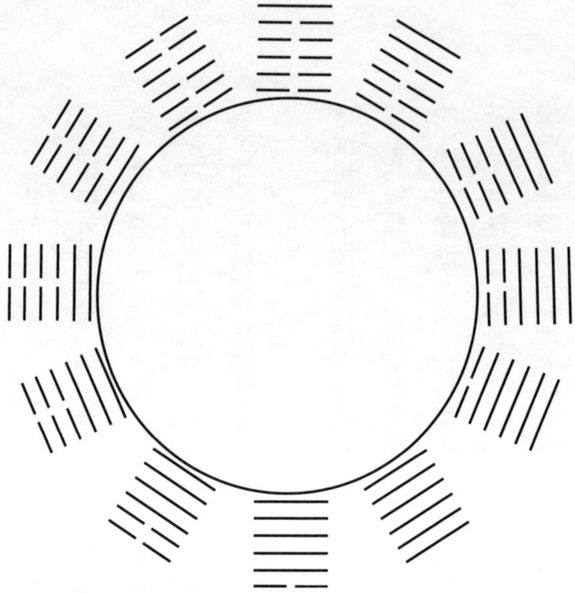

體事物在世界上出現；發展到乾卦，人類文明到達了頂峰。此後則是不斷地沒落，到剝卦，表明一切個體事物的分崩離析；到坤卦，表明世界不復存在。在此以後，另一個世界，如同復卦的初爻那樣開始出現；世界的生滅過程又再重演一遍。世界由生到滅的過程所經歷的時間是十二萬九千六百年。

在邵雍的主要著作《皇極經世》中有我們這個世界的詳細年表。按照這個年表，現存世界的黃金時代——堯的時代——已經過去。在人們的憧憬裡，堯是柏拉圖描繪的哲學家——君主，他生活於公元前二十四世紀。至於現今的世界，相當於剝卦，這是萬物沒落的開始。在第十四章裡我們曾談到，中國的許多哲學家都持有一種歷史退化論思想，認為理想世界在過去，現實世界裡樣樣不如過去。邵雍的理論正好為這種歷史退化思想提供了形而上學的根據。

認為一切事物都包含有對它自身的否定，這個看法很有點黑格爾的味道。但是按照黑格爾的理論，當一個事物被否定時，另一個新生的事物在更高的層面上開始了。按照老子和「易傳」的思想，當一個事物被否定時，另一個事物又重複過去的舊事物。這是農業社會的思想，在本書第二章裡，已經對它談過了。

張載的宇宙論

這一章裡要提到的第三位宇宙論哲學家是陝西的張載（公元一〇二〇—一〇七七年），別號橫渠先生。他同樣是從「易傳」裡發展出宇宙論，但所持的卻是另一種觀點。他特別強調「氣」，這個「氣」的觀念在後來的更新的儒家們的宇宙論和形而上學思想裡，愈來愈居於重要的地位。「氣」的字義本來是指和固體、液體相對應的一種物質狀態，而更新的儒學家們，由於各自的理論體系不同，使用這個字時，有時比此更抽象，有時又比此更具體。在用以表示更抽象的含義時，它的含義接近於柏拉圖和亞里士多德哲學中的「質料」（Matter），柏拉圖用以和他所說的「理念」（Idea）相區別；亞里士多德則用以和他所說的「形式」（Form）相區別。在這個意義上，「氣」是一種原始混沌的質料，各種個體的事物都是由它而出。當「氣」被用以表達更具體的含義時，它所指的是構成個體事物的物質性質料。張載使用「氣」這個概念，便是就它的具體含義來說的。

張載也像上述的前人一樣，以「易傳」的《繫辭上》中一段話作為他的宇宙論的根據，這段話是：「易有太極，是生兩儀。」（「兩儀」即陰陽）但是，他認為，太極就是「氣」。在他的主要著作《正蒙》

開頭，張載寫道：「太和所謂道（指太極），中涵浮沉、升降，動靜相感之性，是生絪縕、相蕩、勝負、屈伸之始。」（《正蒙太和篇》，《張子全書》卷二）道是指宇宙這個無始無終、不息不休的流行過程。這個過程，照張載說，就是「氣」。「氣」是動的，意味矛盾和矛盾的統一，就是「太和」；因此，「太和」是「氣」的全體之名。張載又用「遊氣」來稱「氣」，以表明「氣」內部陰陽兩端循環不已，其中的「浮」「升」「動」是陽性的；「沉」「降」「靜」是陰性的。氣受到陽性的影響時，便浮、升、動，受到陰性的影響時，便沉、降、靜。因此，氣不斷或聚或散，氣聚的時候，便從中生成具體的個別事物；氣散的時候，這些事物便分崩離析而朽壞。

在《正蒙太和篇》中，張載寫道：「氣聚，則離明得施而有形；不聚，則離明不得施而無形。方其聚也，安得不謂之客；方其散也，安得遽謂之無?!」（同上）張載正是這樣，力拒道家和佛家以有為「無」的思想。他說：「知太虛即氣，即無無。」（「太虛」是指「氣」的本體，是宇宙結構；「太和」是指宇宙的精神面貌）太虛不是絕對真空，虛只是宇宙處於氣散的狀況，而人憑肉眼看不見而已。

《正蒙》中有一段《西銘》，特別著名，因為這是張載貼在書齋西牆的一篇座右銘。在《西銘》裡，張載認為，宇宙萬物都來自同一個「氣」，因此，世人和萬物都是一體；人應當服侍乾坤（張載所說的「乾坤」，含義就是「天地」）就如同服侍父母一樣，應當看待世人就如同自己的兄弟一樣。人對父母應當盡孝道；對宇宙這個擴大的父母，同樣應當盡孝道。在觀念上擴大，但並不需要為此做什麼額外、特殊的事情，人為社會大眾所作的事情（也就是「立德」），都同時是為宇宙父母所作的事情。

例如，當一個人出自對別人的同胞之心而愛人，這時他所做的就是服務社會、盡一己對社會的義務。而如果一個人愛別人，不僅因為別人是社會同胞，還因為都是宇宙父母的兒女，這時，人所做的就不僅是服務社會，而是服侍宇宙父母了。《西銘》末尾說：只要活着，我就追隨、服侍宇宙父母，到死亡來臨，我就安息。

後來的新儒家對張載的《西銘》都十分讚賞，因為它把儒家對人生的態度和佛教、道家對人生的態度區分開來。張載在《正蒙太和篇》中還寫道：「太虛不能無氣，氣不能不聚而為萬物，萬物不能不散而為太虛。循是出入，皆不得已而然也。」（見《張子全書》卷二）聖人就是對萬事萬物的過程充分理解的人。因此，他不像佛教徒那樣，自外於萬事萬物的流程，企圖藉此打斷因果鎖鏈，結束生命的自然流程。他也不像道教徒那樣，企圖以「養生」來延長生命，久留於人世。聖人既洞察宇宙的動的本性，因此，知道「生無所得」，「死無所喪」（《正蒙誠明篇》，《張子全書》卷三）；因此，安然地過一個尋常人的生活，「存，吾順事；沒，吾寧也。」（活着，便盡一個社會成員、一個宇宙成員應盡的責任；死亡來臨，便安息了。）

聖人所做的，無非是每個人應該做的事。但是因為他理解宇宙萬事萬物的流程，因此他所做的具有一種新的意義。新的儒家對先秦儒家所重視的「立德」，又賦予它一層新的、超越道德的價值。這些新的儒家都具有禪僧所說的「妙道」。就這一點說，這種更新的儒學實際上成為禪學的進一步發展。

第二十四章

更新的儒家：兩個學派的開端

程顥（公元一〇三二 — 一〇八五年）

進入北宋到公元十一世紀下半葉，更新的儒家分成兩個不同的學派，分別以周敦頤的兩個學生，程顥、程頤兩兄弟為創始人，他們被稱為「二程」。這真是一種歷史的可喜巧合。弟弟程頤（公元一〇三三—一一〇八年）創立了自己的學派，由朱熹（公元一一三〇—一二〇〇年）集大成，史稱「程朱學派」或「理學」。哥哥程顥（公元一〇三二—一〇八五年）創立了另一個學派，由陸象山（公元一一三九—一一九三年）和王守仁（號陽明，公元一四七三—一五二九年）完成，史稱「陸王學派」或「心學」。程氏兄弟並未意識到他們創立的兩個不同學派具有何等重要的意義，但是由朱熹和陸象山開始的學術爭論，直到今天也仍然在進行着。

在以下各章裡，我們將會看到，這兩個學派所爭論的主要問題乃是哲學的根本問題。用西方哲學的語言來說，他們所爭論的問題是：自然中的規律，是否人頭腦中的臆造？或宇宙的心的創作？這是柏拉圖學派的實在論和康德學派的觀念論歷來爭論的中心問題，可以說，也是形而上學的中心問題。這個問題如果解決了，剩下的爭論就不多了。在這一章裡，我不準備對這個問題進行詳盡的討論，只是指出中國哲學史上對它進行探討的開端。

程顥對「仁」的認識

程氏兄弟是河南人。年長的程顥，號明道，世稱「明道先生」；他的兄弟程頤，號伊川，世稱「伊川先生」。他們的父親和周敦頤是朋友，和張載是表兄弟。因此，程氏兄弟在年輕時曾受到周敦頤的教誨，後來又常和張載進行學術探討。還有，他們和邵雍住處相隔不遠，可以經常相聚。這五位哲學家之間的密切往還，成為中國哲學史上的一段美談。

程顥十分稱許張載的《西銘》，因為它所揭示的「萬物一體」這個主題也是程顥的哲學中心。程顥認為，人達到視自己與萬物一體正是「仁」的主要特性。他說：「學者須先識仁。仁者渾然與物同體，義禮知信皆仁也。識得此理，以誠敬存之而已，不須防檢，不須窮索。……此道與物無對，大不足以名之，天地之用，皆我之用。孟子曰，萬物皆備於我，須反身而誠，乃為大樂。若反身未誠，則猶是二物，有對，以己合彼，終未有之，又安得樂？《訂頑》（即《西銘》。——引者注）意思乃備言此體。以此意存之，更有何事？『必有事焉而勿正，心勿忘，勿助長。』未嘗致纖毫之力，此其存之之道。」（《河南程氏遺書》卷二上）

在本書第七章裡，我曾就程顥所引孟子說的一段話加以討論。人應當有所為（「必有事焉」），但不要「揠苗助長」。這是孟子養其浩然之氣的方法。新的儒家十分推崇這段話。程顥更認為，做人的第一要務就是要懂得萬物一體的道理。然後，牢記這一點，並且真誠用心去做，這就夠了。人若日積月累地這樣下功夫，就會真正感覺到自己和萬物融為一體。程顥所講的「真誠用心去做」，是提醒人要下功夫；但又不是矯揉做作。這便是程顥所說的「心勿忘，勿助長。未嘗致纖毫之力，此其存之之道」。

程顥和孟子的區別在於：程顥對「仁」的詮釋帶有更多形而上學的意味。《易傳．繫辭下》有這樣一句話：「天地之大德曰生。」這裡的「生」字，可以理解為「產生」，也可以理解為「賦予生命」。在本書第十五章裡，我把「生」解釋為「產生」，因為那樣解釋和「易傳」的全部思想可以更加和諧。但是在程顥和其他新的儒家的思想裡，「生」的含義主要是「生命」或「賦予生命」。他們認為，萬物本性天然是向着生命，這便是天地之仁。

在中國傳統醫學裡，把人身體麻痺稱為「不仁」。程顥說：「醫書言手足痿痺為『不仁』，此言最善名狀。仁者以天地萬物為一體，莫非己也。認得為己，何所不至？若不有諸己，自不與己相干，如手足不仁，氣已不貫，皆不屬己。」（《遺書》卷二上）

因此，在程顥看來，萬物之間有一種形而上的內在聯繫。孟子所稱的「惻隱之心」「不忍人之心」，正是表現出人和萬物之間的這種內在聯繫。然而，人們的「不忍人之心」往往被私心，或慾望（或稱「私慾」）所蔽，使人丟失了原有的與萬物一體的意識。人所需要的是記起自己與萬物原是一體，真誠用心地照着去做。這將使人逐漸恢復與萬物一體的意識。這便是程顥的哲學主張。後來陸象山和王守仁又把這思想更細緻地予以發揮。

程朱的「理」的觀念的來源

在前面第八章裡，我們看到，早在先秦時，公孫龍已經明確區別共相和事物本身，指出它們不是一回事。他提出，即便世上沒有任何白的東西，白的共相仍然存在着。公孫龍似乎看到了柏拉圖所分辨的「兩個世界」——永恆的世界和在時間流程中的世界、可認知的世界和可見的世界。但是，後來的中國哲學家沒有對這個思想繼續發揮，名家在中國哲學中也不佔主要地位。結果是這種思想朝另一個方向發展。直到一千多年之後，中國哲學家才又再次注意到永恆觀念這個問題。再次提出這問題的兩位哲學家便是程頤和朱熹。

程頤和朱熹的哲學並不是先秦名家的繼續。他們對公孫龍和新道家所討論的「名理」並未在意，本書第十九章裡已經討論了這個問題。他們的「理」的觀念直接來自「易傳」。在本書第十五章裡，我曾經指出，道家所講的「道」和「易傳」所講的「道」有所不同。道家所講的「道」是宇宙萬物所由出的「太一」；「易傳」所講的「道」則是宇宙萬物中，每一類事物內含的原理。程頤和朱熹正是從「易傳」所講的「道」，發展出他們所講的「理」。

程頤和朱熹所受的直接啟發可能是來自張載和邵雍。在上一章裡，我們看到張載用「氣」的聚散來解釋萬物的生成和消滅。張載的這個理論有一個缺陷，就是無法解釋萬物為什麼分成不同的門類？即便我們接受花和葉都是由「氣」聚而生，還是無法解釋為什麼有的成為花，而有的成為葉。程頤和朱熹的「理」的觀念便是針對這一點而提出的。他們認為，我們所見的宇宙，不僅是「氣」聚而生，還因為其中有它各自的「理」；萬物各從其類，因為「氣」的聚結，各依不同的「理」。花之所以成為花，是因為它的「氣」按照花的「理」而聚結，於是便成為花；葉之所以成為葉，是因為它的「氣」是按着葉的「理」聚結，因此，便生成為葉了。

邵雍的圖解也推進了「理」的概念的形成。按照邵雍的說法，他的圖解正是為了說明事物演化的規律。這個事物演化的規律不僅早在有圖解之前便已存在，並且在各類事物出現之前，便已經存在了。邵雍認為，在六十四卦產生以前，《易經》的思想早已存在了。程氏兄弟中有一位引邵雍詩說：「堯夫詩：『……須信畫前原有易，自從刪後更無詩。』……此意古原無人道來。」（《遺書》卷二上）這個理論和新實在論者的理論相同，後者認為，在數學誕生之前，已經有了數學的全部道理。

程頤的「理」的觀念

如果把張載和邵雍的哲學結合起來，就相當於希臘哲學家們所講的事物形式和質料的區別。程頤和朱熹對這個區別說得非常清楚。他們——也如同柏拉圖和亞里士多德一樣——認為世上的事物，其所以能存在，必須有一個「理」，而且居於某個「物」之中。如果有一物，就必有一理。但如有一理，可能有，也可能沒有與它相應的物。這個道理，程朱稱之為「理」；與「理」相應的「質料」，程朱稱之為「氣」。如果把朱熹的理論體系和張載的理論體系相較，則朱熹所講的「氣」，比張載所講的「氣」

要抽象得多。

程頤還區別「形而上」和「形而下」。這兩個概念的來源也是出自「易傳」。《易傳・繫辭傳上》說：「形而上者謂之道，形而下者謂之器。」在程朱的思想體系中，這個區別相當於西方哲學中的「抽象」與「具體」。「理」乃是「道」，是「形而上」，或如西方哲學所說的「抽象」。至於「器」，程頤和朱熹用以指個別事物，或如西方哲學所說，是「具體」的。

按程頤的說法，「理」是外在的，人對「理」，既不能增一分，也不能減一分。他說：「這上頭更怎生說得存亡加減。是它元無少欠，百理具備。」（《遺書》卷二上）又說：「百理具在，平鋪放着，幾時道堯盡君道，添得些君道多；舜盡子道，添得些子道多。元來依舊。」（同上）程頤還描繪形而上世界是「沖漠無朕，萬象森然」（同上）。意思是說，在形而上世界裡，虛無一物，卻又萬物具陳；虛無一物，因為其中沒有具體事物，萬物具陳，因為萬物的「理」都在其中。「理」是客觀存在着的，無論現實世界中有沒有它的具體實例，也不在於人是否知道它們。

程頤的精神修養方法見於他所說的一段名言：「涵養須用敬，進學則在致知。」（《遺書》卷十八）在中文裡，「敬」的意思是嚴肅、真誠，心不分散。上文已經提到，程顥也說，學者必須首先認識萬物本是一體，「識得此理，以誠敬存之。」此後新的儒家都十分看重一個「敬」字，以此作為精神修養的關鍵。周敦頤強調的是「靜」，程朱強調的是「敬」；以「敬」字取代「靜」字，正表明更新的儒學在精神修養方法上和禪學的進一步分道揚鑣。

在第二十二章裡曾經指出，新的儒家強調修養須下功夫。雖說人的最終目標是無所用心，但為達到無所用心，還是要用很大氣力的。對這一點，禪師們不大提及，周敦頤主「靜」，也不着重講修養須用的功夫。程朱強調一個「敬」字，就把修養須用功夫這一點突顯出來了。

修養須要「敬」，那末，「敬」什麼呢？這是更新的儒學兩派之間爭論的一個問題。在下面的兩章裡，還會回到這個問題上來。

陶冶感情的方法

在第二十章裡，我說到王弼的理論，認為聖人「有情而無累」。《莊子》也說：「至人之用心若鏡，不將不迎，應而不藏，故能勝物而不傷。」（《應帝王》）這是說，一個接近於完美的人，心如明鏡，不為物所移，對外物無求無待；物來而對應，但不存之於心。因此，接近完美的人能在對應中戰勝外物，而不為外物所傷累。王弼的看法，似乎是從莊子的思想中引伸出來的。

新的儒家所講陶冶感情的方法和王弼的主張是一脈相承的。它的要旨是把感情和私己分開。程顥在《答橫渠先生定性書》（論「定性」，實際是「定心」，即孟子所說「不動心」）中說：「夫天地之常，以其心普萬物而無心；聖人之常，以其情順萬物而無情。故君子之學，莫若廓然而大公，物來而順應。……人之情，各有所蔽，故不能適道，大都患在於自私而用智。自私則不能以有為為應跡，用智則不能以明覺為自然。……聖人之喜，以物之當喜；聖人之怒，以物之當怒。是聖人之喜怒，不繫於心，而繫於物也。」（見《明道文集》卷三）

在答張載的這封信裡，程顥講，聖人有喜有怒，情順萬物；有情無私，廓然大公；對應自然，一無智巧。這和周敦頤所說的「靜虛動直」是一個意思。前面第二十三章論到周敦頤時，從《孟子·公孫丑上》中所引「見孺子將落井」時人的自然心情，這個例證為程顥在這裡所說，聖人喜怒，不繫於心，而繫於物，也一樣適用。

按照程顥的看法，聖人也有快樂，有憤怒。但由於聖人心懷天下、客觀公正，因此聖人的各種感情乃是宇宙中客觀的現象，並不特別與個人聯結在一起。聖人的快樂和憤怒是因為外界的事物值得引起快樂或憤怒，於是在聖人心裡引起相應的感情。又由於聖人的心如同明鏡一樣反照外界事物，當外物移去時，它引起的感情反應也就消逝，因此，聖人雖有感情，卻不會陷入感情的網羅。讓我們再回到前面援引過的「見孺子將落井」的故事，如果一個人處於這樣的時刻，他的自然反應就是衝過去搶救孩子。如果救回了孩子，他自然感到高興；如果孩子已搶救不及，他自然是哀傷。但由於他的行動不是出於私己，事過以後，感情又會趨於平靜，因此，不會陷入感情的網羅。

新的儒家常用的另一個例子是顏回的故事。《論語．雍也》記載，孔子稱許顏回「不遷怒」。通常人們在發怒的時候，往往會把怒氣轉移發泄在與他發怒這件事無關的人或物件上頭，這便是「遷怒」。新的儒家對孔子的這句話十分認真，認為在顏回這個完美僅次於孔子的人身上，「不遷怒」是他的一個極重要的品質。對此，程頤評論說：「須是理會得因何不遷怒。……譬如明鏡，好物來時，便見是好；惡物來時，便見是惡。鏡何嘗有好惡也？世之人，固有怒於室而色於市。……若聖人因物，未嘗有怒。……君子役物，小人役於物。」（《遺書》卷十八）

因此，在新的儒家看來，顏回不遷怒是因為他的感情並不和私己聯結在一起。一事來臨，可能在他心裡引起某些感情，但這種感情都是由於外物，與自我無關，因此，在轉向其他的人或事物時，無怒可遷。人心裡對外界的反應包括了感情上的反應，但卻不應讓自己成為感情的擄物。顏回以「不改其樂」被孔子稱許，新的儒家對這種「樂」也推崇備至。

尋孔顏樂處

在第二十章裡，我曾說，新的儒家試圖從名教（道德、禮制）中尋求快樂，這是指生命的快樂，而不是指尋求一點生活的樂趣。尋求快樂對新的儒家來說，是一件大事。例如，程顥說：「昔受學於周茂叔（即周敦頤——引者注），每令尋仲尼、顏子樂處，所樂何事。」（《遺書》卷二上）在《論語》裡，有很多段落記載孔子和弟子們的「樂」。新的儒家經常援引的有如：

> 子曰，飯疏食飲水，曲肱而枕之，樂亦在其中矣。不義而富且貴，於我如浮雲。（《論語．述而》）
>
> 子曰，賢哉，回也。一簞食，一瓢飲，在陋巷，人不堪其憂，回也，不改其樂。賢哉！回也。（《論語．雍也》）

《論語．先進》裡還記載，有一次，孔子和四個弟子在一起談話，孔子讓弟子們各抒其志。一個說，希望成為一國的軍事統帥；另一個說，希望在一個小國負責經濟發展，三年經濟起飛。還有一個，希望充當國家典禮局長。問到第四個弟子曾點，他一直自己彈琴，沒有在意別人談什麼。孔子問到他時，他回答說：「『暮春者，春服既成，冠者五六人，童子六七人，浴乎沂，風乎舞雩（音雨，古代祭天祈雨的羽舞），詠而歸。』夫子喟然歎曰：『吾與點也。』」

對上述第一段，程頤分析說，吃糙米，飲涼水，並不給人什麼樂趣，這兩章的意思是說，儘管生活如此清苦，孔子仍然不改其樂。對第二段，程頤解釋說：「簞、瓢、陋巷，非可樂也；蓋自有其樂耳。『其』字當玩味，自有深意。」（《遺書》卷十二）程頤這樣分析是對的；但孔、顏究竟樂在何處？問題還沒有得到解答。

曾有一位鮮于侁（音伸）問程頤說：「『顏子何以能不改其樂？』」正叔（程頤別號）曰：『顏子所樂者何事？』侁曰：『樂道而已。』伊川曰：『使顏子而樂道，不為顏子矣。』」（《二程遺書．外書》）程頤的這個回答很像禪師們的回答，這是朱熹編纂《二程遺書》時，不把這段收入正文，而把它列入《外書》的緣故。但是，這段話確有一定的道理。聖人的快樂是他內心狀況的自然反照，即周敦頤所說的「靜虛動直」，也可以用程顥所說「廓然而大公，物來而順應」來描述。聖人如果停留於「樂道」，則他和道，主觀和客觀還是分離的；聖人以己為樂，是因為他已經和道合為一體，樂的主體和樂的客體已經結合，聖人所樂的正是存在的這種狀態。

新的儒家的這種看法也反映於對上面第三段《論語．先進》引文的解釋。朱熹對這段話解釋說：「曾點之學，蓋有以見夫人欲盡處；天理流行，隨處充滿，無少欠闕。故其動靜之際，從容如此。而其言志，則又不過即其所居之位，樂其日用之常。初無捨己為人之意。而其胸次悠然，直與天地萬物上下同流，各得其所之妙，隱然自見於言外。視三子之規規於事為之末者，其氣象不侔矣。故夫子歎息而深許之。」（《論語集注》卷六）

在第二十章裡我曾談到，風流的主要特性在於心超脫於萬物的畛別之上，率性而行，自事其心，不求取悅於人。在朱熹看來，曾點正是這樣的一個人。他快樂，因為他實踐了風流的真精神。從朱熹的這番話裡，我們也能體會到新的儒家有一種浪漫主義的氣息。前面我曾說過，新的儒家從名教中尋求快樂；同時，還要看到，新的儒家並不把名教和自然對立起來，而是把名教看作自然的發展。在新的儒家看來，這乃是孔孟思想的真諦。

新的儒家是否成功地實踐了他們自己的思想主張呢？是的，他們確實這樣實踐，並且獲得了成功。下面的兩首詩，第一首的作者是邵雍，第二首的作者是程顥。從詩中可以看出，邵雍是一個快樂的人，程顥稱他為「風流人豪」。他把自己的住所命名為「安樂窩」，自號「安樂先生」；下面這首詩的題目是《安樂吟》：

安樂先生，不顯姓氏。
垂三十年，居洛之涘。
風月情懷，江湖性氣。
色斯其舉，翔而後至。
無賤無貧，無富無貴。
無將無迎，無拘無束。
窘未嘗憂，飲不至醉。
收天下春，歸之肝肺。
盆池資吟，甕牖薦睡。
小車賞心，大筆快志。
或戴接䍦，或著半臂。
或坐林間，或行水際。
樂見善人，樂聞善事。

樂道善言，樂行善意。
聞人之惡，若負芒刺。
聞人之善，如佩蘭蕙。
不佞禪伯，不諛方士。
不出戶庭，直際天地。
三軍莫凌，萬鐘莫致。
為快活人，六十五歲。

（《伊川擊壤集》卷十四）

程顥的詩，題為《秋日偶成》：

閒來無事不從容，睡覺東窗日已紅。
萬物靜觀皆自得，四時佳興與人同。
道通天地有形外，思入風雲變態中。
富貴不淫貧賤樂，男兒到此是豪雄。

（《明道文集》卷一）

達到這種精神境界的人堪稱是英雄，因為他們是不可征服的。但他們不是通常的所謂「英雄」，而是

「風流人豪」。

也有些新的儒家批評邵雍過分誇張了自己的快樂；但對於程顥，則沒有這樣的批評。我們終算找到了中國式浪漫主義（風流）和古典主義（名教）結合的最美好的實例。

第二十五章

更新的儒學：主張柏拉圖式理念的理學

朱熹（公元一一三〇—一二〇〇年）

程頤逝世（公元一一〇八年）相隔僅二十二年，朱熹（公元一一三〇—一二〇〇年）出生於今福建。在這二十二年裡，中國政局發生了巨大的變化，宋朝雖然孕育了燦爛的文化，但在軍事實力上，遠遠不及漢朝和唐朝，因此，經常處於北方和西北方少數民族的軍事威脅之下。公元一一二七年，北宋京城開封為來自中國東北的女真族金國（屬通古斯系統）所攻陷，宋朝被迫遷都到長江以南的杭州。以這場災難為標誌，宋朝分為北宋（公元九六〇—一一二六年）和南宋（公元一一二七—一二七九年）兩個階段。

朱熹在中國歷史上的地位

朱熹在中國學術史上，常被稱為朱子。他不僅學問淵博、深思明辨，而且留下了大量著作，僅語錄就有一百四十卷之多。程頤開創的理學到朱熹而完成。這個哲學體系的領袖地位雖然曾遭到陸王「心學」和清朝一些學者的挑戰，但直到十九世紀末、二十世紀初，西方學術傳入中國之前，程朱的理學始終是中國最有影響的哲學學派。

在第十七章裡，我說到中國歷代朝廷用科舉制度來樹立官方意識形態的優勢地位。參加科舉考試的讀書人必須按照官方審定的儒家經書及其注釋、注疏，撰寫文章為鞏固該朝統治獻策。在第二十三章裡，我還提到，唐太宗親自審定儒家經書的「正義」（正確含義）。到了宋朝，以推行改革著名的政治家王安石親自為一些儒家經書制定「新義」。公元一〇七五年，宋神宗詔令，以王安石制定的經書「新義」為朝廷認可的「正義」。但是這項詔令不久便撤回，因為反對王安石的一派官僚取代王安石派而掌權，王安石所制定的一切便都被否定了。

新的儒家認為《論語》《孟子》《大學》和《中庸》是儒家最重要的經書，這四部書被稱為「四書」。朱熹作《四書集注》，認為這是他的最重要著作。據說他直到臨去世前一天還在修改這部注疏。他還寫了《周易本義》和《詩集傳》。公元一二七九年，元朝取代宋朝統治中國。公元一三一三年，元仁宗發佈詔令，以《四書》為開科取士的標準，並以朱熹所作的《四書集注》為解釋《四書》的依據。凡指望中舉的讀書人都必須熟讀朱熹的經書注疏，不能離開朱熹的集注，另行解釋四書。明、清兩朝沿襲元制，直到一九〇五年，清朝政府廢科舉，辦學校，才廢除了這套做法。

在第十八章裡，我曾指出，儒家思想在漢朝取得學術界的優勢地位，有一個重要原因是由於儒家成功地把思辨哲學與學問結合起來。儒家思想的這兩方面特點在朱熹身上充分顯示出來。他學問淵博，是當時著名的學者；他又深思明辨，是一位第一流的哲學家。幾世紀來，朱熹成為中國思想界的主要人物，不是偶然的。

「理」或原理

在上一章裡，我們考察了程頤關於「理」的理論。到朱熹手裡，這個理論被闡述得更加明晰。他說：

「形而上者，無形無影是此理。形而下者，有情有狀是此器。」（《朱子語類》卷九十五）一物是它的理的實例，若沒有某個理，便不可能有某個物。朱熹說：「做出那事，便是這裡有那理。」（《語類》卷一百一）

一切事物，無論是自然的，或人為的，都自有其理。《朱子語類》中有一段：「問：枯槁之物亦有性，是如何？曰：是它合下有此理。故曰，天下無性外之物。因行階云：階磚便有磚之理。因坐云，竹椅便有竹椅之理。」（《語類》卷四）

《語類》中還有另一段話：「問：理是人、物同得於天者，如物之無情者，亦有理否？曰：固是有理。如舟只可行之於水，車只可行之於陸。」（《語類》卷四）還有一段說：「問：枯槁有理否？曰：才有物，便有理。天不曾生個筆，人把兔毫來做筆，才有筆，便有理。」（同上）這是說，毛筆之性便成為毛筆之理。宇宙萬物莫不如此；一類事物便有一類事物之理，在這類事物中，任何一件開始存在，這一類事物的理便進入該物之中，成為該物之性。一個事物之所以成為該事物，乃是由於其中之理。因此，按照程朱學派的看法，事物分門別類，並非每一類都有「心」，即「情」，但各類事物都有其特性，就是它們的「理」。

因此，在具體事物存在之前，這些事物的理便已存在。朱熹在一封《答劉叔文書》中說：「若在理上看，則雖未有物而已有物之理。然亦但有其理而已，未嘗實有其物也。」（《朱文公文集》卷四十六）

舉例來說，在人未曾發明舟車之前，舟車的「理」已經存在。所謂「發明」舟車，無非是人發現了舟車之理，於是按照它去製成舟車而已。在宇宙未生成之前，一切「理」便都已存在了。《朱子語類》卷一有一段話說：「徐問：天地未判時，下面許多都已有否？曰：只是都有此理。」又說：「未有天地之先，畢竟也只是理。」（同上）理是早已存在的，這就是說，理是永恆的。

太極

每類事物都有它的「理」，這「理」便是事物之所以然。這「理」便是該事物的「氣」，這就是說，「理」是事物的終極標準（「極」字原意是屋脊的大樑，新的儒家用以表示事物的最高原型）。整個宇宙也必定有一個終極標準，它是至高的，又是無所不包的。它包括了萬有的萬般之「理」，又是一切「理」的概括，因此稱為「太極」。朱熹說：「事事物物，皆有個極；是道理極致。總天地萬物之理，便是太極。」（《語類》卷九十四）

他還說：「無極，只是極至，更無去處了。至高至妙，至精至神，是沒去處。濂溪（周敦頤——引者注）恐人道太極有形，故曰無極而太極。是無之中有個至極之理。」（《朱子語類》卷九十四）由這些話中，可見太極在朱熹的思想體系中的地位相當於柏拉圖思想體系中的「善」的觀念，或亞里士多德思想體系中的「神」的觀念。

但是，在朱熹的思想體系中，有一點使得他的思想體系中的「太極」比柏拉圖的「善」的觀念，或亞里士多德的「神」的觀念更具有神秘性。這一點便是在朱熹的思想體系裡，太極不僅是宇宙萬有之理，同時還內在於每類事物的每個個體之中。每個事物繼承了它這類事物的理，在這個個別的理之中，又有太極整體之理。朱熹說：「在天地言，則天地中有太極；在萬物言，則萬物中各有太極。」（《語類》卷一）

但如果這樣，太極是否失去了它的統一性呢？朱熹回答說，否。在《語類》中，朱熹說：「本只是一太極，而萬物各有稟受，又自各全具一太極爾。如月在天，只一而已，及散在江湖，則隨處可見，不可謂月已分也。」（《語類》卷九十四）

我們知道，在柏拉圖哲學中，理念世界和感覺世界的關係，以及「一」和「多」的關係，怎樣解釋清楚，是一個難題。朱熹也同樣遇到這個難題。朱熹用月亮這個實例來解釋，這本是佛家常用的比喻。至於一類事物之理和個別事物之理，它們之間的關係是否涉及「理」被分裂的問題，這未被提出。如果有人提出的話，估計朱熹會用同樣的月亮比喻來打發這問題。

「氣」

如果存在於外界的只是「理」，那末世界只是一個「形而上」的世界。但是，我們的外部世界還有物質世界，這是由於在「氣」之上還加上有「理」的模式。朱熹曾說：「天地之間，有理有氣。理也者，形而上之道也，生物之本也；氣也者，形而下之器也，生物之具也。是以人、物之生，必稟此理，然後有性；必稟此氣，然後有形。」（《答黃道夫書》，《文集》卷五十八）

他又說：「疑此氣是依傍這理行。及此氣之聚，則理亦在焉。蓋氣則能凝結造作；理卻無情意，無計度，無造作。……若理則只是個淨潔空闊的世界，無形跡，他卻不會造作。氣則能醞釀凝聚生物也。但有此氣，則理便在其中。」（《語類》卷一）從中我們可以看到，這本是張載可以講的話，但是張載沒有講，這話由朱熹講了出來。任何個別事物乃是氣的凝聚，但這個別事物不是獨立自存的，它還是一類事物中的一分子。作為一類事物中的一分子，它不僅是氣的一般性的凝聚，氣是按照這類事物的理的模式而凝聚的。這就是何以，任何時候氣的凝聚總有理在其中。

關於理和氣孰先孰後，這是朱熹和他的門生討論很久的問題。朱熹有一次說：「未有這事，先有這理。如未有君臣，已先有君臣之理；未有父子，已先有父子之理。」（《語類》卷九十五）朱熹顯然認為，在物質世界裡，有事物之前，已經先有一事物之理。但是，一般說來，理是否在氣之先？朱熹說：「理未嘗離乎氣。然理，形而上者，氣，形而下者，自形而上下言，豈無先後？」（《語類》卷一）

《語類》中還有一段話說：「問：有是理，便有是氣，似不可分先後。曰：要之也先有理。只不可說，今日有是理，明日卻有是氣。也須有先後。」（《語類》卷一）這些段落使我們看到，朱熹的中心思想是認為：「天下未有無理之氣，亦未有無氣之理。」（《語類》卷一）但是，他認為，「不可說今日有是理，明日卻有是氣。」為什麼？因為時間和氣是同時存在的，若沒有氣，便沒有時間，因此不能說「『明日』有是氣」。另一方面，理是永恆的，永恆進入時間，又超越時間，因此，把理說成在氣（時間）之後「開始存在」乃是荒謬的，因此提出「理和氣孰先孰後」的問題，在宇宙本體論上是沒有意義的。儘管如此，說「氣的開始」意味着以為先有時間，而後有氣，可以說是事實上的謬誤，而說「（永恆的）理的開始」則是一個邏輯上的謬誤。就這個意義，也就是從宇宙本體論聯繫到宇宙發生論來說，問「理和氣孰先孰後」的問題，也不能認為就是不正確。但宇宙發生論的問題，只有回到宇宙本體論去，以求得解決。

另一個問題是：如果用柏拉圖和亞里士多德的哲學思維來說，理和氣之間，哪一個是「第一推動者」？理不能成為「第一推動力」。因為理自身「缺少意志和設計，從而沒有創造力」。但理的自身雖然不動，在它的「純淨、虛空又廣闊的世界」裡，有「動靜之理」，它們是理，動之理本身並不動，正如靜之理本身也並不靜。氣一旦「稟受」了動靜之理，它就開始「動」或「靜」，氣之動者稱為「陽」，氣之靜者稱為「陰」。按照朱熹的解釋，中國宇宙論的二元因素就是這樣來的。他說，「陽動陰靜，非太極動靜，只是理有動靜。理不可見，因陰陽而後知。理搭在陰陽上，如人跨馬相似。」（《語類》卷九十四）因此，太極如同亞里士多德哲學中的神，他雖不動，卻是萬物的推動者。

陰陽相交，生出五行，由此而生成萬物。朱熹的宇宙論對周敦頤和邵雍的理論的一大部分都是贊同的。

性和心

從上所述可以看到，朱熹認為，每一事物從生成時便有一個理居於其中，這個理使事物得以生成，並構成事物的本性。人和其他萬物一樣，是在具體世界中的一個具體事物。因此，人性就是人類得以生成之理居於個別人之中。朱熹贊同程頤所說的「性即是理」，並多次加以引述。這裡所說的「理」不是宇宙之「理」，而是個體所稟受的「理」。程頤曾經說過一句看似矛盾的話：「才說性，便已不是性。」從朱熹的理論可以懂得程頤這話的意思是說，人說到物性時，是指個體之中的理，而不是理的普遍形式。

一個人必須稟氣而後生。人類之理是共同的，但人各有不同，是因為所稟受的氣不同，朱熹說：「有是理而後有是氣，有是氣則必有是理。但稟氣之清者，為聖為賢，如寶珠在清冷水中；稟氣之濁者，為愚為不肖，如珠在濁水中。」（《語類》卷四）因此任何人，除所稟受之理外，還有稟受之氣，這是朱熹所說的「氣稟」。

這也就是朱熹關於惡的來源的學說。柏拉圖早就指出，人形成個體，必須有質料的具體化，這個具體化的人必然不及人的原型理念那樣完美。舉例來說，任何具體的圓形必定不像「圓」的理念那樣絕對地圓。這是現實世界無可避免的厄運，現實世界中的人也不例外。朱熹說：「卻看你稟得氣如何。然此理卻只是善。既是此理，如何得惡？所謂惡者，卻是氣也。孟子之論，盡是說性善，至有不善，說是陷溺。是說其補（本？）無不善，後來方有不善耳。若如此，卻似論性不論氣，有些不備。卻得程氏說出氣質來接一接，便接得有首尾，一齊圓備了。」（《朱子全書》卷四十三）

這裡所說「氣質之性」是指一個人稟受的天性。柏拉圖說，人的天性總是向着他的理念原型，卻總是不及那理念原型，總是達不到那理念原型。朱熹把理原來的普遍形式稱為「天地之性」，以和人所稟受之性相區別。張載早已對此加以區別，程頤和朱熹繼承了這個思想。他們認為，這種區別便得以解決關於人性善和人心惡的爭論。

在朱熹的理論體系中，人性和人心是兩回事。在《朱子語類》中有一段話說：「問：靈處是心抑是性？曰，靈處只是心，不是性。性只是理。」（《語類》卷五）又說：「問：知覺是心之靈，固如此，抑氣之為耶？曰，不專是氣，是先有知覺之理。理未知覺，氣聚成形，理與氣合，便成知覺。譬如這燭火，是因得這脂膏，便有許多光焰。」（《語類》卷五）

因此，心和其他的個別事物一樣，是理加上氣之後的體現。心和性的區別在於心是具體的，性是抽象的。心可以活動，例如思想、感覺，但是性不能有這些活動。但是，當人心裡這樣活動時，可以由此推論出，在人性中有相應的理。朱熹說：「論性，要先識得性是個什麼樣物事。程子『性即理也』，此說最好。今且以理言之，畢竟卻無形影，只是這一個道理。在人，仁、義、禮、智，性也。然四者有何形狀？亦只是有如此道理。有如此道理，便做得許多事出來，所以能惻隱、羞惡、辭讓、是非也。譬如論藥性，性寒、性熱之類，藥上亦無討這形狀處；只是服了後，卻做得冷、做得熱的，便是性。」

（《語類》卷四）

在第七章裡，我們看到，孟子認為，人性有四種德性，是為常性，構成「德之四端」。孟子的分析主要是心理學的分析，而在上面這段引文中，朱熹為孟子的學說提供了形而上學的根據。按照朱熹的說法，這四種恆德屬於理的範圍，因此，它們是性，而「德之四端」則是心的活動。我們只能通過具體，才能認識抽象。同樣，我們只有通過心的活動才能認識人性。在下一章裡，我們將會看到，陸王學派認為，心即是性。這是程朱和陸王兩派理學思想分歧的一個主要問題。

政治哲學

如果世上每一樣事物都有它的理，那末，國家作為一個具體存在的事物，也必定有國家和政府的理。如果國家和政府都是按理組織、按理行事，它就安定興旺。否則，它就瓦解而陷於混亂。按照朱熹的看法，這個政治上的原理就是先前聖王教導和推行的為政之道。這不是由人主觀制定的，其中的理是永恆的，無論是否有人教導或推行，它是永恆存在着的。關於這一點，朱熹和他的友人陳亮（公元一一四三—一一九四年）持有不同的見解，為此曾進行過熱烈的爭論。在和陳亮的辯論中，朱熹寫道：「千五百年之間，……堯、舜、三王、周公、孔子所傳之道，未嘗一日得行於天地之間也。若論道之常存，卻又初非人所能預。只是此個，自是亙古亙今、常在不滅之物。雖千五百年被人作壞，終殄滅它不得耳。」（《答陳同甫書》，《文集》卷三十六）他又說：「蓋道未嘗息，而人自息之。」（同上）

事實上，不僅先前的聖王按照為政之理來治理國家，任何在政治上有所成就的人，都是由於在不同程度上，遵行了為政之道（理），即便他們不自知，或實行得並不完善。朱熹寫道：「常竊以為，亙古亙今，只是一理，順之者成，逆之者敗，固非古之聖賢所能獨然。而後世之所謂英雄豪傑者，亦未有能捨此理而得有所建立成就者也。但古之聖賢，從本根上便有惟精惟一功夫，所以能執其中，徹頭徹尾，無不盡善。後來所謂英雄，則未嘗有此功夫；但在利慾場中，頭出頭沒，其資美者，乃能有所暗合，而隨其分數之多少以有所立；然其或中或否，不能盡善，則一而已。」（同上）

為闡明朱熹的學說，讓我們以建造房屋為例。一幢房屋要想建成，必須按照建築學的原理來建造。這些原理是永恆存在的，甚至即便世上沒有一座房屋，建築學的原理還是存在着。任何人要想成為一個偉大的建築師，必須充分懂得建築學的原理，按照建築學的原理來設計、施工。這樣，他設計建造的房屋才能牢固持久。不僅大建築師，任何人要想建造牢固持久的房屋，都必須遵守這些原理。那些沒有受過專門訓練的外行建築工頭，在建造房屋時，或許是靠本能，或許是靠一點實際的經驗。他們對建築學的原理或者不懂得其中道理，或甚至根本不知道。結果他們所造的房屋，由於不符合或不完全符合建築學原理，因而不能牢固耐久。先前的聖王和後代的所謂英雄，他們執政的結果不同，道理是一樣的。

在前面第七章裡，我們看到孟子把治國之道分為兩種：王道和霸道，後者就是靠暴力統治。朱熹和陳亮的爭論乃是奉行王道與實行霸道之爭的繼續。朱熹和其他新的儒家認為，漢唐以降的歷代政權，執政者都是謀私利，而不是為大眾；他們的統治不是王道，而是霸道。在這裡，朱熹是孟子的追隨者，但也和先前一樣，朱熹對孟子的政治理論，也提供了形而上學的論證。

修心養性的方法

柏拉圖曾經認為，除非哲學家執政，或執政者成為哲學家，否則不可能指望有完美的國家。中國哲學家中的多數也持這種看法。柏拉圖在《理想國》裡，用了很多篇幅討論哲學家執政應先受什麼樣的教育。朱熹在《答陳亮書》中也說，古代聖王「從本根上便有惟精惟一功夫」，聖王對王道之本曾受到最明智的教育。究竟其具體內容是什麼？修養的方法是什麼？朱熹認為，在每個人裡面，甚至在每一事物裡面，都有太極，太極便是萬物之理的總體。因此，萬物之理，具備於我。但是人由於稟受有不足或缺陷，因此未將萬物之理充分表現出來，如同珍珠湮沒在濁水裡一樣。人所當做的就是把珍珠再現出來。所用的方法便是程頤已經說過（見上章）的兩方面：「格物致知」，即對外界事物調查研究，擴大自己的知識；以及「用敬」，即專心致志，心不旁騖。

這個方法最初見於《大學》，新的儒家把《大學》看作是「初學入德之門」。在前面第十六章裡，我們已經看到，《大學》所教導的自我修養方法，第一步便是「格物致知」。按程朱學派的看法，了解外部世界的目的便是擴大我們對永恆之理的認識。

這個方法為什麼不從「窮理」，而要從「格物」入手？朱熹說：「《大學》說『格物』，卻不說『窮理』。蓋說『窮理』，則似懸空無捉摸處。只說『格物』，則只就那形而下之器上，便尋那形而上之道。」（《朱子全書》卷四十六）「格物」是為了從有形之物中體認超越物體的「理」，也就是「道」。換句話說，理是抽象的，物是具體的，我們要做的是：「格物」以「窮理」。我們所得的結果是：既領悟了理念的永恆世界，又領悟了自己內心之性。我們越多領悟「理」，也就越多地領悟「心性」，它通常往往被人的稟受所蔽，人通過「格物窮理」，使「理」這個珍珠再現出來。

有如朱熹所說：「蓋人心之靈，莫不有知；而天下之物，莫不有理。惟於理有未窮，故其知有不盡也。是以《大學》始教，必使學者即凡天下之物，莫不因其已知之理而益窮之，以求至乎其極。至於用力之久，而一旦豁然貫通焉，則眾物之表裡精粗無不到，而吾心之全體大用無不明矣。」（《大學章句．補格物傳》）這裡，我們再次看見了「頓悟」的學說。

朱熹說到這裡，似乎已經說清楚了他的思想，為什麼還要再加上「用敬」呢？回答是：若不「用敬」，「格物」很容易成為一種單純的智力活動，而達不到「頓悟」的目標。在「格物」的過程中，人實際在做的乃是再現自己的本性，使沉溺在濁水中的珍珠重現光輝。為達到「悟」，人就當時時刻刻以「悟」為念，「用敬」的真意，就在於此。

朱熹的精神修養方法和柏拉圖的精神修養方法十分相像。他認為，人性中原有萬物之理，和柏拉圖講人有「與生俱來」的宿慧也十分相像。柏拉圖曾說：「我們在出生之前，已經有了對各種價值和事物本質的悟性知識。」（見《斐多篇》第七十五段）由於有「宿慧」，因此，「人如學會按適當的次序（參閱《宴飲篇》第二百一十一段：「由鑒賞外界的美的形式到（自身）對美的實踐，由對美的實踐到對美的思想領悟，由對美的思想領悟而最後達到絕對的美」）領略各種各樣美的事物」，最後，會「突然領悟到奇妙無比的美的世界的本質」（《宴飲篇》，第二百一十一段）。這其實也是「頓悟」的一種形式。

第二十六章

更新的儒學中的另一派：宇宙心學

陸九淵（公元一一三九 — 一一九三年）

在第二十四章裡我們看到，陸王學派，或稱心學，肇始於程顥，經陸象山和王守仁而完成。陸九淵（公元一一三九—一一九三年），人稱象山先生，是今江西人。他和朱熹是朋友，而在哲學見解上則有巨大的分歧，為此兩人在重大的哲學問題上，以口頭和文字進行辯論，在當時已經引起人們的很大興趣。

陸九淵論心

據說陸九淵和王守仁都經歷了「頓悟」而確信他們的思想乃是真理。據說，陸九淵有一天「讀古書至『宇宙』兩字，解者曰：『四方上下曰宇，往古來今曰宙。』忽大省曰：『宇宙內事，乃己份內事；己份內事，乃宇宙內事。』」（《象山全集》卷三十三）。另外，他還說：「宇宙便是吾心，吾心便是宇宙。」（《象山全集》卷三十六）

朱熹支持程頤的說法，認為「性即是理」。而陸九淵卻說：「心即是理。」這兩句話相差只一個字，卻是兩個學派基本分歧之所在。在上一章裡我們看到，在朱熹的思想體系中，心被理解為「理在氣中」的具體表現，據此，心與抽象的理不能等同。因此，朱熹只能說：性即是理，而不能說心即是理。但是陸九淵的思想體系卻正相反。他認為，心即是性。這兩者只是文字上的不同。關於這種文字上的不同，陸九淵說：「今之學者讀書，只是解字，更不求血脈。且如情、性、心、才，都是一般物事，言偶不同耳。」（《象山全集》卷三十五）

在上一章裡，我們可以看到，朱熹所說「心」和「性」的區別，遠不止於文字上的不同，在他看來，心和性在實際裡是不同的。朱熹所見的實際和陸象山所見的實際不同，朱熹認為現實包含有兩個世界，一個是抽象的，另一個是具體的。而在陸九淵看來，現實只包含心的世界。

陸九淵關於心學的言論著作只是勾勒了一個輪廓。為全面了解心學，我們還須讀王守仁的言論和著作。

王守仁的宇宙觀

王守仁（公元一四七二——一五二八年）生於明代，浙江人，人稱「陽明先生」。他不僅是一位傑出的哲學家，還是一位有能力、有道德操守的政治家。他早年曾追隨程朱理學，並決心依照朱熹的思想，並從「格竹子之理」開始。為此，他七天七夜專心致志地求竹子之理，結果並無所悟。他被迫放棄「格物」這條路。後來，由於朝廷政爭，被貶貴州，在山區落後原始的生活環境裡，有一晚他得到頓悟，對《大學》的主旨有了新的認識。由此而對《大學》有了全新的詮釋，完成了心學的思想體系。他的思想言論由門人輯錄為《傳習錄》，其中有一段說：「先生遊南鎮，一友指岩中花樹問曰：『天下無心外之物，如此花樹，在深山中，自開自落，於我心亦何相干？』先生云：『爾未看此花時，此花與爾心同歸於寂，爾來看此花時，則此花顏色，一時明白起來。便知此花，不在爾的心外。』」（《傳習錄》下，《王文成公全集》卷三）

另一段說：「先生云：『爾看這個天地中間，什麼是天地的心？』對曰：『嘗聞人是天地的心。』曰：『人又什麼叫做心？』對曰：『只是一個靈明。』『可知，充天塞地，中間只有這個靈明。人只為形體自間隔了。我的靈明，便是天地鬼神的主宰。……天地鬼神萬物，離卻我的靈明，便沒有天地鬼神萬物了。我的靈明，離卻天地鬼神萬物，亦沒有我的靈明。如此便是一氣流通的。如何與它間隔得？』」（《全集》卷三）

從這些段落中，我們可以知道王守仁對宇宙的概念認為，宇宙是一個自身完整的精神實體，這個精神實體便構成了我們經驗中的世界；此外，並沒有另一個朱熹所強調的抽象的「理的世界」。

王守仁還主張心即是理。在《傳習錄》（《全書》卷一）有一段說：「心即理也。天下又有心外之事、心外之理乎？」在《全書》卷二《答顧東橋書》中又說：「心之體，性也。性即理也。故有孝親之心，即有孝之理；無孝親之心，即無孝之理矣。有忠君之心，即有忠之理；無忠君之心，即無忠之理矣。理豈外於吾心耶？」由這些話裡，我們可以更清楚看到朱熹和王守仁以及理學、心學兩派思想的分歧。照朱熹的說法，我們先懂得孝之理，然後有孝親之心；先有忠之理，而後有忠君之心。我們不能把這話倒過來說。而王守仁恰恰是把這話顛倒過來。按照朱熹的思想，理是客觀外在的實在，無論心存在與否。而按照王守仁的思想，若沒有心，便沒有理。心為宇宙立法，理是由心立的。

「明德」

在這樣的宇宙概念之上，王守仁對《大學》賦予一種形而上學的意義。在前面第十六章裡，曾經說到《大學》抒發了後來對它所稱的「三綱領」：「大學之道，在明明德，在親民，在止於至善。」王守仁解釋《大學》就是學作大人之學。關於「在明明德」，他寫道：「大人者，以天地萬物為一體者也。其視天下猶一家，中國猶一人焉。若夫間形骸而分爾我者，小人矣。大人之能以天地萬物為一體也，非意之也，其心之仁，本若是其與天地萬物而為一也。豈惟大人，雖小人之心，亦莫不然。彼顧自小之耳。是故見孺子之入井，而必有怵惕惻隱之心焉。是其仁與孺子而為一體也。孺子猶同類者也，見鳥獸之哀鳴觳觫而必有不忍之心焉，是其仁之與鳥獸而為一體也。……是其一體之仁也，雖小人之心，亦必有之。是乃根於天命之性，而自然靈昭不昧者也。是故謂之明德。……是故苟無私慾之蔽，則雖小人之心，而其一體之仁，猶大人也。一有私慾之蔽，則雖大人之心，而其分隔隘陋，猶小人矣。故夫為大人之學者，亦惟去其私慾之蔽，以自明其明德，復其天地萬物一體之本然而已耳；非能於本體之外，而有所增益之也。」（《大學問》，《全書》卷二十六）

關於「三綱領」中的第二條：「在親民」，王守仁說：「明明德者，立其天地萬物一體之體也；親民者，達其天地萬物一體之用也。故明明德必在於親民，而親民乃所以明其明德也。親吾之父，以及人之父，以及天下人之父，而後吾之仁實與吾之父、人之父、與天下人之父而為一體矣，實與之為一體而後孝之明德始明矣。……君臣也，夫婦也，朋友也，以至於山川神鬼鳥獸草木也，莫不實有以親之，

以達吾一體之仁。然後吾之明德始無不明，而真能以天地萬物為一體矣。」（同上）

關於「止於至善」，王守仁寫道：「至善者，明德、親民之極則也。天命之性，粹然至善，其靈昭不昧者，此其至善之發現，是乃明德之本體，而即所謂良知者也。至善之發見，是而是焉，非而非焉，輕重厚薄，隨感隨應，變動不居，而亦莫不有天然之中。是乃民彝物則之極，而不容少有擬議增損於其間也。少有擬議增損於其間，則是私意小智，而非至善之謂矣。」（同上）

良知——來自直覺的認識

這樣，「三綱領」實際上被歸結為一條即：在明明德，這就是心的本性。一切人，無論善惡，從基本上，都同有此心。人的自私也不能把本性完全泯滅，往往在人對外界事物的本能反應中表現出來。人突然發現一個幼兒即將落入井中的本能反應便足以說明這一點。人對事物的第一個反應表明，人內心裡，知道什麼是對的，什麼是錯的。這種非意識是人的本性的表現。王陽明稱之為「良知」（按字面的意思就是「對良善的知識」）。人所當做的便是服從良知的命令，毫不遲疑地做去。如果人不立即遵照良知的命令去做，而尋找不做的理由，便是在良知上加以增益或減損，這便失去了至善。其實，人尋找藉口不去遵行良知的命令，乃是出於私慾。在前面第二十三、二十四章裡，我們看到周敦頤和程顥也持同樣的主張，王守仁則對這個理論賦予了一個形而上學的基礎。

據說，楊簡（一二二六年卒，南宋哲學家，陸九淵弟子）初見陸九淵時問，人的本心如何？在這裡值得提一下，「本心」原是禪學的用語，但陸王學派也沿用了這個詞語。陸九淵在回答楊簡的問題時，援引了《孟子》中論到善之四端的一段。楊簡說，他從孩提時代便已學過這一段，卻始終不明白人的本心何所指。楊簡時任富陽主簿，在談話中間還要出去處理一樁訴訟案；然後回來又與陸九淵繼續談話。陸九淵說：剛才你斷案，知道怎樣判斷是非，這便是你的本心。楊簡問：僅止於此嗎？陸九淵大聲回答說：「你還要什麼？」楊簡就此頓悟，由此成為陸九淵的弟子（《慈湖遺書》卷十八）。

還有另一個關於王守仁弟子的故事。這位弟子有一次半夜裡捉到一個小偷，便對小偷講說「良知」的道理。那小偷笑着問道：「請問，我的良知在哪裡？」當時天氣很熱，王守仁的這個弟子請小偷脫掉外衣，隨後又請他脫掉內衣，小偷都照辦了。接下去請小偷脫掉褲子時，小偷猶豫說，這恐怕不妥吧。王守仁的弟子便對小偷說：「這便是你的良知！」

這個故事沒有說，小偷是否在這次談話裡得到頓悟。但是，這個故事和前一個故事都使用了禪師啟發禪僧頓悟的方法。它們的用意都在於表明，每個人都有良知，這良知便是人的本心。人憑着良知，懂得什麼是對的，什麼是錯的。人人按本性說，都是聖人。這便是何以王守仁的學生慣於說「滿街都是聖人」。

他們這樣說的意思是：人人都可以成聖。人只要秉着良知去分辨是非、遵行良知的命令，就真的成為聖人了。換句話說，人所當做的是遵行良知的命令；用王守仁的話來說，就是「致良知」。這是王守仁哲學的中心思想，他在晚年時反覆講的就是這三個字。

「正事」

《大學》裡還講「八條目」，它的內容是個人精神修養的八個步驟。第一、二步便講「致知」與「格物」。按照王守仁的思想，「致知」便是「致良知」。個人精神修養無他，就是順自己的良知去生活，把來自直覺的知識付諸實行。

在中文裡，「格物」按程頤和朱熹的解釋就是剖析事物，王守仁的解釋不同，他認為：「格者，正也」，「物者，事也」（《大學問》，《全書》卷二十六）。這樣，「格物」便不再是「剖析事物」，而成為「匡正事物」了。他認為，人的直覺知識不可能按佛家教導的冥思默想方法而得到延展，它只有通過人們處理日常事務的經驗而得到延展。王守仁說：「心之所發便是意（意志、思想），……意之所在便是物。如意在於事親，即事親便是一物；意在於事君，即事君便是一物。」（見《傳習錄》，《全書》卷一）物有是非之別，人可以本着良知（直覺知識）來作出判斷。當人從良知認識到一件事是對的，就應當真誠去做；當人的良知告訴人，某件事是錯的，他就應當真誠地不去做。這樣，便匡正了他的事務，同時延展了良知（致良知）。人的良知只有通過匡正自己事務的行動實踐而得到延展，除此之外，沒有別的辦法。《大學》說「致知在格物」，含義就在此。

八條目的下兩步是「誠意」和「正心」。王守仁以為，誠意無非是「正事」和「致知」，因為實踐這兩點都需要真誠。人對自己的良知的命令，尋找藉口不去執行時，便是沒有誠意，這個不真誠和程顥、王守仁所說的自私和自我辯解並沒有區別。人在意誠時，他的心是正的。正心就要誠意。

八條目的後四步是修身、齊家、治國、平天下。王守仁認為，修身就是致良知。若不在「致良知」上用功夫，怎能修身呢？修身的含義，除去「致良知」外，還能再有什麼呢？人努力「致良知」時，自然愛大眾；人在愛大眾時，自然努力治家、盡力謀求國家井然有序和天下太平。因此，八條目也歸結到一條，就是「致良知」。

什麼是「良知」？它就是人內心的亮光，或如《大學》稱之為「明德」。因此，「致良知」也就是「明明德」。這樣，《大學》的全部思想就歸結為「致良知」了。

再次用王守仁的話來說：「人心是天淵，無所不賅。原是一個天，只為私慾障礙，則天之本體失了。……如今念念致良知，將此障礙窒塞，一齊去盡，則本體已復，便是天淵了。……一節之知，即全體之知；全體之知，即一節之知。總是一個本體。」（《傳習錄》下，《全書》卷三）

由此可見，王守仁的思想體系和宋代周敦頤、程顥、陸九淵是一脈相承的，只是王守仁用詞更明確、表現更為系統。《大學》的三綱領、八條目如此恰當地被納入他的體系，使他的話更有自信，也更足以服人。

用敬

王守仁的思想體系和他的精神修養方法如此簡單明瞭，這個特點使他的主張具有極大的吸引力。人只需要首先懂得，人人都有本來的一顆心，這顆心與天地是一體。這是陸九淵所說：「先立乎其大者」，這句話原是來自《孟子》。陸九淵曾說：「近有議吾者云：除了『先立乎其大者』一句，全無伎倆。吾聞之曰：『誠然。』」（《象山全集》卷三十四）

在第二十四章裡說到，新的儒家認為，精神修養的關鍵在於一個「敬」字。但是，「敬」什麼呢？按照陸王心學的看法，人應當「先立乎其大者」，然後「用敬」存之。陸王學派批評程朱學派，還未「先立乎其大者」，便迫不及待地去「格物」。這樣，即便「用敬」，也全無功效。陸王學派把程朱的做法比作燒火做飯，但鍋內卻無米。

程朱學派對此的回答是：若不從「格物」做起，怎能知道要「立」的是什麼呢？如果排除了「格物」，就講「先立乎其大者」，那就只能靠「頓悟」。按程朱學派的意見，這種主張的禪學成分多於儒學成分。

在第二十四章裡我們看到，程顥也說，「學者須先識仁」，與萬物同為一體；然後以誠敬存之。除此以外，不須再做它事。人所需要的是確信自己、勇往直前。陸象山的主張也很相近，他說：「激勵奮迅，決破羅網，焚燒荊棘，蕩夷污澤。」（《象山全集》卷三十四）。照這樣做去，連孔子的權威也可不再需要了。如陸象山所說：「學苟知本，六經皆我注腳。」（同上）在這方面，我們可以清楚看出，陸王心學乃是禪學思想的繼續。

對佛學的批評

但是，陸王心學和程朱理學對佛學都持尖銳批評的態度，而在對佛學的思想批判中，程朱理學和陸王心學的分歧又再次顯現出來。朱熹曾說：「釋氏說空，不是便不是，但空裡面須有道理始得。若只說道我是個空，而不知有個實的道理，卻做甚用！譬如一淵清水，清冷徹底，看來一如無水相似，他便道此淵只是空的。不曾將手去探是冷溫，不知道有水在裡面，釋氏之見正如此。」（《朱子語類》卷百二十六）在這裡，朱熹指出，在佛家所見的「空」之中，其實有個「理」在。他又說：「儒者以理為不生不滅；釋氏以神、識為不生不滅。」（同上）按朱熹的意見，佛家以具體的世界為空，並不無道理，因為具體世界的一切都流動不居，因此都只是暫時的。但世界還有理，它是永恆不變的。就這一點看，世界不是空。佛家不識得理的真實性，只因理是抽象的；猶如有些人看不見池中的水，只因為水沒有顏色。

王守仁也批評佛教，但批評的出發點不同。在《傳習錄》下卷裡，王守仁說：「仙家（指道士——譯注）說到『虛』，聖人豈能（「豈能」意為「是否可以」——譯注）『虛』上加得一毫『實』？佛家說到『無』，聖人豈能『無』上加得一毫『有』？但仙家說虛，從養生上來；佛家說無，從出離生死苦海上來。卻於本體上加卻這些子意思在，便不是它虛無的本色了，便於本體有障礙。聖人只是還它良知的本色，更不著些子意思在。……天地萬物，俱在我良知的發用流行中，何嘗又有一物超於良知之外，能作得障礙？」（《全書》卷三）

他又說：「佛氏不著相，其實著了相（「著相，意為「執著」）。吾儒著相，其實不著相。……（佛）都是為了君臣父子夫婦著了相，便須逃避。如吾儒，有個父子，還它以仁；有個君臣，還它以義；有個夫婦，還它以別。何嘗著父子君臣夫婦的相？」（同上）

如果依循這種辯論的思路，可以認為，更新的儒家在堅持道家和佛家的基本思想上，比道家和佛家自己更加一貫和徹底，他們是比道家更道地的道家，也是比佛家更道地的佛家。

第二十七章

西方哲學的傳入

嚴復（公元一八五三 — 一九二一年）

任何哲學思想體系都往往被人誤解和誤用。更新的儒學的兩派也難免這樣的厄運。朱熹的主張是：從原則上說，人應當由「格物」入手，從中求得永恆之理，即法則。但是朱熹自己便沒有嚴格遵行這個原則。在《朱子語類》中，可以看到，他對自然現象和社會現象的確進行了一些觀察，但是他的主要精力和時間是用在對經書的研究和評論上。他不僅深信有永恆之理，而且認為古聖先賢的言論便是這種永恆之理。因此在他的思想中，有一種權威主義和保守主義的成分，在程朱學派後來的發展中，這種傾向更加明顯。這個學派的思想被後來的統治者樹立為官方的正統思想，更加重了它的權威主義和保守主義色彩。

反對更新的儒學的思潮

陸王便是對哲學保守主義的一種革命，到王守仁的時代，這種革命運動達到了最高潮。它簡捷了當地訴諸每一個人的直覺，這直覺便是每個人「本心」的內在亮光。陸王學派雖然從未像程朱學派那樣得到官方的確認，卻像程朱學派同樣地有影響。

但是，王守仁的哲學也同樣受到誤解和誤用。本來，王守仁所主張的是：人憑直覺會立刻知道自己的意志或思想是對，或是錯。它能告訴人的是：應當做的事，卻不能告訴人怎樣去做，它缺少的是現在美國人所稱的「知道怎樣幹」（Know how）。王守仁認為，在具體情況下，要想知道怎麼做，需要結合具體情況。研究行動的具體辦法。但是，後來王守仁的追隨者們似乎相信，直覺可以把樣樣事情都告訴人，包括「知道怎麼幹」。這便走到了荒謬的地步，陸王學派的追隨者們也因此而吃了苦頭。

在上一章末尾我們看到，王守仁用禪宗辯論的辦法來批評佛教。正是這種論辯方法最容易被歪曲誤用。後來流傳一個帶諷刺意味的故事說，曾有一個書生到一座寺廟遊覽，遭到寺僧的冷遇。他在廟裡時，看見寺僧對前來遊覽的大官卻畢恭畢敬。大官走了之後，這個書生質問寺僧，見達官貴人就趨炎附勢，對布衣書生就不愛理睬，是何道理？僧人回答：「敬乃不敬，不敬卻正是敬。」書生聽寺僧這樣回答，掄起巴掌，打了和尚一個耳光。和尚氣憤質問書生，為什麼打人？書生回答：「打乃是不打，不打卻是打。」在王守仁後流傳這樣的故事，無疑是對心學和禪學的一種譏諷。

王守仁生活於明朝（公元一三六八—一六四三年），心學的盛行也是在明朝。明朝取代元朝（公元一二八〇—一三六七年），歷時二百七十五年，最後，在內部農民起義和外族入侵的雙重打擊下覆滅，為清朝（公元一六四四—一九一一年）所取代。清朝的統治者滿族比在元朝居統治地位的蒙古族對中國漢族的傳統文化抱着遠為同情的態度。清朝統治中國二百六十七年，前面的三分之二時間可以說，大體上為中國帶來了和平與繁榮。在這段時間裡，中國文化在一些方面有了重要的發展；而在其他一些方面則又日益嚴重地趨向文化和社會的保守主義。就官方態度來看，程朱學派的思想更加牢固地被官方樹立起來。然而在非官方控制的領域裡，程朱學派的理學和陸王學派的心學都遭到知識界的抵制。領導這種抵制運動的學人批判更新的儒學在禪宗和道教的影響下，都曲解了孔子的思想，把儒家思想原有的實踐方面丟失殆盡。曾有對更新的儒學持批判態度的書生說：「朱子道，陸子禪。」這種指責在一定意義上不無道理，在前面兩章裡已經說過，這裡不再贅述。

從哲學本身說，這種指責並無意義。在本書第二十三章裡已經指出，更新的儒學是儒學、佛學和道家思想（經過禪學）、道教思想的融合。從中國哲學史的觀點看，這種思想融合是一種發展，因此是得而不是失。

就清朝說，儒家思想的正統地位勝過以往歷代，而更新的儒學被指責為背離原來的儒家思想，無異說它是假的，因而是錯繆的。在反對更新儒學的人看來，更新的儒學比佛教、道教的思想更為有害，因為它貌似原來的儒學，從而更容易把人引入歧途。

為此，清朝的學者提倡「漢學」，就是以漢代的經書注疏為論學依據。他們認為，西漢離孔子的時代較近，而且當時佛學還未傳入中國，因此漢代注釋的儒家經典，自然更符合孔子的原意。這樣一來，清代學者對遭到宋明兩代新的儒家忽視的漢代學者著述十分重視，把這種研究稱為「漢學」；而把更新的儒學稱為「宋學」，因為更新的儒學及其主要流派都興起於宋朝。貫穿整個十八世紀，直到十九世紀末、二十世紀初，清代「漢學」和「宋學」之爭成為這一時期中國哲學史上的大事，其實所爭論的無非是對古代文獻的看法，其中涉及對古代著作的哲學內容和經書文字的考訂，從文字考訂引出對經書本意的闡述，進而論證它們的哲學上含義應當是什麼？

由於漢學家重視古代文獻的研究，清代學者在古書校勘、古文字學、歷史語言學等方面，做出了成績。這是清代文化史上的巨大成就。

就哲學來說，清代漢學家的思想成就比較遜色，但是在文化上，清儒使人們看到古代文化的廣闊視野，起了打開人們眼界的作用。明朝的書生為應付科舉，其中以朱熹的《四書集注》為判卷標準，因此讀書人的注意力都集中於「四書」；對「四書」以外的其他典籍所知甚少。「漢學」的本意雖然希望儒生集中注意先秦兩漢的儒家，但讀書人一旦打開了眼界，便很難一心只讀聖賢書。除了正統儒家之外，讀書人也去讀《墨子》《荀子》《韓非子》等被長期棄置在旁的典籍。因年代久遠而湮沒的古文字學重受重視，古代文獻經後世傳抄而出現的錯訛別字，現在得到訂正。由於清朝漢學家的辛勞，現在我們讀古代典籍，比明朝時容易得多。清代「樸學」的成就，使學人對古代思想的研究興趣又重新興起。中國人在近幾十年接觸西方思想時，自然要反問中國傳統思想，以求兩相比較。這樣，我們就轉到西方哲學傳入中國帶來的各種影響這個主題上來了。

孔教運動

在這裡不需要仔細考察中國人開始接觸西方文化時的態度，只指出一點就夠了，那就是明朝末年，十六世紀末、十七世紀初西歐天主教耶穌會士來華，把當時歐洲的天文、數學成就介紹到中國，給許多中國儒生以深刻的印象。當時的歐洲人稱中國和東亞是「遠東」，中國人則稱歐洲是「泰西」。

在先前的一千多年裡，中國人稱印度為「西天」，對印度以西便籠統稱為「泰西」。這個名詞現在已經棄置不用，但直到上世紀末，「泰西」這個詞還是十分流行的。

在第十六章裡曾經說到，中國人歷來是以文化差異，而不是以民族差異來區分自身與外族（「化外」「夷狄」）。中國人的民族意識更多來自文化，而不是來自政治。中國的地理位置遠離其他重要國家，又擁有古老的文明，在這種地理、文化環境裡，中國人很難設想，居然還有其他民族，也擁有發達的文明，而在生活方式上卻與中國人全然不同。因此，中國人接觸外來文化時，往往傾向於蔑視並且加以抵制，主要不是排斥外來的東西，而是認為外來文化是低級的、甚至是錯誤的。在第十八章裡我們看到，佛教傳入中國，激起了中國道教的興起，這是一種以中國本民族宗教抵制外來宗教信仰的努力。當西方文化傳入中國，而基督教傳教士在這種文化傳播中起了主導作用，它所引起的反應也十分相似。

十六、十七世紀歐洲基督教傳教士學者給中國人深刻印象的，不是他們的宗教信仰方面，而是他們在數學和天文學方面的成就。但是後來，特別是十九世紀，歐洲大國在軍事、工業、商業上居於優勢地位，向外擴張。而與此同時，中國的政治力量在滿族統治下正趨於衰落，這時，中國人感到基督教對於文化的推動力量。十九世紀下半紀，外國傳教士和中國人之間爆發了幾次大規模衝突，十九世紀末，中國著名的政治改革家康有為（公元一八五八—一九二七年）發起孔教運動，以對抗日益增長的西方影響。這一事件並非偶然的——甚至從中國思想發展角度看，也不是偶然的——

因為漢學家們已經為此鋪平了道路。

在第十七、十八章裡我們看到，漢代經學分古文學派和今文學派。漢學在清朝的再起，使古文學派和今文學派的爭論也再次抬頭了。漢代以董仲舒為首的今文學家深信孔子創立了一個理想的新朝代，這一派後來甚至把孔子奉為超人，認為他降世，是為了完成在人間的使命。康有為是清代今文學派的領袖，他從古代文獻裡找出許多材料，力圖把儒家建立為一種宗教，並且建立起相應的孔教組織。

在介紹董仲舒時我們已經讀到董仲舒關於孔子的怪誕理論，康有為比董仲舒有過之無不及。漢代的注疏家們從《春秋》和《禮記》中引伸出社會進化有三個世代（衰亂世、昇平世、太平世）的理論，康有為把這個理論加以發展，他在一九〇二年著《論語注》時說：「孔子生當據亂之世。今者，大地既通，歐美大變，蓋進至昇平之世矣。異日大地大小遠近如一，國土既盡，種類不分，風化齊同，則如一而太平矣。孔子已預知之。」（《論語注》卷二）

康有為是一八九八年戊戌維新的領袖人物。這場改革只進行了幾個月，便遭到鎮壓，康有為的一些追隨者被殺，康有為自己逃亡日本，清朝當局重又加強鎮壓。其實，康有為認為自己並不是鼓吹西方文化，而是為了實現中國古代孔子的理想。他為儒家經書撰寫了不少注疏，把他的思想寫入這些注疏之中。除這些書之外，一八八四年，他還寫了一本《大同書》，其中描繪孔子學說預見到的人類進化第三階段「太平世」時的世界。這部書如此大膽、如此革命化，以致最大膽的未來社會空想家都為之吃驚，而康有為自己並不是一個烏托邦主義者。他堅持認為，他的理想只有到人類社會發展到最高階段時，才能實施。而目前階段，他所主張的只是君主立憲制。康有為在世時，保守派首先憎恨他，因為他太激進；後來，激進派憎恨他，因為他太保守。

但是，二十世紀並不是一個熱衷於宗教的世紀。在基督教傳入中國的同時，或者說，凌駕於基督教之上的是傳來了科學，它和宗教正好背道而馳。因此，基督教本身在中國的影響是有限的。孔教運動也早已夭折了。一九一一年辛亥革命推翻了清朝統治，一九一二年中華民國臨時政府成立，取代了清朝政府。一九一五年起草中華民國憲法時，康有為的追隨者曾要求中華民國以孔教為國教。這一點引起了激烈的爭論，最後達成了一個妥協方案，在憲法草案中寫入「中華民國以儒家思想為倫理道德的基本準則」。這個憲法從未付諸實行。此後，康有為所倡導的以儒學為基礎而建立的儒教，也無聲無息了。

應當提到的是，直到一八九八年，康有為和他的同志們對西方哲學所知極少。康有為的朋友譚嗣同（公元一八六五—一八九八年）在維新運動失敗後以身殉難，被清政府處決，就思想說，譚嗣同比康有為更敏銳。他曾著有《仁學》一書，其中吸收了近代化學和物理學的一些思想。在《仁學》書首，作者舉出了讀者在讀《仁學》之前應當閱讀的一些書籍，其中涉及西方思想的只是《新約聖經》和「有關數學、物理、化學和社會學方面的著作」。顯然當時人們對西方哲學的知識十分有限，他們所知道的西方文化，除堅船利炮外，只限於科學和基督教。

西方思想的傳入

二十世紀初的中國，關於西方思想的最大權威應推嚴復（公元一八五三—一九二〇年），他年輕時被清政府派往英國學習海軍，在英國讀到當時英國流行的一些人文學著作。回國後，他翻譯了赫胥黎的《天演論》（Thomas Huxley: *Evolution and Ethics*）、亞當・斯密的《原富》（Adam Smith: *An Inquiry into the Nature and Causes of the Wealth of Nations*）、斯賓塞的《群學肄言》（Herbert Spenser: *A Study of Sociology*）、約翰・穆勒的《群己權界論》（John Stuart Mill: *On Liberty*）和他的《名學》（John Stuart Mill: *A System of Logic*）前半部、甄克斯的《社會通詮》（E. Jenks: *A History of Politics*）、孟德斯鳩《法意》（Montesquieu: *Espirit des Lois*）以及編譯的耶方斯《名學淺說》（Jevons: *Lessons in Logic*）。嚴復從事這些著作的翻譯工作是在一八九四—一八九五年中日戰爭之後。他由此而著名，他的譯作也廣泛流傳。

這些譯作的廣泛流傳可以歸因於三點。首先是中國在鴉片戰爭、英法聯軍入侵中敗於西方國家；隨後，又在甲午戰爭中敗於日本。在此之前，中國人認為西方國家所恃的只是洋槍大炮和戰艦，這都是科學技術；至於精神方面，西方國家並無長處。日本由明治維新，全面學習西方而戰敗中國，這極大地動搖了中國人對自己古老文明優越性的自信，由此而想對西方有所了解。第二個原因是：

嚴復在他的譯作中插進許多評論，比較這些西方作者的思想和中國哲學思想的異同，以便於讀者理解。這個做法類似本書第二十章所述，先前佛經被譯為中文時所用的「格義」法，也就是類比法。第三個原因是：嚴復以他的中國古典文學修養翻譯斯賓塞、穆勒等人的當代英語，使中國讀者閱讀這些外國著作，如同閱讀中國古代經書典籍。中國人歷來尊敬學術，以為凡能用中國古典文學表達的思想，就值得尊敬，一如尊敬中國古典經書一樣。

但是，從上列嚴復的譯作目錄中可以看出，嚴復介紹西方哲學著作很少，只有耶方斯的《名學淺說》和穆勒的《名學》，而前者只是節譯與綜述，後者只譯了一半。嚴復推崇斯賓塞，說「歐洲自有生民以來無此作也」（《天演論》導言一，按語），這就說明他的哲學知識十分有限。

與嚴復同時還有另一位學者，對西方哲學有更深的理解，並且有真知卓見，這就是王國維（公元一八七七—一九二七年），但是他直到放棄哲學研究之後才以歷史學、考古學和文學的成就馳名中國學術界。他在三十歲之前已經研究了叔本華（Arthur Schopenhauer）和康德（Immanuel Kant）的著作。嚴復所讀的西方學術著作，都是英國學者的著作，王國維卻和嚴復不同。可惜他在三十歲時放棄了對西方哲學的研究，王國維在他的《三十自述》中陳述了其中原因。他說：

> 「余疲於哲學有日矣。哲學上之說，大都可愛者不可信，可信者不可愛。余知真理，而余又愛其謬誤。偉大之形而上學、高嚴之倫理學與純粹之美學，此吾人所酷嗜也。然求其可信者，則寧在知識

論之實證論、倫理學上之快樂論、與美學上之經驗論。知其可信而不能愛，覺其可愛而不能信，此近二三年中最大之煩惱，而近日之嗜好，所以漸由哲學而移於文學，而欲於其中求直接之慰藉者也。」（《靜安文集續編．自序二》）這裡王國維說，他是因為在西方哲學中找不到能夠沁人心靈的安慰，才由哲學轉向文學的。

王國維又說：英國的斯賓塞和德國的馮特（Wilhelm Max Wundt）都只是二流的哲學家，他們的哲學不過是與科學的調和，或是前人哲學的調和；而他所知的其他哲學家不過是哲學史家。他認為自己如果繼續讀哲學，可以成為一個勝任的哲學史家。「然為哲學家則不能，為哲學史（家）則又不喜，此亦疲於哲學之一原因也。」

這裡大段引述王國維的話，是因為我以為，從這些引述的話中可以看出他對西方哲學有一些具洞察力的見解。正如中國成語所說，他知道哲學中的「甘苦」。但總的說來，在二十世紀初，懂得西方哲學的中國人很少。我自己在上海中國公學讀大學本科時，課程中有邏輯學初步，但當時在上海，沒有人能夠擔任這門課的教席。最後找到一位教師，他要求學生買耶方斯的《名學淺說》編譯本作為教科書，而把這本書作為學習英語的課本來讀。當讀到「邏輯判斷」一節時，他要我背誦「判斷」這個字的英語（judgment）拼法，想看我是否知道，在「g」和「m」中間不應加進英文字母「e」。不久以後，我們又換了另一位教師。他是真心實意地把這門課作為邏輯來教。在耶方斯的《名學淺說》一書課文後面有許多練習題，教師並沒有要求學生做這些練習題。我不管教師怎麼說，自己按照這些習題，逐一去做，碰到一個習題，是我所不懂得的，我便在課後請老師給我講解。他費了半小時，還未能講解清楚，最後說：「讓我再想想，下次給你講。」此後，他便不再來上課了。為這件事，我對老師深抱歉意，因為我並不是故意和他為難。

當時北京大學是全國國立大學之中，唯一計劃開設中國哲學、西方哲學、印度哲學三門（門相當於後來的系）的學校。但是，按照大學當時的科系設置，只有一個「中國哲學門」。一九一五年，據說即將成立「西方哲學門」，已經請到一位曾到德國學習哲學的教授前來授課。於是，當年我便到北京，進入北大作為本科生，但是遺憾的是，這位預定要來授課的教授不幸逝世，因此我只好轉入中國哲學門學習。

在中國哲學門裡，我們的教授之中，有的標榜古文經學，有的標榜今文經學，有的標榜程朱理學，有的標榜陸王心學。其中一位主張心學的教授開設「中國哲學史」課，每周四課時，講兩年。他按照傳統的講法，從堯舜講起，到第一學期結束時，剛講到周公——就是說，離孔子的時代還有五百年。學生請教他，需要多少時間講完這門課。他回答說：「學哲學，無所謂學完或沒有學完。如果你們要求我結束這門課，我可以一句話就講完這門課；如果你們不願結束，這門課可以一直講下去。」

西方哲學的傳入

一九一九年到一九二〇年間，美國的約翰・杜威和英國的伯特蘭・羅素兩位哲學家應邀到中國，在北京大學和其他地方講學，這是第一次有西方哲學家來中國講學，也是中國人第一次聽到有關西方哲學的第一手介紹。但是他們所講的，主要是他們自己的哲學，使得聽眾以為西方的傳統哲學思想已經過時而被棄置一旁了。大部分聽眾對於西方哲學史知識太少，因此對杜威、羅素兩位的哲學的意義，也就弄不清楚。為要懂得一種哲學思想，首先要知道在它之前的哲學傳統思想，然後才能理解，當前的哲學思想對過去的思想，在哪些地方是贊成的，在哪些地方是否定的。因此，這兩位哲學家，在中國雖然受到熱烈的歡迎，他們的思想，卻很少人懂得。無論如何，他們對中國的訪問，為當時的中國青年學生終究是展開了新的思想文化地平線。就這一點來說，他們在中國的講學具有巨大的文化和教育價值。

在本書第二十一章裡，我曾說到「中國佛教」和「佛教在中國」有不同的含義；我也說到，佛教對中國哲學的貢獻是「宇宙心」的概念。西方哲學傳入中國也有類似的情況。舉例來說，繼杜威和羅素訪華講學之後，曾有許多不同的哲學思想體系在中國流行過一時。但是，迄今為止，幾乎所有這些學說都只是代表了「西方哲學在中國」；還沒有一種哲學能像禪學那樣，融入中國人的思想，成為其中的一部分。

就我認識之所及，西方哲學對中國哲學的持久貢獻在於它的邏輯分析方法。在第二十一章裡，我曾說過，佛家和道家都使用「負的方法」。西方哲學的「分析方法」正好是「負的方法」的反面；因此，也許可以稱之為「正的方法」。負的方法致力於消泯差別，告訴人：它的對象不是什麼；而正的方法則致力於突出區別，使人知道它的對象是什麼。對中國人來說，佛學帶來的負的方法並不十分重要，因為中國人在道家思想裡已經有了負的方法，佛家思想只是加強了它。而從西方引進了正的方法卻有十分重大的意義。它不僅使中國人有一種新的思維方法，還改變了中國人的心態。但是在下一章裡，我們將會看到，它不能取代「負的方法」，而只是加以補充。

西方哲學對中國人的重要性，不在於它已達到的現成結論，而在於它使用的方法。中國有一個故事說，有個人遇到一位神仙，神仙問他想要什麼。這人回答說，想要金子。神仙便伸出手指點石成金，把幾塊金子給這個人。但他不要。問他還要什麼？他回答說，我要你的手指。分析方法就是西方哲學的手指，中國人要的就是這個手指。

這就是何以在西方眾多哲學流派之中，首先吸引中國人的是邏輯。甚至在嚴復翻譯穆勒（J. S. Mill）的《名學》之前，十七世紀的明末中國學者李之藻（死於公元一六三〇年）便曾和一位耶穌會士合作，翻譯了一本中世紀歐洲的亞里士多德邏輯教科書。這部書的名稱是《名理探》。在本書第十九章裡，我們看到，「名理」的含義就是通過分析名字來辨明原理。嚴復把「邏輯」譯作「名學」。在本書第八章裡我們看到，以公孫龍為代表的中國名家哲學的實質正是通過分析名字來辨析原理。但是，在那一章裡我還指出，名家的哲學思想還不就等於邏輯學，它們之間有相似之處，使中國人初聽西方邏輯學時，會立刻注意到它與中國古代名家的相似之處，而把兩者聯繫起來。

直到如今，西方哲學傳入中國的最豐碩成果是振興了對中國哲學——包括佛學——的研究。這句話並不難理解。人們在接觸到不熟悉的新思想時，很自然地，便會找自己熟悉的思想去加以比較，求得互相印證。而當人把它們對照比較時，自然便要對它們加以分析。正如在本章開始時我們看到，清儒研究儒家以外的先秦各家思想，得力於漢學（樸學）為它們鋪平了研究道路。漢學所從事的是文本考訂和古文字學的校勘注釋，而不是哲學思想研究。這恰好是運用分析方法分析先秦各家哲學必要的先行工作。

由於邏輯是西方哲學吸引中國人的首要方面，當代中國哲學家重新考察先秦哲學思想時，也很自然首先是對名家進行研究。一九二二年，胡適博士所著《先秦名學史》問世，成為這種研究的一項重要成果。其他學者如梁啟超（公元一八七三——一九三〇年）也對名家和其他學派的研究作出許多貢獻。

一直到一九三七年中日戰爭之前，中國學術的時代精神可以說就是用分析方法對中國古代思想重新加以解釋。甚至西方的基督教傳教士也同樣受到這種思潮的影響。這或者可以解釋，何以有相當一批在華的西方傳教士，用西方語言翻譯中國哲學典籍，或著書介紹中國古典哲學，而很少傳教士把西方哲學典籍譯為中文，或撰寫關於西方哲學的中文著述，介紹給中國人。結果，就哲學方面看，可以說西方傳教士所做的，乃是中國思想向西方的倒流。本來是向中國傳播西方思想，很可能倒造成相反的結果，就如同「租借」關係裡的租借雙方也可能倒轉過來一樣。

第二十八章

廁身現代世界的中國哲學

蔡元培（公元一八六八 — 一九四〇年）

在介紹了中國哲學的演變和發展後，讀者可能會問：當前中國哲學，特別是抗日戰爭以來的中國哲學是什麼樣？中國哲學對未來世界的哲學能做出什麼貢獻？事實上，常常有人向我提出這樣的問題，而且使我感到很窘，因為要把一種哲學介紹給對這種哲學傳統並不熟悉的人，無論介紹者贊成或反對這種哲學，都不是一件容易的事。現在，本書的讀者對中國哲學傳統已經有所認識，我就接着上一章的故事講下去，試着回答這些問題。

哲學家和哲學史家

接着講上一章的故事，我所談將限於自身經歷的範圍之內，並不是除此以外都不值得談，而是因為這是我最清楚的故事，用它來做一個實例，比列舉一大串名字、開一個「主義」名單，而對其中任何一個題目都不能詳加說明，要有意義得多。對一個哲學家，僅僅說他是個什麼「主義者」、什麼「論者」，所造成對他的誤解，會比對他增添的了解還更多。

我曾寫了兩卷本的《中國哲學史》，第二卷於一九三四年出版，那是中國抗日戰爭爆發前三年。第一卷已由布德教授譯成英文，於一九三七年在北平出版。那是抗日戰爭已經爆發三個月之後。那部書就是我在上一章末所講的當代中國哲學精神的表現，在其中我運用清代儒家對中國古代哲學典籍校勘考訂的成果，並運用分析方法來澄清這些古代哲學家的思想。從歷史家的眼光來看，這種方法有它的局限性。這是因為古代哲學家的思想本來或者並不像現代詮釋者所看到的那末清楚。哲學史的作用是告訴我們：過去的哲學家們說了些什麼，他們說這些話時是什麼意思？而不是我們認為這些話應當意味着什麼。在我的哲學史裡，我盡力使用分析方法來說清楚作者的原意，也就是說，把分析方法的使用，限制在適當的範圍之內。

但是，從純哲學家的角度看，把過去哲學家的思想予以澄清，並把這些思想引申到它們的邏輯結論，從中表明它們是正確，或是謬誤，比僅僅弄清楚他們的原意當然要有趣得多，也重要得多。這樣做包含着「從舊到新」、從傳統到現代的思想發展過程。這種發展乃是上述時代精神的又一階段。這樣做已經超出了一個歷史家的學術工作範圍，而進入一個哲學家的創作範圍了。王國維先生對哲學的思想評論，我也有同感。這就是說，我不滿足於自己僅僅成為一個哲學史家。因此，在完成了這部《中國哲學史》之後，我立即着手準備新的工作；但這時正是一九三七年夏，抗日戰爭爆發了。

抗日戰爭時期的哲學耕耘

抗戰前，北京大學的哲學系（我是從那裡畢業的）和清華大學的哲學系（這是現在我任教的大學）被認為是全中國大學哲學系中最強的。這兩所大學各有自己的傳統和重點。北京大學以歷史研究和它的學術水平著稱，哲學上傾向於觀念論，用西方哲學的術語來說，是康德和黑格爾派；用中國哲學的術語來說，則是陸王學派。清華的傳統和重點則相反，傾向於使用邏輯分析來研究哲學問題，反映了實在論哲學的趨勢；如果用西方哲學的術語來說，它是柏拉圖派（因為新實在論學是柏拉圖式的）；如用中國哲學術語來說，它屬於程朱學派。

這兩所大學都坐落在北平（從前稱北京）。戰爭爆發後，兩所大學都遷往西南，再加上南開大學，共同組成西南聯合大學，度過整個抗日戰爭時期。北大和清華的兩個哲學系結合成一個罕見的奇妙聯合體，其中九位教授代表了中國和西方哲學的各重要派別。起初，聯合大學設在湖南長沙，哲學系和其他人文各系則在南嶽衡山。

我們在湖南為時僅四個月。一九三八年春，又繼續向西南後方遷移，最後到達昆明。在湖南的幾個月，正是中華民族歷史上最危急的時期，然而這段時期在國民精神上卻是最昂揚向上的時期。我們所困處的衡山，在歷史上，曾是懷讓磨磚作鏡的地方（見本書第二十二章），朱熹也曾在那裡住過。我們與南宋時代被外來敵人追逐南遷的民眾經歷着同樣的苦難命運。但是，當時聚在一起的有哲學家、作家、學者，大家住在一座樓裡，形成一個奇妙的社會。其時、其地、其人，結合在一起，這是一個非常激勵人心、激發人們靈感的時期。

在這幾個月裡，我以及我的同事們，包括湯用彤教授、金岳霖教授，相繼完成自己的著作。湯用彤教授寫完了《中國佛教史》的第一部分；金岳霖教授完成了他的《原道》；我完成了《新理學》。金岳霖教授和我有許多共同的想法，但是我的工作如我的書名所表明的，乃是試圖對程朱理學加以發展；金岳霖教授的《原道》則是對中國傳統形而上學問題進行獨創性的研究。後來在昆明，我繼續寫了幾本書：《新事論》（又名《中國自由之路》）、《新世訓》、《新原人》（人性新論）、《新原道》（又名《中國哲學之精神》，牛津大學的休斯先生（E. R. Hughes）曾把它譯成英文，在倫敦出版、還有《新知言》（形而上學方法新論），這些書都曾由上海商務印書館出版。下面我將綜述它們取得的成果，作為當代中國哲學趨勢之一的實例，從中或許可以部分看出中國哲學對未來哲學可能做出的貢獻。

哲學，或說形而上學的思考，是由於人經驗到某種存在而引起的。這個某種存在可能是感覺，或是感情，或是其他的什麼。在《新理學》中我說：「某個事物存在着。」程朱學派，以至道家，都從這句話演繹出它們的全部形而上學思想和概念。從「某個事物存在着」推演出「理」和「氣」的觀念並不困難；其他觀念也可以用同樣的方法演繹出來。例如，「動」的觀念，我不需要有一個「第一推動力」來開始世界的原始運動；而是把它作為一個形而上學的觀念，是「存在」這個觀念自身就蘊涵着的。存在就是一種活動，一種運動。如果把世界看作一種靜止的存在，我們便是接受了道家的說法，認為在任何事物進入世界之前，首先存在着「有」。如果從動的角度來觀察世界，我們便是接受了儒家的說法，認為在任何事物存在之前，必先有「動」；這無異說，事物開始存在，乃是一種活動。在我稱之為「人的圖像式思考」——亦即想像——之中，人把存在或運動想像為神，為萬物之父。在這樣的想像式思考之中，人得到的是宗教或宇宙論，而不是哲學或形而上學。

從這樣的思想線索發展下去，在《新理學》裡，我演繹出中國哲學的全部形而上學觀念，並把它們結合為一個清楚的思想體系。這部書得到很好的反應，認為它對中國哲學結構的闡述比過去任何一部書都更清楚。並且認為它代表着中國哲學的復興，而這乃是中華民族復興的象徵。

在上一章裡我們看到，程朱學派含有一種權威主義和保守主義的因素，而《新理學》避免了這個缺陷。我認為，形而上學能夠使人知道「理」的存在，但不能使人從中知道每一事物的具體的理。為發現每一具體事物的理，有待人們運用科學的、實踐的方法去逐一發現。各種事物的理是絕對的、永恆的，但人們對它們的認識——即人們對科學法則和理論的認識——則是相對和可變的。

理的具體化需要一個物質基礎。各種類型的社會便是社會結構中包含的各方面理的體現。每一種理的實現都需要一定的物質作為基礎，這個物質基礎便是任何一種社會的經濟基礎。因此我相信，人類歷史要用經濟來加以解釋。在《新事論》（中國走向自由之路）裡，我便是運用這個原理來解釋中國文明和中國歷史。在本書第二章裡，也是這樣做的。

我想，王國維在哲學上的苦悶是由於他未曾理解，知識的每一分支都有它自己應用的領域。任何形而上學的理論，如果不能對事實加以肯定，就沒有值得人相信的理由。而另一方面，如果它對事實作出許多肯定，則它就是一種壞的形而上學；其中道理，和我們評價一種壞的科學的根據是一樣的。這不是說，好的形而上學理論是不可信的，而是說，它如此明顯，以致人們不需要聲明說自己相信它，就像人們不需要聲明自己相信數學一樣。形而上學和數學以及邏輯不同，在於數學和邏輯不需要以「某個事物存在着」作為它的工作前提。形而上學則需要從這句話開始，這是對事實的肯定，是形而上學唯一需要肯定的一點。

哲學的性質

在《新理學》一書中，我使用的方法完全是分析方法。在寫完那本書之後，我開始感到負的方法（見本書第二十一章）的重要性。現在如果有人問我哲學的定義是什麼，我將會辯證地（哲學術語稱之為「悖論」）回答：哲學，特別是形而上學，乃是知識的一個分支，在它的發展過程中，最終成為「對於什麼不是知識的知識」，即「不知之知」。如果這個看法不錯的話，為達到這樣的認識就需要使用負的方法。哲學，特別是形而上學，為我們增進對事實的知識並無用處；但是，它為我們提高自己的心智（心靈和智性）則是必不可少的。這裡所講的幾點，並不僅僅是我個人的看法，而是如前面所述，代表了中國哲學的某些方面。正是這些方面，我以為可能對未來的世界哲學作出一些貢獻。下面，我將對此稍加展開，來予以陳述。

哲學和知識的其他分支一樣，必須從經驗開始。但是哲學，尤其是形而上學，與知識的其他分支不同，在於它的發展將最終引導它到超越經驗的「某個事物」。在那「某個事物」裡，有某個可以體會卻無法憑邏輯來感知的東西。舉例來說，人可以通過感性來感到一張方桌子，但人無法感覺到「方」。這並不是因為人的感官不夠發達，而是因為「方」乃是一個「理」；邏輯上已經決定：它只能存在於人的思維裡，卻不可能感覺到。

在那「某個事物」裡，還有嚴格說來，不僅是人無法感覺、甚至是人無法思想的東西。在第一章裡，我說，哲學是人對於人生的系統反思。由於這種反思的性質，哲學最終不得不思索在邏輯上不可能成為人思考的對象。在本書第十九章裡，我舉出「天」這個詞，有時也被用以指總體；例如郭象說：「天者，萬物之總名也。」宇宙既是一切存在的總體，當人思考這一點時，人只能是進行反思，因為這種思考連同思考者自身都必定要包括在「萬物」之內。但是，當人對萬物進行思考時，萬物處於人的思考之中，便不可能包括它處在其中的這個思想。「萬物」既成為人思考的對象，它便必須處於思考着的人的對面。因此，人認為自己在思考「萬物」時，實際上所思考的不可能包含「萬有的總體」。但是，人必須先思考「總體」這個概念，然後才能體會，思考萬有是做不到的。人需要思考，才能體會到事物之中有些是「不可思議」的，正如有時人需要有一點聲音，才意識到周圍多麼安靜。人需要想那「不可思議」的，但是當人開始這樣去想時，它就立刻溜得無影無蹤了。這是哲學最迷人又最惱人的地方。

從邏輯上說不可能被感知的東西，自然超越於經驗之上。既不可能被感知、又不可能成為思考對象的東西自然超越於智性之上。對那既超越於經驗，又超越於智性的，人不可能說多少話。因此哲學，或至少形而上學是如此，它的本性決定它必然是非常簡單。否則，它將成為另一種壞科學。正由於靠它的單純的思想，哲學得以充分地完成它的任務。

人生的境界

哲學的任務是什麼？在第一章裡我說，按照中國哲學的傳統，哲學的任務不是為了人對客觀實際增加正面的知識，而是為了提高人的心智。這裡正是對這句話加以說明的一個好機會。

在我所著《新原人》（人性新論）裡，我說過自己的看法：人與其他動物不同，在於當他做什麼事時，他知道自己在做的是什麼事，並且自己意識到，是在做這件事。正是這種理解和自我意識使人感到他正在做的事情的意義。人的各種行動帶來了人生的各種意義。這些意義的總體構成了我所稱的「人生境界」。不同的人們可能做同樣的事情，但是他們對這些事情的認識和自我意識不同，因此，這些事情對他們來說，意義也不同。每個人有他的生命活動的範圍，與其他任何人都不完全一樣。儘管人和人之間有種種差別，我們仍可以把各種生命活動範圍歸結為四等。由最低的說起，這四等是：一本天然的「自然境界」；講求實際利害的「功利境界」；「正其義，不謀其利」的「道德境界」和超越世俗、自同於大全的「天地境界」。

一個人可以按照他的本能或社會習俗而生活。這樣的人好像兒童或原始社會中的人，他們做各種事情，而對自己所做的事缺乏自覺，或並不真正意識到它的意義。因此，他所做的對自己並沒有什麼意義，這種人生是「自然境界」的人生。

還有一種人，他有私，時刻意識到自己，所做的事情都是為了自己。這不一定表明他就是全然不講道德。他也可以做一些於別人有益的事情，但他這樣做的動機是為了自己的好處。因此，他所做的每一件事，對他自己來說，都是「有用」的。他的人生境界可以稱作「功利境界」。

還可能有些人，懂得世上並不是只有自己，還存在着一個社會，它是一個整體，自己是社會的一個組成部分。本着這樣的理解，他做任何事情，都是為了整個社會的好處；或者用儒家的話來說，他行事為人是為義，而不是為利（「正其義，不謀其利」），他是真正有道德的人，所做的都合乎道德，都具有道德的意義。他的人生境界可以稱之為「道德境界」。

最後，人也可以達到一種認識：知道在社會整體之上，還有一個大全的整體，就是宇宙。他不僅是社會的一個成員，還是宇宙的一個成員。就社會組織來說，他是一個公民；但他同時還是一個「天民」，或說「宇宙公民」。這是孟子早已指出的。一個人具有這樣的意義，在做每一件事時，都意識到，這是為宇宙的好處。他懂得自己所做的事情的意義，並且自覺地這樣做。這種理解和自覺使他處於一個更高的人生境界，我稱之為在精神上超越人世間的「天地境界」。

在這四種人生的境界中，前兩種都是人的自然狀態；後兩種是人應有的生命狀態。前兩個境界可以說是來自天然，後兩種境界則是人自己的心靈所創造的。自然境界是最低級的存在；功利境界比自然境界稍高一點；更高是道德境界；最高是天地境界。這樣排列是因為自然境界的人生不需要對生有任何理解和自我意識；功利境界和道德境界需要有一點對人生的理解和自我意識；天地境界需要的人生理解和自我意識則最高。道德境界所講求的是道德價值；天地境界所講求的則是超越道德的價值。

按照中國哲學的傳統，哲學的任務是為了幫助人達到後兩種人生境界，特別是天地境界。天地境界也可以稱之為「哲學境界」，因為唯有經驗哲學給人的宇宙情懷，人方始可能達到天地境界。道德境界其實也是一種哲學境界，因為道德行動並不僅僅是符合道德規範的行動，或由於人養成某些符合道德的習慣，它還要求人懂得自己行為中涉及的種種道德問題，而這正是哲學所要給與他的。

人在道德境界中生活的衡量標準是「賢」，它的含義是「道德完美」。人在天地境界裡生活，則是追求「成聖」。哲學就是啟發人追求「成聖」。在本書第一章裡我曾說，成聖是人所能達到的生命最高點。這便是哲學的崇高任務。

柏拉圖在《理想國》一書中曾說：哲學家必須從感覺世界的「洞穴」裡上升到「智性的世界」。哲學家如果是在智性世界中生活，他也就是超越於人間世。在這樣的境界裡，最高的成就是和宇宙合一；在這種和宇宙的融合中，他也超越了智性。

在前面我們已經看到，中國哲學強調一點：聖人並不需要為當聖人而做什麼特別的事情。他不可能施行神蹟，也不需要去那樣做。聖人所做的事無非就是尋常人所做的事；但是他對所做的事有高度的理解，這些事對他有一種不同的意義。換句話說，尋常人在蒙昧狀態（佛家稱之為「無明」）中做事，聖人則是在完全自覺（覺而又悟）的狀態中做事。禪僧常說：「覺字乃萬妙之源。」由廁身宇宙之中的「覺」而直覺地「悟」到和宇宙融為一體，這便是天地境界。

因此，中國人所說的聖人，既在世界裡生活，又不屬於世界；中國哲學既是現世的，又是彼岸世界的。隨着未來的科學進步，我相信宗教的教條和迷信將讓位給科學，人對於彼岸世界的追求將在未來的哲學中得到滿足。這個未來哲學既是現世的，又是彼岸的。在這方面，中國哲學可能有所貢獻。

形而上學中的方法論

在《新知言》一書中，我提出，有兩種方法，即：正的方法和負的方法。正的方法的實質是討論形而上學的對象，這成為哲學研究的主題。負的方法的實質是：對要探討的形而上學對象不直接討論，只說它不是什麼，在這樣做的時候，負的方法得以顯示那「某物」的無從正面描述和分析的某些本性。

在本書第二章裡，我已經表示，同意諾斯洛普教授所說，西方哲學從不證自明的「公設的概念」開始，而中國哲學則從「直覺的概念」開始。由於這個緣故，西方哲學的方法論是理所當然地由正的方法佔統治地位；而中國哲學的方法論則理所當然地是負的方法佔統治地位。中國哲學的這個方法論特點在道家思想中尤其明顯，它始於混沌的大全，又終於混沌的大全。在《老子》和《莊子》兩書中，始終沒有說「道」到底是什麼；只說了「道」不是什麼。而一個人如果懂得了「道」不是什麼，也就對「道」有所領悟了。

道家的這種負的方法，如我們先前所述，在佛教思想中又加強了。道家和佛家思想的結合，形成了禪學；我更傾向於把它稱作「潛默的哲學」。如果一個人領悟到潛默的涵義和它的意味深長，他便對形而上學的對象有所領悟了。

在西方，康德可以說是在形而上學中運用了負的方法。他在《純粹理性批判》一書中探索到「不可知」的「物本體」(the noumenon, thing-in-itself)。對康德和其他西方哲學家來說，由於「不可知」的不可知，因此，人對它無話可說，既然如此，最明智的態度便是對形而上學止步不前，而以探究認識論領域為限。但是對那些慣於以負的方法來思考的人，「不可知」的不可知，乃是理所當然，從而應當對它緘默。形而上學不是要對「不可知」說出一番話來，而是應當說「不可知」是不可知的。人如果懂得「不可知」是不可知的，對它就是有所領悟了。在這一點上，康德已經做出了巨大的貢獻。

在各種哲學的形而上學體系裡，無論它們採取的方法是負的方法或正的方法，最後都往往戴上了神秘主義的皇冠。負的方法便是神秘主義的方法。但即便是運用正的方法的哲學大師如柏拉圖、亞里士多德、斯賓諾莎，它們的哲學體系的高峰都是含有神秘主義色彩的。在柏拉圖的《理想國》裡，哲學家見到了「至善」，並與之融為一體；在亞里士多德的《形而上學》裡，哲學家面對着「正在對思索進行思索」（thinking on thinking）的上帝；在斯賓諾莎的《倫理學》中，哲學家發現自己「從永恆的觀點來看眼前的事物」從而享受到「神的智性之愛」；在這樣的時候，他們除了靜默之外，還有什麼是可以用語言來表達的呢？用「非一」「非多」「非非一」「非非多」來形容他們這時的心態，豈不更好嗎？

因此，正的方法和負的方法不是互相矛盾，而是互相補充的。一個完整的形而上學體系應當從正的方法開始，而以負的方法告終。它若不以負的方法告終，便不可能登上哲學的雪峰。但如果它不從正的方法開始，便缺少了為哲學來說最重要的明晰思考。神秘主義不是和明晰思考對立的，也不是低於明晰思考，毋寧說，它是超越於明晰思考的。它不是反理性，而是超理性的。

在中國哲學的歷史上，正的方法始終未曾得到充分的發展；或者應當說，它被過分地忽略了。因此，中國哲學裡缺少明晰的思考；這是中國哲學往往被視為簡單的原因之一。由於缺乏明晰的思考，哲學容易幼稚，然而「簡明」本身又是一個優點。中國哲學所需要的是：除去幼稚氣息，代以明晰思考。有了明晰思考，並不就是哲學的終結，它不過是任何哲學家都應有的思維訓練；中國的哲學家們當然需要這樣的思維訓練。另一方面，人們在西方哲學的歷史上也看不見負的方法的充分發展。未來的哲學將在這兩者的結合中發展出來。

禪宗裡有一個故事說，有一位禪師，每當被問到佛教的「道」如何解釋時，他便豎起大拇指，一句話不說，只是讓人看他的大拇指。服侍他的小和尚也學會了這樣做。一天，禪師看到小和尚也這樣做，他飛快地拿刀砍掉了小和尚的拇指。小和尚哭着跑開去。這時，禪師喊他，他剛回頭，禪師又豎起了自己的大拇指。據說，小和尚就此得到了「頓悟」。

不管這個故事是真是假，它告訴人，在學會使用負的方法之前，哲學家或學哲學的人，都必須經過使用正的方法這個階段。在達到哲學的單純之前，需先穿過複雜的哲學思辨叢林。人往往需要說很多話，然後才能歸入潛默。

英文版編者引言

德克・布德*

*德克・布德（Derk Bodde）（一九〇九—二〇〇三年），美國賓夕法尼亞大學漢語研究中心教授，一生致力於向西方世界介紹中國歷史及文化，曾用二十年時間，將馮友蘭先生兩卷本《中國哲學史》譯為英文。一九四六—一九四七年馮友蘭先生在賓夕法尼亞大學用英文講授中國哲學史，此英文講稿後由布德編輯成書，就是這本《中國哲學簡史》。

一九八二年馮友蘭在美國與布德重逢。

近年來，有關中國的各種著作不可勝數，但是需要承認，我們西方人對中國哲學的真實知識實在少得可憐。即便是受過良好教育的美國人，如果請他們列舉中國的主要哲學家，除非是漢學專家，大概能舉出的中國的哲學家只有孔子，或可能再加一個老子；這個看法，甚至對一般哲學教師來說，恐怕也不為過。

有關中國哲學的英文書籍和文章為數並不少，但通常若不是太專門，就是通俗到了乏味、沒有價值的地步。讀者現在手持的這卷書堪稱是第一本對中國哲學，從古代的孔子直到今日，進行全面介紹的英文書籍。這樣一本書出自中國知識界公認的最優秀學者之一的筆下，就它的問世，有了更大的意義。

讀這本書的時候，我們會發現，中國哲學的內涵遠遠超過孔子和老子，或儒道兩家著述所涵蓋的範圍。在二十五個漫長的世紀裡，凡西方哲學家所曾涉及的主要問題，中國的思想家們無不思考過。還應看到的是：在多少世紀裡，哲學家們所屬的學派，儘管還繼承了自古以來的名稱，其思想內容卻隨時代的變遷而十分不同了。舉例來說，如果孔子像佛家輪迴理論所說那樣，轉世到十二世紀朱熹的同一時代，他大概很難想到，朱熹的思想竟成為當時正統的儒家思想。

在這種多樣性的後面，我們也會發現，有些主題反覆出現，其中之一是馮博士在本書第一章裡所描述的「內聖外王」之道。怎樣能夠得道，從而得以做到內聖外王？如果就精意而不是從字面看，這可以說是中國哲學的中心問題；並且如馮博士所指出的，它使中國哲學具有現世和超越的兩重性。這一點是馮博士最近新著《新原道》一書的主題。筆者不敢在此妄論馮博士此書的全部精義，而只想指出：西方僅僅一知半解的這種哲學精神，使中國人在西方人眼中成為既有高居峰巔、在松樹下沉思默想的聖人，又有十分實際、只問眼前的俗人。

回想三十年代我在北平學習中國哲學與文化其他方面的時候，令我最感愉快的是：一九三四—一九三五年間，到清華大學隨馮博士讀中國哲學。當時，馮博士剛完成他的兩卷本巨著《中國哲學史》的第二卷。這部書很快便在中國的同類著作中居於數一數二的地位。有一天，馮博士問我，是否知道有什麼人願意從事把此書譯成英文的工作。結果是，我承擔起這項工作。一九三七年夏，日本剛發動侵華戰爭之際，我所翻譯的馮博士《中國哲學史》第一卷出版。當時，我期望在兩三年內，可以完成此書第二卷的翻譯工作。

此後，我因工作關係離開了中國，接着是漫長的戰爭，還有其他的任務打斷了我的原定計劃。直到一九四六年秋馮博士應聘到賓夕法尼亞大學擔任客座教授，我才得以重新開始原先的計劃。自此以後，我選譯了馮博士的《中國哲學史》第二卷中的若干章，有的已在哈佛燕京學社出版的《哈佛亞洲研究》雜誌發表，有的即將在該刊發表；其目錄已收入本書參考書目。由於得到富布賴特法案資助美國學者到中國和其他國家進行研究，我將於近期內赴北平，計劃逗留一年，希望到一九四九年秋能夠完成《中國哲學史》第二卷的翻譯工作。

去年，我在賓州大學開始了這項工作。這時，馮博士決心自己動手，把他先前的著作《中國哲學史》縮寫為英文的一卷本，並要我予以協助。結果就是現在的這本書。

這本書的內容主題與中文的《中國哲學史》兩卷本並無出入。本書第一章到第十六章大致相當於兩卷本的第一卷，第十七章到書末相當於第二卷。但本書的篇幅卻明顯地縮短了。舉例來說，我所譯的兩卷本中的第一卷有四五四頁，而本書比第二卷還減少了五十頁。其所以能做到這一點，是由於本書刪除了原兩卷本中一些次要的思想家，對主要思想家所用的篇幅也減少了。本書對兩卷本中思想家的生平、著作時間的真偽的考證、參考書目和注釋也壓縮了篇幅。儘管有這些不同，學術水平並未因此減色，它的資料和詮釋都十分準確，立論也平實全面。

本書與一般的縮寫本相較，還有其他一些特色。首先，本書是作者為西方讀者而寫的，因此，它的內容和論述角度和為中國讀者寫時有所不同。本書的首兩章是中文兩卷本所沒有的，便是一例；第二十七章的大部分也是新寫的。

其次，本書裡有些結論性的見解和重點，是馮博士自一九三四年完成兩卷本之後的新見解。例如，第三章所概括的理論是馮博士於一九三六年兩卷本所作的一個附錄中提出的。在本書末章，馮博士論述他自己的哲學見解，這些見解原來散見於馮博士在抗日戰爭年間所發表的各部著作，收入本書時，又經作者重新寫過。第十九章至第二十二章論述新道學和佛學各章，與兩卷本相較，有明顯的改動。（馮博士準備對兩卷本的有關部分根據本書加以修改，然後再交我翻譯。）

本書的內容主題、處理方式和具體寫作，不消說，都是馮博士親自動手的。我的工作主要是考慮西方讀者的需要，就語言和易讀性做一些編輯加工。本書中的許多引文都是按我所譯兩卷本的譯文，原封不動地搬過來，只作了微小的變動。涉及中國哲學專名詞的翻譯，馮博士往往自己已有成竹在胸，或是借用 E. R. Hughes 在《中國哲學之精神》（The Spirit of Chinese Philosophy）中的英文譯名。其他許多引文的英譯都是新的。參考書目和索引則是我編的。

為一般讀者着想，在這裡簡單回顧一下中國歷史的發展，在閱讀本書時可能略微省一點力。中國古史傳說歷來由約公元前三千年前的聖王堯舜禹等開始。長期以來，中外知識界對這類傳說都沒有置疑，由此造成中國歷史異常悠久的印象。今日，中國史學界已經取得一致的見解：有關古代聖王的傳說，是後人編造出來的故事，那些聖王充其量也只是神話中的人物。中國歷史中的第一個朝代——夏朝（歷來認為其起迄年代是公元前二二〇五—前一七六六年）也難以確定，只有等待將來考古學的發現來予以認證。

歷來認為繼夏朝之後的商朝（起迄年代是公元前一七六六—前一一二二年），其歷史證據較為充分。商都的一部分已經發掘出來，出土了一大批刻在甲骨上的文字。這批甲骨文就是本書第十二章談到的卜辭。

繼商以後的周朝（公元前一一二二？—前二五五年）留下了豐富的史料。周朝也是中國哲學史上的黃金時代。在它的最初幾個世紀裡，黃河中下遊谷地的一大批小國都臣服周王室，這種君臣關係大體上和歐洲中世紀的情況相仿。隨着時間的遷移，這種封建體制逐漸瓦解，出現一批獨立的國家。它們彼此之間進行戰爭，再加上政治、社會、經濟的動亂，嚴重削弱了周朝的統治。面臨種種緊迫的社會政治問題，人們要尋求解答，於是中國出現了第一次有組織的哲學思想運動，它構成中國古代的燦爛文化。孔子（公元前五五一—前四七九年）是這批哲學家中間最早的一個。繼他之後，興起了一批哲學家，他們各抱不同的思想主張。本書的第三章到第十六章的內容就是討論這些思想家的不同主張。在政治史上，孔子以後的幾個世紀（公元前四七六—前二二一年）通稱為戰國時期。

秦國併吞六國後，於公元前二二一年建立秦朝，第一次建立了真正統一的中華帝國。秦朝以中央集權、由中央政府委派地方官僚代替了過去各地區貴族割據、政權世襲的制度，由此開創了中國自此以後歷朝的政治體制。這是中國政治史上，除一九一一年推翻帝制、建立民國之外，最重大的歷史變革。

秦朝為達到它的政治目標，採取了嚴酷的手段，由此激起的反抗使秦朝很快便被推翻。它進行的統一中國的工作在繼起的強大的漢帝國（公元前二〇六—公元二二〇年）統治下繼續進行。在漢帝國統治時期，中國的疆界擴張到今日中國本部的大部分，包括新疆的大部分。與政治統一伴隨而來的是思想的統一。周朝的諸子百家，作為單獨的學派不再存在；但它們的思想往往融入了儒家或道家。儒道兩家這時成為兩大主要的思想流派。本書第十七、十八兩章便是敘述這個發展。

兩漢四百年統治之後，繼之而來的四百年也許可以稱之為分裂時期（公元二二一—五八九年）。在這四個世紀的大部分時間裡，中國南方分裂為許多統治時間不長的小國，北方也同樣分裂成這樣的一批小國，有些北朝的小國由非漢族的遊牧民族組成，卻跨越長城，在長城以南建立了國家。過去中國歷史上，把這一時期看作「五胡亂華」，看作「黑暗時期」，因為民眾遭受了許多苦難。但在文化上，這是非常傑出的時期。在哲學上，儒家思想暫時消沉，代之而起的是新道家和佛家思想。這兩個流派思想介紹便構成了本書第十九章到第二十一章的內容。

隋朝（公元五九〇—六一七年）唐朝（公元六一八—九〇六年）在政治上重建了中國的統一，不僅國力得到發展，文化也登上發展的高峰。在唐代，佛教也獲得空前的發展。其中的禪宗是本書第二十二章的內容。自此之後，佛家在中國漸趨沒落。另一方面，儒家卻再度興起，並在思想界建立起主導的地位。本書第二十三章開始的地方描述了儒家復興的初期情況。

唐朝覆滅後，有五十年動盪不定。然後宋朝（公元九六〇—一二七九年）興起。它雖在政治上不如唐朝強大，但在文化上卻創造出同樣輝煌的成就。從思想史看，這一時期裡，儒家思想重新興起，其繁榮為漢朝以來所未有。這場哲學運動在西方稱為「新儒家」；本書第二十三章到第二十五章，對這段歷史作了介紹。

取代宋朝的是元朝（公元一二八〇——一三六七年）。它是全中國第一次被一個非漢民族——蒙古族——所統治，這一點在文化上的影響倒並不很大。明朝（公元一三六八——一六四四年）使中國回到漢族統治之下；從社會生活來說，明朝比元朝愉快些，但社會經過一番劇烈變化，文化卻沒有相應的新鮮氣息。在哲學思想方面，值得一提的是：心學發展到了高峰。本書第二十六章敘述了這個發展。

在清朝（公元一六四四——一九一一年）統治下，中國再度由非漢民族的滿族統治。直到十九世紀之前，清朝中國繁榮昌盛，版圖甚至超過了漢唐；在文化方面，有的領域有所前進，有的領域則出現衰退。自十九世紀以後，清朝統治走下坡路，內部衰弱和西方工業國家的政治、經濟壓力接踵而來。這些發展對思想領域的影響，請看本書第二十七章。

一九一一年的民國革命，推翻清朝統治，也推翻了世界最古老的王權體制，成為中國歷史的一個轉折點。一九一二年，中華民國成立。此後幾十年間，中國在社會、政治、經濟各方面都亟待改革，這些改革，在西方國家用了約三個世紀，中國只能迎頭趕上。改革在短時間內紛至沓來，勢必造成內部在政治和思想上的動盪，外國又乘機進行侵略壓迫。我們環顧西方各國，同樣可以看到：這一時期發生着巨大的變革，它的後果，現在還難以預料。中國的未來難以預料，也是不足為奇的。但中國過去的歷史不止一次地告訴人們，中國人常常能夠戰勝種種困難向前進，儘管需要為此付出巨大的代價。現在，中國人同樣能夠做到這一點，重要的是：世界各國能夠迅速吸收中國政治思想中的天下為公思想（見本書第十六章到第二十一章）。中國在它未來的變革中，勢必要拋棄許多過去的意識形態，但是，其中也將有一些會保留在世界的哲學遺產之中。中國哲學在哪些方面能對世界有所貢獻，馮博士在本書末章對此進行了探討。

譯後記

趙復三

馮友蘭先生的《中國哲學簡史》英文版由美國麥克米倫公司於一九四八年出版，迄今已經半個多世紀了。在這半個多世紀裡，世界和中國都經歷了巨大的變化，馮先生也已經仙逝多年。但是，細心的讀者讀馮先生的這部著作，會覺得如同是新著一樣。為什麼會是這樣？我想，原因之一是因為，馮先生治中國哲學史六十餘年，他不僅是迄今無出其右的中國哲學史家，而且是「貞元六書」的作者，自己就是一位哲學家。《簡史》問世之時，是在馮先生兩卷本《中國哲學史》出版十幾年，又在「貞元六書」完成之後；資料是古代的，眼光卻是現代的；運用史料時是史家，探討問題時卻是哲學家。就篇幅說，此書遠少於《中國哲學史新編》；就內容說，卻正好最鮮明地表現了馮先生自己的特色。原因之二是馮先生輕鬆駕馭着中國哲學史和西方哲學史這兩部歷史，來寫作這部《簡史》，思想資料是中國的，考慮哲學問題的眼光卻是世界的，這是迄今在國際學術界還未見有第二位能做到的。這本書引人入勝，就由於它的這些特色。

翻譯本書，如同探險，個中樂趣，其味無窮。念自嚴幾道先生懸「信、達、雅」為譯事三難之後，三字已成翻譯通則。朱光潛先生認為，三字中，「信」字最為重要，這不難理解，但要做到，並非易事。翻譯外文書刊，大概詩歌、哲學兩類著作最費斟酌。這兩類著作如果依循原著，逐字逐詞按字義翻譯，應不是十分困難；難的是在翻譯這兩類著作時，不能只滿足於「形似」，還要求其「傳神」。這本是中國文化傳統中對藝術的要求；仔細想一下便能發現，無論是詩人、藝術家、哲學家，都往往是社會裡受過一定教育，有一定生活經歷而十分敏感的人，在物質和精神兩方面生活的磨難中對歷史、時代、社會、人生進行反思。社會變動越急劇，這種反思也越像大海波濤一樣無法自己。人的生活感受往往超過自己用語言文字表達的能力，為此而「言不盡意」。在中國，還有時是由於兩千年專制統治形成的社會環境限制，而不能暢所欲言，於是只好運用比喻和暗示，而「意在言外」。詩人、藝術家、哲學家除了在自己作品已說的之外，常「言有盡而意無窮」。視聽藝術訴諸人的形象思維，語言藝術則離不開語言，因此，中國的詩人和哲學家都同樣強調「言外之意」。藝術家的手法和哲學家表達自己思想的方式，在這一點上十分相似，這成為中國藝術的特色，也成為中國哲學的特色。為此，詩歌和哲學著作的翻譯，往往需要邁過「形似」，而要求「傳神」。如果低於這樣的要求，譯者便難免會感到內疚。這是在翻譯本書時，常常深夜捫心，惴惴不安的地方。舉例來說，魏晉以後十章，在書中篇幅雖較先秦、兩漢部分為少，而涵蓋歷史事件和時間則遠超過前半，牽涉的問題也遠超過前半。

第十九、二十兩章

第十九章標題：「Neo-Taoism: The Rationalists」，布德教授的英文標題在邏輯上似略有毛病，「ism」是學說，後面「ist」則通常是指人；前後不夠一致。但英文原文在中間使用的冒號「：」也可以使它有另一種理解，作者是說：「新道家是一種理性主義者」。中文舊譯：「新道家：主理派」，是可以這樣理解的。但接下去，第二十章標題「新道家：主情派」。讀者在這裡不免要問：馮先生的意思是說，新道家既是「主理」的，又是「主情」的，抑或新道家中既有一個「主理派」，又另有一個「主情派」呢？中文舊譯本對十九、二十兩章的標題分為「主理派」和「主情派」，很容易使讀者體會成他們是兩派，這究竟是否馮先生的原意？如果馮先生認為，新道家中有兩派，則第二十章的內容和第十九章的內容應該針鋒相對，表明是兩派；而現在馮著第二十章的內容在於該章末尾結束語所說：「晉代新道家風格的特點和當時所謂『風流』的實質」，「重理」和「任情」在第二十章裡，都從屬於解釋「風流」。這樣，第二十章的主人公和第十九章的主人公就不是兩批人，而是同一批人了。既是同一批人，處於同一個時代，為什麼在本書裡又分寫為兩章呢？我的體會是為了着重說明「晉代新道家風格的特點和當時所謂『風流』的實質」。這個問題為什麼值得中國哲學史家的特別關注呢？我體會，這與馮先生對哲學的認識：「哲學是對於人生的有系統的的反思」有內在的關係。

中國歷史上，先秦、魏晉、晚唐，南宋等，都是社會劇烈動盪的時代。在這樣的時代裡，舊的社會秩序被打亂，社會結構被破壞，思想界、知識界為自己、也為社會尋求出路時，首先遇到的是：與王權的關係，如戰國時期屈原和楚懷王的關係；西漢初，劉邦當上皇帝、躊躇滿志後，張良與劉邦的關係；東漢末諸葛亮《誡子書》中說「淡泊以明志，寧靜以致遠」的人生哲學。但在「士」來說，僅僅超脫了眼前政治的激流漩渦，卻還未曾超脫於歷史。個人既無法左右歷史，只有在精神上努力超脫，這正是魏晉文士面臨的人生處境。「風流」便是魏晉文士的生活態度和生活風度，這對外界現實，無論是物質或非物質，都毫不粘着，不為物役；「風流」是指事物本質所具的神韻，可以不需要文字語言，卻自然在人的生活中表現出來。因此後來司空圖在《詩品》中可以說：「不着一字，盡得風流。」魯迅曾有文，論不少魏晉文士服用藥酒，引起全身燥熱，為此衣帶必須寬鬆，動作自然從容。這項考證似並未體現出魏晉文士的真正精神面貌。古代思想史著作中，像馮先生此書對魏晉文士思想和風格，提出一個完整的認識，在中國哲學史上實屬首創。馮先生不僅介紹魏晉文士特有的精神面貌，在介紹北宋五子時，同樣把周濂溪教二程「尋孔顏樂處」、把張載《西銘》重點介紹出來，刻劃出中國古代思想家的風貌。魯迅曾認為，中國文人若不做官，便隱居山林，隱居其實只是為做官提高身價。這是講受儒家思想影響的文人。馮先生在這裡指出：中國除浸透儒家思想的「儒生」外，還有另一種讀書人，身上另有一種超越世俗的氣質，這不僅是由於「學」，由於道家和佛家思想的蘊積，還由於亂世給人的錘煉。「道」既無在無不在，在求道之人的身上，也無時不在，在戰亂之世就更突出。這是中國哲學的精神，它不僅是時代精神，也是中國文化、中國哲學一貫的精神，這也是中國傳統文化教人領會的「美」，也是中國哲學所講人之所以為人的精神所在。馮先生的哲學摯友金岳霖先生在他的名著《原道》一書全循邏輯闡明中國哲學之後，最後說，只講理性之人並不可愛。王國維先生曾歎息讀哲學時，自己所信的不可愛，認為可愛的，卻又不可信，因此而苦惱，以致不得不放棄哲學。王國維、金岳霖兩位所苦惱的，正是西方哲學的窘境。馮先生在本書末說到中國哲學可能對西方哲學有所貢獻的是在精神境界方面，也正在此。因此我覺得，十九、二十兩章是馮先生此書精義，垂範後世之處。而舊譯在此處給讀者的印象，似乎突出了兩派，卻貶低了原文要講的時代風格（「風流」實質）。從英文看，「sentimentalists」通常譯作「感傷主義者」，也可作「多情善感的人」，勉強譯作「重情」是可以的，但如果把「主情」和「主理」對立起來，則恐不是原著本意。細讀第二十章，着重講的是魏晉名士的「風流」的實質，明確提到兩派的是一句話：「在這裡，只需指出一點就夠了：雖然許多新道家注重理性，但更有許多人是重情的。」這裡指出，「雖然許多」新道家注重理性，同時，「許多人」也重情。我的理解，這話的涵義，重點在於講新的道家雖然崇尚理性，同時卻又是重情的，是充滿人性的。這是新的道家的兩重性，也是特性；原書在此因是標題，只能簡略，故而比較含糊，舊譯循英文本標題，而把它延伸到新道家分「主理」「主情」兩派，對讀者似易誤導。現把第十九章標題譯作「新道家：崇尚理性的玄學」，把第二十章標題譯作「新道家：豁達率性的風格」。對布德教授的文本略有出入（舊譯也有類似做法，如把英文本「楊朱的樂園」改譯為「《列子》的《楊朱》篇」），但對原著內容是否較為忠實一點？

第二十三章

本書原文用「新儒家」。現在學術界用「新儒家」一詞來指二十世紀的儒學和這一派學者，現已流行成俗。為此，拙譯中，對第二十三至第二十六章，凡「新儒學」譯作「更新的儒學」，「新儒家」譯作「新的儒家」，以區別於二十世紀的「新儒學」便利當今讀者。

舊譯第二十三章標題「新儒家：宇宙發生論者」。按布德教授英文本是：「Neo-Confucianism: Cosmologists」。在西方，Cosmology 是「宇宙論」;「宇宙發生論」則另有英文專用術語是「Cosmogony」，西方從事哲學工作的人都對宇宙的本體論和發生論加以區別。在中國，陰陽五行學說是宇宙發生論，講「宇宙心」，「宇宙之理」，則更多是屬於本體論範圍，因此，還是回到布德教授用詞「cosmology」，譯作「宇宙論」。

第二十四章

末一節標題「尋求快樂」，舊中譯本循布德教授英文本用詞，本無缺失。但這是西方哲學的概念，西方哲學所說的「尋求快樂」與新的儒家所講的生命之「樂」，只是「形似」，在實質上是不同的。馮先生講中國哲學史，從智性的探索開始，以智性的「生命之樂」為終結。無論前面所說的「風流」實質和此處講「快樂」都是中國哲學思想精華，為以前易遭冷落處，這是以哲學為工具和以哲學供自己（亦即人人）受用的根本不同之處。馮先生此書的引人入勝之處、淨化人心之處，精彩之處，竊以為要從這些地方去找。現根據原著內容，將小標題改譯為「尋孔顏樂處」，行文和舊譯也略有不同。翻譯工作按譯者的體會，似乎有兩個過程，第一步是循詞探意，理解原著的文字；然後，第二步所要求的是循意探詞，翻譯本書時，譯者常常設想的是：如果馮先生這時是在講課，他會怎樣講呢？這可能是一種冒險的設想，但翻譯本來就是冒險。翻譯本書，只能循中國哲學之意、循馮先生之意，來探求譯文如何達意，因此總是設想幾種方案，經過比較，才敢論定。

第二十八章

第二十八章是全書結束，也是全書高潮。末後，作者說：「在各種哲學形而上學體系裡，無論它們採取的方法是正的方法，或負的方法，最後都往往戴上了神秘主義的皇冠」原文作「The great metaphysical systems of all philosophy, ..., have crowned themselves with mysticism.」舊譯作「哲學上一切偉大的形而上學系統，……無一不把自己戴上『神秘主義』的大帽子」。譯者體會，馮先生這話是十分嚴肅、十分深刻的話。哲學通常分「宇宙論（本體論）」、「人生論」（包括倫理學）、「認識論」三部分。西方哲學自前蘇格拉底時期，探索的是宇宙本質，即本體論即形而上學。中國哲學史上，最初也是探索對外部世界的總體認識，然後探索人世、人事變化及其所由來。人從已知出發，去探索未知，這是對無限的探索，最後總要到達人的認識的邊際極限，所謂「神秘主義」，其實無非是指到達認識邊際極限後，人向前眺望自己不懂得、無法加以解釋的東西，只有稱之為「奧秘」。說到「這是奧秘」，意思是說，在言語所能及的範圍裡，這是最後的一句話了。這可以說是為前面所說自己的理論「戴上冠冕」。任何嚴肅、實事求是而謙虛的哲學家都會承認自己認識能力「有限」，已說的話已經說到了頭，再向前就無法多說，只能稱之為「神秘」了。也就是馮先生在本書最後所說，已經說了許許多多話，然後應該進入潛默，也就是神遊於無限了。英語行文可以稱為「戴上神秘主義的冠冕」，但這不是「戴大帽子」！此書舊譯把「戴上皇冠」（crown）譯成「戴大帽子」，恐不免「以詞害意」。所以，此處按「冠冕」本意行文，譯作「戴上皇冠」。

馮先生在本書第一章末後對翻譯講了十分精闢的見解，說：「一種翻譯，終究不過是一種解釋……實際上，除了譯者傳達的這個意思，原文還可能含有許多別的意思。原文是富於暗示的，而譯文則不是，也不可能是。所以譯文把原文固有的豐富內容丟掉了許多。」翻譯此書時，常常吃驚，馮先生此書寫作於五十多年前，怎麼竟像是對着當前的時代，為新的一代而寫的新著一樣？從書中讀到馮先生的思想風采，心嚮神往，希望不要輕忽辱沒一分一毫。同時又覺得能做的十分有限，為此戰戰兢兢，如履薄冰，自知缺點錯誤在所難免，敬請讀者隨時指正。在惴惴小心之中，又因為窺見了一座大花園而有一種喜樂。這是翻譯本書特有的一種經驗，一種受用。

譯者
二〇〇三・九・十一

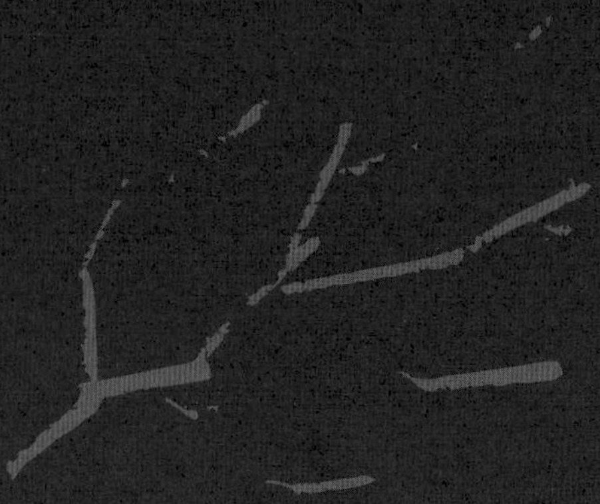

書名 中國哲學簡史
著者 馮友蘭
譯者 趙復三
出版 三聯書店（香港）有限公司
香港北角英皇道四九九號北角工業大廈二十樓
Joint Publishing (H.K.) Co., Ltd.
20/F., North Point Industrial Building,
499 King's Road, North Point, Hong Kong
香港發行 香港聯合書刊物流有限公司
香港新界荃灣德士古道二二〇至二四八號十六樓
印刷 美雅印刷製本有限公司
香港九龍觀塘榮業街六號四樓A室
版次 二〇〇五年一月香港第一版第一次印刷
二〇一九年一月香港第二版第一次印刷
二〇二二年八月香港第二版第三次印刷
規格 十六開（170×230mm）四六四面
國際書號 ISBN 978-962-04-4421-0

責任編輯 蘇健偉
書籍設計 任媛媛